传播大视野丛书

突发公共事件中的谣言传播与治理

王颖吉 主编
王 鑫 副主编

中国传媒大学出版社
·北京·

目 录

contents

第一章
相关概念研究

第一节　突发公共事件概念辨析

当下，突发公共事件无论是在政府话语、公众话语还是媒体话语中都是一个高频词汇，自然也成为学术研究中的热点。针对突发公共事件这个概念，不同的研究者分别从不同的角度进行了界定。突发公共事件与谣言往往联系密切。

一、突发公共事件的概念及范围

一般来说，突发公共事件是一个约定俗成的名词。在西方学者的研究成果中，通常以“Public Emergency”或者“Emergency Events”作为与突发公共事件相对应的概念。例如，欧洲人权法院对“公共突发状态”（Public Emergency）的解释为“一种特别的、迫在眉睫的危机或危险局势，影响全体公民，并对整个社会的正常生活构成威胁”。这个解释通常被认为是国际上关于突发公共事件有代表性的定义。美国危机管理机构ICM将危机分为突发危机（Sudden Crises）与积发危机（Smoldering Crises）。突发危机事件是指突然发生的、难以预测的、采用常规管理方式难以克服的事件；而积发危机事件则是由于管理者对日常工作中出现的小问题的疏忽而导致的。[①]美国政府对公共突发事件的定义可以概括为：由美国总统宣布的，在任何场合、任何情景下，在美国的任何地方发生的需联邦政府介入、提供补充性援助，以协助州和地方政府挽救生命、确保公共卫生、安全及财产或减轻、转移灾难所带来威胁的重大事件。[②]

在概念使用上，“突发公共事件”（emergency）通常与“（公共）危机”（crisis）、“灾难”（disaster）等概念混用。这几个概念都是用来描述性质相近的一类事件或状态的，但它们的侧重点不同。可以从事件的危害程度、事件的影响方式、事件的影响范围三方面来辨析这几个概念。[③]灾难既有突发的，也有可预见的，灾难的影响范围一般涉及不同的公共范畴（如不同地域或不同系统）。而突发事件更强调的是事件的影响方式是突如其来的、事先难以预料的、需要紧急处置的。突发事件的危害程度可能很大，但也可能有限。突发事件影响的范围既可能是公共范畴，也可能是私域范畴。危机是全过程、全方位地描述那些突发的有可能产生较大破坏损失的事件。广义的危机定义实际上涵盖了灾难、突发事件、紧急状态等。

童兵认为，未能预测或难以预测而突然发生的事件谓之“突发事件”。对社会公众有直接影响或与公共社会有广泛联系的突发事件谓之“突发公共事件”。当事人为人数众多的民众，且这些民众有强烈的利益诉求的突发公共事件谓之“突发群体性事件”[④]。薛澜、钟开斌认为，“突发公共事件”一般指突然发生，对全国或部分地区的国家安全和法律制度、社会安全和公共秩序、公民的生命和财产安全已经或可能构成重大威胁和损害的，造成巨大的人员伤亡、财产损失和社会影响的，涉及公共安全的紧急公共事件。由战争或全国总动员、局部动员所引起的紧急状态则是一种最严重的突发公共事件。[⑤]孙旭培、牛静认为，突发性事件是指突然发生的、出乎人们意料的事件。它不以人们的主观意志为转移，使得自然界、社会、社会中人的存在状

① 张一文．突发性公共危机事件与网络舆情作用机制研究［D］．北京：北京邮电大学，2012：25-57.

② Robert, T. Stafford. Disaster Relief and Emergency Assistance Act［M］. Public Law, 2000：106-390.

③ 薛澜，钟开斌．突发公共事件分类、分级与分期：应急体制的管理基础［J］．中国行政管理，2005(2)：103.

④ 童兵．突发公共事件的信息公开与传媒的宣泄功能［J］．南京社会科学，2009(8)：37.

⑤ 薛澜，钟开斌．突发公共事件分类、分级与分期：应急体制的管理基础［J］．中国行政管理，2005(2)：102.

态的恒常性遭到破坏或发生断裂，迅速对社会产生巨大冲击和震撼。[①]这类事件既包括天灾，也包括人祸或事故引起的不测事件。[②]徐学江认为，突发事件是指突然发生的、出乎人们意料的事件，不以人们的主观意志为转移。正因为其"突发性"，重大突发事件总是迅速对社会产生巨大的冲击力和震撼力，在极端的时间里成为社会舆论关注的焦点和热点。[③]由于其显著性和广泛的社会关注度，突发事件处理不当极易引起更大的社会混乱。

学界对公共突发事件的界定有广义和狭义之分。广义上讲，突发公共事件泛指一切突然发生的危害人们生命财产安全、直接给社会造成严重后果和影响的事件，它既包括由人为因素导致的突发事件，也包括由自然因素导致的突发事件。狭义上的突发事件的概念仅指突然发生的、具有较大规模的、严重危害国家政治、经济、社会治安秩序安定的违法事件。

我国于2007年出台了《中华人民共和国突发事件应对法》，将"突发公共事件"界定为：突然发生，造成或者可能造成严重社会危害，需要采取应急处置措施予以应对的自然灾害、事故灾难、公共卫生事件和社会安全事件。"突发公共事件"与"突发事件"这两个概念在内涵和外延上并无太大差别。本书之所以强调"突发公共事件"这一概念，主要是强调突发事件的公共性和社会影响的广泛性，突出参与处置与传播的主体为政府，并强调其影响规模较大，需要通过大众媒体参与传递信息、有效动员。

值得注意的是，此前学界对于突发公共事件的认定往往局限在现实世界中发生的事件，比如自然灾害、生产事故、传染疾病等。实际上，随着风险社会的到来，越来越多的突发公共事件在虚拟世界中酝酿发酵，形成传播迅速、规模庞大、影响广泛的舆论事件，继而扩展到现实生活，给现实世界造成难以预测的破坏和影响。最典型的案例就是网络突发谣言事件。因此，在研究突发公共事件的时候，我们应当对这一概念的范围进行适当的扩充，将它的内涵和外延拓展到虚拟世界，这样才能保证我们的研究更为全面。

---

① 孙旭培，牛静．论突发事件中媒体的报道重点［J］．今传媒，2006(6)：14.

② 孙旭培，董柳．宣传本位与报道本位以中西突发事件的报道为例［J］．浙江传媒学院学报，2009(4)：13.

③ 徐学江．突发事件报道与国家形象［M］//刘洪潮．怎样做对外宣传报道．北京：中国传媒大学出版社，2005：185.

二、突发公共事件的分类及特点

除了从现实世界和虚拟世界来区分突发公共事件之外，还有很多划分方式。比如从危机产生的因素来划分，分为自然原因引起的突发公共事件和人为原因引起的突发公共事件。按照影响范围，分为国际性的、全国性的、地方性的突发公共事件。按照发生的领域分，可以分为政治性突发公共事件、经济性突发公共事件、社会性突发公共事件、生产性突发公共事件、自然性突发公共事件。《突发事件应对法》中则按照社会危害程度、影响范围等因素，将自然灾害、事故灾难、公共卫生事件分为特别重大、重大、较大和一般四级。自然灾害包括水旱灾、地震、气象、地质、海洋、生物和森林草原火灾等，主要是指人类还无法完全抵御的自然破坏力。事故灾难主要指由于决策失误、管理不善、工作粗心等人为因素而诱发的事件。公共卫生事件通常是由客观因素的病菌、传染病等引起的，对人类健康甚至生命安全造成严重影响的事件。社会安全事件是由人的利益冲突因素与价值冲突因素造成的，包括重大群体性事件和重大刑事案件等。

突发公共事件频发与当前风险社会的背景有关。全球性大众媒体的报道和传播一方面使得风险的传播速度、风险给人们造成的感官冲击都成倍放大，另一方面又导致大众心理的风险承受能力急剧降低。结合中国当前的社会环境，我国正处于突发公共事件高发期。随着我国经济社会快速发展和改革的不断深化，社会利益格局调整加快，价值体系多样化，经济发展与生态环境保护矛盾凸显，社会安全形势严峻，社会矛盾由隐性转向显性；自然环境恶劣，自然灾害多发；经济高速发展，安全事故频繁；公共服务体系薄弱，公共卫生事件增多。这些都是导致突发公共事件的重要原因。

从突发公共事件的定义来看，突发公共事件已经呈现出突发性、公共性、紧迫性、危害性等特点。这种非预期又突然爆发的事件往往会在短时间内产生严重危害，引起舆论的密集关注，甚至带来社会恐慌。在突发公共事件扩散的过程中信息传播也呈现出一定的特点：信息的模糊性和不确定性、传播噪音严重、传播效果先入为主、病毒式扩散等。分析突发公共事件中信息传播的类型、特征以及传播机制有助于谣言的防治。

突发公共事件的首要特征就是事件发生的突然性和不确定性。随着科技的发展，人们预测风险的能力不断提高，但是总是有很多风险在某些偶然因素的触发下爆发，而人们事先难以察觉。在突发公共事件的开端，经常无法用常规性规则进行判断，信息严重不充分、不及时、不全面，并且其后的衍生和可能涉及的影响没有经验性知识可供指导，一切似乎都在瞬息万变。突发事件的发生时间、成因、实际规模和影响深度都是难以把握和预测的，这就使得以往的经验和措施都失去了作用，人们因为缺乏对事件的认知和控制而陷入恐慌。在管理方面，政府所面临的环境达到了一个临界值和既定的阀值，政府急需在高度压力下快速做出决策，但通常缺乏必要的训练有素的人员、物资和时间。

我国的突发公共事件还具有复杂性和规律性。处于社会转型阶段的中国，工业化和城市化进程中存在着风险，不同地域、不同群体、不同阶层在转型过程中迸发的矛盾和利益冲突使公共突发事件充满复杂性。虽然我国突发公共事件与社会风险复杂多变，不过还是呈现出一定的规律性：突发公共事件爆发与公共服务体系供给水平相关。公用服务体系薄弱、公共投入不足和分配不平等是很多突发公共事件爆发的主要原因。同时，突发公共事件爆发还与管理水平和信息沟通水平相关。信息渠道不畅通导致民意无法自由表达，这就会不可避免地引发冲突和矛盾。

现阶段我国的突发公共事件具有内生性和宣泄性。突发公共事件的爆发往往是社会各利益主体之间矛盾的突出体现或过激表现，呈现出宣泄性的特征。这区别于出于政治目的与国家制度对抗的突发事件。也就是说社会冲突的很多参与者可能与事件本身无关，只是想表达、发泄情绪。事件爆发的过程一般是矛盾积累，人们在一定程度上对政府或某些社会组织不满，却又没有宣泄的渠道，导致不满情绪越积越深，一旦出现导火索，情绪立刻被点燃或激怒，卷入到事件群体中去，“群体极化”的现象在互联网上格外明显。

突发公共事件会引起社会的广泛关注和连锁反应。突发公共事件会对一个社会系统的基本价值和行为准则架构产生严重威胁，其影响和涉及的主体具有社群性。突发公共事件的发生会导致社会系统脱离正常轨道陷入非均衡状态，极易威胁社会公共安全，影响社会稳定，因此也容易引起社会的高度关注。突发公共事件一旦发生，会迅速被放大和扩散，如果不能及时得到控制，就会给整个社会带来连锁反应，产生次生危机和衍生危机。比如自然灾害问题如果得不到及时有效的处置，会引发公共卫生问题、事故灾难问题、社会安全问题等。

三、突发公共事件与谣言传播的关系

谣言大规模爆发的时候恰恰是突发公共事件频发的时候，两者之间存在密切的联系。纵观近年来我国社会中发生的众多突发公共事件，无论是自然灾害事件、突发公共卫生事件、事故灾难事件还是群体性事件，都能寻找到谣言传播的身影。事实上，突发公共事件的特点容易助长谣言的传播。突发公共事件对谣言传播的心理环境、社会信用环境、信息传播环境都产生了影响。

首先，在谣言传播的心理环境上，突发公共事件加剧了公众的恐慌和焦躁。由于突发公共事件本身具有“突发性”，在社会大众完全没有心理准备的状况下发生的与大众切身利益密切相关的事件导致了他们的紧迫感和威胁感，使个体产生心理上的不安全感。消除不安全感的最佳手段就是增加对突发公共事件本身的认知，获取更多更准确的信息，但客观环境下的种种原因导致了暂时性的信息市场供小于求则为谣言的产生和传播提供了市场。在此情况下，宣泄心理和较真心理成为减轻不安全感的手段：前者以相信和传播谣言的形式为心理焦虑的状态减压，后者则是面对政府处理突发公共事件反应迟滞的现象将谣言看作群众“倒逼”政府、挖掘真相的一种方式。突发公共事件具有“公共性”，群体对个人的暗示和感染作用十分明显，理性的观点会被非理性的观点压倒，极易出现群体极化现象。当谣言的受众到达一定数量的时候，少数一方的妥协会导致谣言更加迅速地占领市场。

其次，在谣言传播的信息环境上，突发公共事件加剧了谣言的扩散和传播。第一，突发公共事件中信息需求紧迫。一旦发生突发公共事件，无论是事件内的利益主体还是事件外的公众，心里都有可能产生恐慌和不安的情绪，他们对信息的渴求非常紧迫，如果政府或者媒体无法提供足够的信息内容，各类非官方的渠道就成为他们获取信息的平台，这就为谣言的产生提供了心理基础。第二，传播噪音严重。传播渠道越来越发达，传播信息源越来越多，使得突发公共事件中，人们接收到的信息五花八门，异常复杂，相互冲突，鱼目混珠。互联网的发展和普及使得传播噪音有了更多的渠道，信息的传播呈现出病毒式扩散的特征。第三，突发公共事件信息传播的效果往往受到首因效应的影响，产生先入为主的效果。突发公共事件爆发后，受众会对最先接收到的信息更为信服，形成“首因效应”。如果是谣言最先到达受众，那么处于恐慌状态的受众很可能会失去理性从而形成错误的判断，继而采取过激行为。雪球越滚越大，即使政府通过各种手段对信息进行更正都难以获得受众的认同和支持。因为之前的信息已经深入人心，形成了对后续信息内容的抵抗力。

最后，在谣言传播的社会信用环境上，突发公共事件降低了社会公信力，为谣言滋生和接受提供了温床。很多突发公共事件的起因都是民众对政府或者社会组织的公信力缺乏信心。社会公信系统危机为谣言的滋生提供了社会环境和心理条件，尤其是媒体和政府公信力缺失会使辟谣效果大打折扣。公信力缺失是长期积累的结果，政府公信力缺失是贪污腐败、工作透明度不高、信息发布失实、食品安全事件频发等诸多事件长期积累所造成的；而媒体公信力缺失则是由于虚假报道、刻意炒作、罔顾媒介道德等造成的。谣言往往是钻了社会公信力薄弱的空子泛滥开来。

谣言也有促发、激化、扩散突发公共事件及其影响力的作用。伴随着网络、手机等新兴媒体的普及，谣言传播显示出更加快速的扩散速度以及更加危险的破坏力。在危机管理中，一旦对谣言传播处置不当，往往会加速突发公共事件，使其在短时间内演变为重大公共危机，造成社会动荡，破坏社会稳定，甚至威胁国家的公共安全；相反，如果能科学地认识谣言传播的机制，并制定有效的治理方案，则完全可以通过谣言治理避免或者消除与此密切相关的突发危机的损害。

因此，研究新形势下突发公共事件中谣言传播的发生、发展、扩散机制，应当针对突发公共事件的特点和环境提出行之有效的治理模式。突发公共事件中的谣言传播现象非常复杂，需要依据不同的标准从多个层面、多个维度加以具体分析，如根据突发事件的性质可以分别研究自然灾害、事故灾难、公共卫生、社会安全（主要指群体性事件）等不同事件中谣言传播的机制与规律。同时，应当从谣言治理的多元主体入手，引入近年来逐渐兴起的公共治理的理论视角来探讨突发公共事件中谣言传播的治理问题，研究由政府主导的社会多元主体广泛参与的突发事件谣言的治理途径与方法。这些社会主体包括党和政府职能部门、传媒机构（含电信运营商）等市场主体、非政府组织以及公民。

第二节 谣言概念辨析

谣言，并不是现代社会产生的新物种，在历史上，也不难寻觅谣言的踪影，成语中的“三人成虎”就是最好的谣言案例。谣言被法国学者卡普费雷称为“最古老的传播媒介”，它可以出现在人们日常生活的任何一个角落，并以迅猛的姿态占据人们口头话语的舆论阵地，反复咀嚼、百谈不厌，成为“精神的口香糖”。然而，在研究中我们可以发现，作为日常生活用语和媒体用语的“谣言”与作为学术用语的“谣言”在语义上存在着一定区别，这也是诸多学者在讨论谣言时产生分歧的原因之一。将“谣言”作为学术概念进行研究始于美国“二战”时期，在20世纪80年代，西方学者的谣言研究成果被引入中国，我国关于谣言的学术性研究也基本是这一时期发展起来的，到了2002–2003年“非典”事件之后则兴起了谣言研究高潮。但迄今为止，谣言仍然没有一个公认的、统一的定义。那么，既然要研究谣言，首先对其定义进行辨析就是十分必要的。

一、谣言作为一种心理结果

美国的谣言研究始于“二战”时期，谣言控制学派的学者纳普在经验分析的基础上认为谣言是社会失序的一种结果，是社会态度和动机的一种反应，并提出了谣言的定义。（A psychology of rumor. Public Opinion Quarterly，1944：22–37）

接着，美国心理学家奥尔波特与波特曼合著了被称为谣言早期研究巅峰之作的《谣言心理学》（*Psychology of Rumor*）一书，通过对“二战”时期谣言的分析强调了谣言的四个特征：第一，“任何谣言总暗含着传播一些真相的意思”，即谣言似乎总有说服他人相信的意图。第二，“传播的媒介通常是口头语言”，在手机与网络进入人们的日常生活之前，谣言通常是在人们的日常谈话与讨论中流传开来。但随着信息传播技术的发展，谣言的传播媒介不再局限于此，报纸、杂志及广播、电视等大众传播工具迅速占领了信息传播的主阵地，在某些时期也成为谣言的散发源，几乎掌握了信息发布的绝对话语权。而如今，随着网络与手机媒体的发展，大众传播媒介的信息权威被打破，话语权利返还给公众，具有“去中心化”特色的网络使人们翻身成为信息的“主人”，制作与传播信息不再受技术限制，受传者与传播者两种角色可随时合一。第三，谣言具有时效性，“谣言一般是特殊的和有关时事的”，它总是在一定的背景下“暂时引起人们的兴趣”。① 第四，作者强调谣言的产生与流行仅在“缺乏证据的可靠标准”② 之时，正是这一界定，使谣言作为信息区别于以真实性为生命的新闻和经过论证的科学。

综上所述，奥尔波特和纳普从控制学派的角度出发，将谣言看作是心理运作的结果，这种分析方式更偏向于揭示谣言的成因。这一时期的谣言研究多以“二战”时期的谣言实例为基础，存在时代上的局限性，正如卡普费雷所说：“这些研究人员所举的例子都是有倾向性的。他们只是就那些毫无根据的谣言进行发挥……他们闭口不谈后来谣言核实的结果。”③ 但是，这些研究同时也确定了谣言的两个核心特征，并在后来的研究中被频繁引用，即谣言的“未经证实”与“非官方的民间流传”的特性。

二、谣言作为一种社会反权力

关于谣言，美国社会学家特·西布塔尼的定义是极富特色的，他在《即席创造的新闻》这一著作中这样解释谣言：“谣言由认识活动和交流活动两部分组成，是一种集体性的交际行为，当处在模糊情境中的人们试图调动他们全部的聪明才智对这一情境作出有意义的解释时，谣言就会传播开来。”④ 在西布塔尼看来，谣言是“在一群人议论过程中产生的即兴新闻”⑤ 。这则定义从社会功能的视角给人们提供了一个新的看待谣言的角度，它充分肯定谣言来自于集体行为，赋予谣言动态的生命，后世对谣言进行的舆论学方面的研究与该定义不谋而合。

最后一个重要的谣言定义来自于法国学者卡普费雷，他的研究延续了

---

① 奥尔波特，等．谣言心理学［M］．刘水平，梁元元，黄鹂，译．沈阳：辽宁教育出版社，2003：2.
② 奥尔波特，等．谣言心理学［M］．刘水平，梁元元，黄鹂，译．沈阳：辽宁教育出版社，2003：3.
③ 卡普费雷．谣言：世界最古老的传媒［M］．郑若麟，译．上海：人民出版社，2008：3.
④ R L 罗斯诺，G A 费恩．流言［M］．唐晖，李华，钱孟姗，译．北京：国际文化出版公司，1990：92.
⑤ 卡普费雷．谣言：世界最古老的传媒［M］．郑若麟，译．上海：人民出版社，2008：8.

前人，尤其是西布塔尼的研究经验。卡普费雷认为谣言首先是一则信息，由于“一则信息的真实性首先是约定俗成和委托核实的结果……源于社会的一致性同意……因此并不存在一种可以充当真实性标准的事实，而是存在着多种事实”①，因此，谣言与信息之间的界线往往并非客观，谣言的确定源自于人们是否相信，也就是说，谣言是一种结果性判断。基于这样的分析，卡普费雷放弃了对谣言真伪性的争辩，而将目光转向“非官方来源”的特性上，由此他将“官方”一词引入谣言定义之中，指出“我们称之为谣言的，是在社会中出现并流传的未经官方公开证实或者已经被证实的信息”②，将谣言的定义导向意识形态范畴。正是在此基础上，卡普费雷进一步指出了谣言的本质：“谣言既是社会现象，也是政治现象。……谣言是对权威的一种返还。它揭露秘密，提出假设，迫使当局开口说话。同时，谣言还对当局作为唯一权威性信息来源的地位提出异议。……谣言提供的信息与官方信息是并行甚至是向左的，谣言是一种反权力。”③

西布塔尼和卡普费雷的研究纠正了前人定义谣言的消极偏向，虽然纳普和奥尔波特等人将谣言定义为“未经证实”，但在列举时的选例都是具有危害倾向的谣言，而后人的研究则更多地将谣言拉入日常生活的范畴，并指出谣言总是在后来被证实是真实的，从而打破了谣言等于虚假信息的惯常认知。

三、我国研究语境中的“谣言”

追根溯源来看，我国传统上对于谣言的理解与西方的谣言理论存在着一定的区别，也因此，我国研究语境中对于“谣言”概念的理解存在着不小的分歧。谣言这一概念是从“信息”中流变出来的，因此也受到信息定义的影响。对于“谣言治理”的理解也是建立在“谣言”概念的基础之上的。

1. 谣言定义的分歧

由于语境不同，谣言理论在20世纪80年代传入国内后，在学术界产生不小的分歧，一部分学者遵循“谣言”一词的传统的常识性认知，将其定义为“虚假信息”，有的学者甚至将其主观动机判定为“恶意”；而另一部分学者则沿袭

① 卡普费雷. 谣言：世界最古老的传媒［M］. 郑若麟，译. 上海：上海人民出版社，2008：12.
② 卡普费雷. 谣言：世界最古老的传媒［M］. 郑若麟，译. 上海：上海人民出版社，2008：13-15.
③ 卡普费雷. 谣言：世界最古老的传媒［M］. 郑若麟，译. 上海：上海人民出版社，2008：16.

国外的研究成果，将谣言定义为“未经证实”的“信息”或“阐释”。

西方谣言理论研究者在进行谣言研究时所用的词汇为rumor，此词在《牛津高阶英汉双解词典》第6版中的解释为“a piece of information, or a story, that people talk about, but that may not be true”[①]，该解释强调了谣言的信息属性、民间流传（议论）性，而在真伪性上，该解释则以“可能非真实”这样的语言来描述，强调了谣言真伪性未确定的特点。翻译到我国，大多数文献将“rumor”一词翻译为“谣言”，但在我国的汉语语境中，一些在民间广泛流传的、已被确认为非真实的信息也被称为“谣言”，这显然超出了上述解释范畴，但与卡普费雷的定义仍然是一致的，他的定义将官方公开辟谣的信息也囊括了进去。我国的词典中对“谣言”的解释大致有两种，其中一些强调了谣言的不真实特性，如《当代汉语词典》将谣言解释为“凭空捏造出来的话；没有事实根据的消息”[②]，《社会学简明辞典》将谣言解释为“指不正确事实的传播”[③]等，然而更多的则是以“没有事实根据的消息（传闻）”来解释谣言，同英文词典中一样强调了其真实性未确定的特征。但同时，也有一些译者将“rumor”译为“流言”，如学者蔡静在著作《流言：阴影中的社会传播》中辨析了流言与谣言的区别，并将“rumor”翻译为“流言”。词典中流言的解释与谣言几乎无甚区别，二者在日常生活的使用中也确实存在许多交叉之处，但诸多学者指出二者有所不同，学者周裕琼认为，流言对应西方词汇gossip，偏侧关乎个人的一些闲言碎语，而谣言的对应词为rumor，[④]这也是我国多数学者的译法，本书循此用法。

若在我国的语言环境中对“谣言”进行追根溯源，据《辞源》解释，“谣”字有“徒歌”（无音乐伴奏的歌唱）和“歌谣、歌曲”的意思，因此，“谣言”也有“民间流传评议时政的歌谣、言语”的意思，如《后汉书·五十七·刘陶传》中的“光和五年，诏公卿以谣言举刺史、两千石为民蠹害者”。而“谣言”的另一个解释是“谣琢”，即“毁谤”的意思，屈原的《离骚》中曰：“众女嫉余之娥眉兮，谣诼谓余以善淫。”洪兴祖补注曰：“言

① A S Hornby. 牛津英汉双解词典［M］. 石孝殊，等译. 北京：商务印书馆，2008：1523.
② 莫衡，等. 当代汉语词典［M］. 上海：上海辞书出版社，2001.
③ 李剑华，范定九. 社会学简明辞典［M］. 兰州：甘肃人民出版社，1984：445.
④ 周裕琼. 伤城记——深圳学童绑架案引发的流言、谣言和都市传说［J］. 开放时代，2010（12）：132-147.

众女竞为谣言，以谮愬我。”但是，发展到今天，谣言显然已经与其古代的意义有所不同，尤其是西方谣言研究理论传入国内后，我国语境与西方语境的不同、日常生活语境与学术语境的差异等都给谣言定义的研究增加了难度。现将中外学者对谣言的代表性定义总结如下：

表1-1　国外学者谣言代表性定义汇总表

纳普（Knapp R）	旨在使人相信的说法，它与当前时事有关，在未经官方证实的情况下广泛流传。①
奥尔波特和波斯特曼（Allport & Postman）	与当前时事相关的说法，为了使人相信，一般以口耳相传的方式在人们之间流传，但缺乏具体的资料以证实其确切性。②
彼得森和吉斯特（Peterson & Gist）	在人与人之间流传的，对公众关注的事物、事件或问题的未经证实的叙述或解释。③
西布塔尼（Shibutani T.）	谣言是人们在议论过程中产生的即兴新闻。④
（Morin E.）	在社会群体中流传的有关当前时事的信息，完全通过口传，往往没有任何事实依据。⑤
（Rosnow R.L.）	体现人们对现实世界如何运转的假设的公共传播。⑥
挨·莫兰	没有任何事实可以构成谣言的来源或为谣言提供依据。⑦
卡普费雷	在社会中出现并流传的未经官方公开证实或者已经被官方辟谣的信息。⑧
迪方佐和波迪亚（DiFonzo N. & Bordia P.）	谣言是在模糊或危险情境下产生的未经证实却正在流传的工具性的说法，它能够帮助人们弄清事实并控制风险。⑨

① Knapp R. A psychology of rumor [J]. Public Opinion Quarterly, 1944, 8(1): 22-37.

② Allport G W, Postman L J. The psychology of rumor [M]. NewYork: Holt, Rinehart & Winston, 1947: 1.

③ Peterson W A, Gist N P. Rumor and Public Opinion [J]. The American Journal of Sociology, 1951, 57(2): 159-167.

④ Shibutani T. Improvised news: A sociological study of rumor [M]. Indianapolis: Bobbs-Merrill, 1966: 57.

⑤ Morin E. Rumour in Orleans [M]. New York: Pantheon Books, 1971: 11.

⑥ Rosnow R L. Rumor as communication: Acontextualistapproach [J]. Journal of communication, 1988, 38(1): 10-28.

⑦ 卡普费雷. 谣言：世界最古老的传媒 [M]. 郑若麟，译. 上海：上海人民出版社，2008：10.

⑧ 卡普费雷. 谣言：世界最古老的传媒 [M]. 郑若麟，译. 上海：上海人民出版社，2008：15.

⑨ DiFonzo N, Bordia P. Rumor osychology: social and organization approaches [M]. American Psychological Association, 2006: 13.

表1-2　国内学者谣言代表性定义汇总表

郭庆光	流言VS谣言：流言有自然发生的，也有人为制造的，但大多与一定的事实背景相联系，而谣言则是有意凭空捏造的消息或信息。①
陈力丹	从舆论学来看，无论是否有个别人故意造谣，重要的是它得到了广泛传布，一旦形成态势，流言就成为一种特殊的信息形态的舆论。②
刘建明	谣言是没有任何根据的事实描述，并带有诽谤的意见指向，因此，它不是中性的传闻，而是攻讦性的负向舆论。③
沙莲香	某些人或团体、组织、国家，根据特定的动机和意愿，散布的一种内容没有得到确认的、缺乏事实根据的、通过自然发生的、在非组织的连锁性传播通路中所流传的信息。④
周晓虹	根据传言制造者的动机不同，传言可以细分为流言和谣言，前者在很大程度上属于无意识传播，后者则是有目的地捏造，一般怀有恶意，为的是造谣生事。⑤
胡珏	一种以公开或非公开渠道传播的对公众感兴趣的事物、事件或问题的未经证实的阐述或阐释。⑥
蔡静	经非正式渠道广为流传的未经证实的信息；某个传播系统中经历若干发展阶段而未加证实之信息。⑦
李若建	谣言指一种非官方的、在一定时期和一定范围内传播的包含有虚假成分的信息。⑧
姜胜洪	谣言是由隐性社会问题引发的，真实性未经相关主体证实，但得到广泛传播的有特定指向的消息。⑨

综合以上分析，要弄清楚谣言的定义，有一个问题必然要首先辨明，即谣言的本质究竟是真实还是虚假。几乎所有关于谣言定义的争议都是由这个问题展开的。

对比表1-1和表1-2的谣言定义汇总表可以发现，国外学者普遍强调谣

① 郭庆光．传播学教程［M］．北京：中国人民大学出版社，1999：99.
② 陈力丹．舆论学——舆论导向研究［M］．北京：中国广播电视出版社，1999：104.
③ 刘建明．社会舆论原理［M］．北京：华夏出版社，2002：211.
④ 沙莲香．社会心理学［M］．北京：中国人民大学出版社，2006：283-284.
⑤ 周晓虹．社会心理学［M］．北京：高等教育出版社，2008：236.
⑥ 胡珏．大众传播效果：问题与对策［M］．北京：新华出版社，2000.
⑦ 蔡静．流言：阴影中的社会传播［M］．北京：中国广播电视出版社，2008：10.
⑧ 李若建．虚实之间:20世纪50年代中国大陆谣言研究［M］．北京：社会科学文献出版社，2011：2.
⑨ 姜胜洪．网络谣言应对与舆情引导［M］．北京：社会科学文献出版社，2013：27.

言“未经证实”的特征，其中，纳普和卡普费雷均强调了谣言“证实”的主体为“官方”。“未经证实”即强调其真伪性难以判断，但是，正如诸多学者所指出的，在现实生活中，普通人在得到某信息时，通常没有严谨的求证渠道，个人判断信息的可信度往往是通过信源的可信度来判断的，比如，一些人认为官方的报纸比网络的小道消息更可靠、亲人的话比道听途说更可靠等。也就是说，这个“证实”往往是通过信源的可信度加上个人的思考得出的，而个人的思考则可能会受到他人、社会以及个人的文化认知水平等多方面因素的影响。但无论怎样，一般情况下，摆在人们面前的证据都不足以证实所获信息的真伪，甚至在新闻界中也存在这样的现象，各大媒体相互转载时也很少去求证所转载内容的真实性，因为作为媒体，其信息具有真实性是一个默认前提。因此人们对信息并非没有“证实”，只是这种“证实”通常是以这样一种非直接的方式进行的，由此，“未经证实”的说法就显得模糊而不准确。

那么，“没有根据的消息”这个表述是否具有准确性呢？答案也是否定的。这个定义和“未经证实”的说法会遇到同样的麻烦，即如果某个消息没有任何根据，是难以具有说服力的，那么又何以广泛流传并得到信任呢？这里的“没有根据”语义过于模糊。其实，在很多谣言传播过程中，传播者通常会以“亲眼所见”或据可得到内部消息的某个朋友透露等方式对信息进行包装，那么对于信息受众，这样的信息显然并非是完全没有任何根据的，个人在生活中不可能有条件和精力去验证每一则得到的信息，因此“道听途说”本身也算是一种根据。

在日常语境中，当我们说起谣言的时候，通常是这样的语境，如“这是真的吗？还是谣言？”这就很明显地将谣言放在了真实的对立面，即将谣言等同于虚假信息，这正与传统的对谣言的理解是相符合的。而在新闻媒体语境中，大多也是如此用法，如新闻标题“成都8号限牌系谣言造谣者被行拘”。但同时，我们也可以发现，在这些话语环境中，“谣言”是作为一种事后的判断和描述而出现的，即在确定某信息为虚假，并且该信息曾得到广泛流传的时候，我们会称其为“谣言”，也就是说，谣言是一种结果性判断，其与真实之间往往一线之隔，一则信息是会被冠上“真实”的荣冠还是被打下“谣言”的地狱，仅在于信息受众的判断，正如卡普费雷所说：“当一个人相信他的一个朋友或认识的人所带来的消息，他就认为这不是谣言；反之，当他有所怀疑时，他就认为这同一个消息是谣言。”因此，“当一个谣言被公众确认为‘谣言’的时候，这个谣言便将‘寿终正寝’。相反，当公众并不认为它是谣言时，这个谣言就得以继续流传”①。

日常生活中的谣言定义似乎并不存在争议，但是，如果按照这种理解将谣言简单地等同于虚假信息，那么对于那些流传广泛但没有切实证据证明真假性的信息该如何划分将是一个棘手的问题。很显然，无论是日常生活还是媒体语言中，这部分信息在真相得以揭晓之前也是被称为“谣言”的，甚至在一些特殊事件中，真相是无法揭晓的，如外星人是否真的存在这样长期无解但又有种种迹象让人产生怀疑的问题。考虑到以上问题，姜胜洪、周裕琼等学者纷纷提出应将谣言分为广义和狭义两个方面来看待，狭义的谣言即指我国日常生活中所指的“没有根据的或凭空捏造的消息”，而广义的谣言则更偏向于西方学者的界定，强调“未经证实”这一属性，也就是一些谣言的真实与虚假是模糊未知、无法界定的，在这一层面上，谣言与传闻、流言以及小道消息等词汇的区别就不那么明显，甚至是相互交叉和涵括的。②

显然，狭义语境下的谣言更符合我国民众日常生活中的说法，但在学术研究中，单纯地以狭义概念进行研究往往会遇到许多问题，比如上文所提到的那些流传已久但未能或不能被证实的信息的界定。然而，广义的定义也存在一定的问题，“未经证实”一词的局限性上文已提到，因此，卡普费雷针对谣言的“非官方来源”的特征提出了“官方公开证实”这一判断依据，该定义中的“官方”是建立在公众一致同意的基础上，但是，卡普费雷也明白这个定义的局限性，“‘公众一致同意’这个概念是缘于官方从法律上来说对所有信息都拥有话语权而构成的”，但“官方从道义上并不一定具有同样的权威”③，在实际生活中，媒体、政府等被认为是正确信息来源的权威机构也会因各种原因而发出不实消息，也就是我们所说的“媒谣”“官谣”，这些信息有“官方来源”，但依然被人称为“谣言”，其形成显然不符合卡普费雷的定义，不过它应当属于一种官方有意或无意的失误状态下的一种非常态现

① 卡普费雷．谣言：世界最古老的传媒［M］．郑若麟，译．上海：上海人民出版社，2008：13.

② 姜胜洪．网络谣言应对与舆情引导［M］．北京：社会科学文献出版社，2013：27．周裕琼．当代中国社会网络谣言研究［M］．北京：商务印书馆，2012：16.

③ 卡普费雷．谣言：世界最古老的传媒［M］．郑若麟，译．上海：上海人民出版社，2008：15.

象。卡普费雷虽然给出了谣言的界定，但也只是对“我们称之为谣言的”的一种“谣言”做出的界定，而非谣言的最准确定义。

2. 从信息到谣言的演变看谣言定义

事实上，由于谣言本身的复杂性，要给谣言做出一个准确的、合乎于所有语境的定义几乎是不可能的，因此，本书对谣言定义讨论的目的仅在于界定“谣言治理”这一语境中的谣言。为了更好地进行界定，我们首先应对一则信息演变为谣言的过程作一分析，信息与谣言关系演变图如下所示：

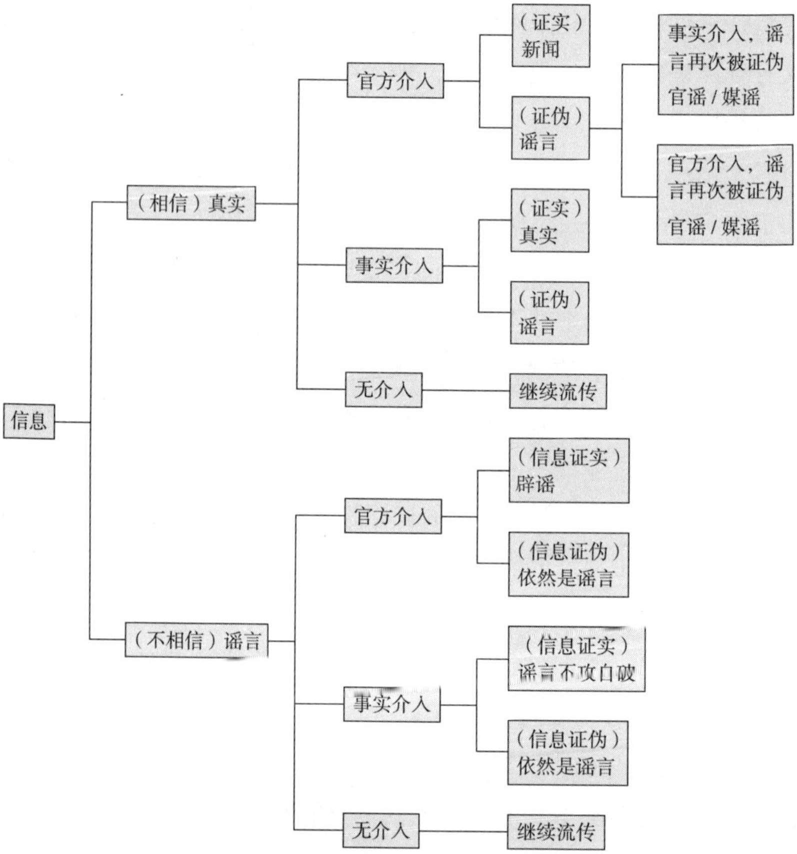

图1-1　信息与谣言关系的演变图

图1-1示意了一则信息与谣言之间的演变关系，即首先当一则谣言进入受众群，受众依据信源可信度等各种心理和社会因素判断是否选择相信，如果相信，则该信息成为事实；反之，则被称为谣言。当然，每个人对信息的

接受是不同的，可能同一则信息，在一些人的认识中是事实，在另一些人的认识里则是谣言。接着，随着事件的发展，会呈现三种发展方向：一是官方介入，二是事实介入，三是无介入。我们常见的谣言是经由非官方渠道进行流传并受到大多数人认可，但又通过官方介入而被证伪，这样的信息一旦随着事件的发展再次被官方或经由事实介入证实或证伪，那么则形成了我们通常所说的“官谣”，前者的例证如刘铁男事件[①]，后者如杭州“限牌令”事件[②]。在这个环节中，一般情况下，事件到此为止就尘埃落定了，但是，从理论上讲，谣言与信息之间的转换关系是可以无限延伸下去的。

从图1–1中还可看出，除了这一常见的谣言转换路径，谣言还可以通过其他路径生成，其变换过程与上述路径基本相同，而且从理论上具有无限的延伸性。这种转换过程的基础来自于公众的信任；而在官方介入的情况下，一则信息是否被当作谣言，其决定性因素在于公众对官方信息权威性信任与否，即官方公布某一信息，大多数公众是首先采取信任态度，将官方所辟谣的信息称为谣言，还是不为辟谣信息所动甚至反而动之。不过，就目前的形势看，近年来随着“官谣”现象的频繁发生，官方信息的权威性正在走向失落，来自公众的质疑声越来越强烈，这种对信息发布不负责任的做法最终将导致政府公信力严重受损，而公信力一旦受损，官方介入对辟谣和舆论引导的作用力便将减弱，信息的辨别将更加依赖于公众自身和事实介入这两方面，那么，社会信息环境就将面临更加混乱的状况。

由此，首先可以总结出谣言的几个特征要素：

第一，从呈现方式上来讲，谣言首先是一则信息。

第二，从传播范围和方式上来讲，谣言流传广泛，在新媒体时代传播方式打破了原有的口耳传播模式，开辟了新媒体传播渠道，并且其流传具有非官方性。

第三，从内容上讲，谣言关涉公共话题，前人更倾向于将谣言内容定义为关乎当下时事，但一些食物致癌谣言显然不属于时事范畴，不过无论是关

① 2012年12月6日，《财经》杂志副主编罗昌平向中纪委实名举报现任国家发改委副主任、国家能源局局长刘铁男涉嫌学历造假、巨额骗贷、对他人恐吓威胁等问题，之后国家能源局称纯属污蔑造谣。但2013年5月14日，因涉嫌严重违纪，刘铁男接受组织调查，并被免去领导职务。

② 2014年关于杭州限牌的信息四处流传，政府多次称“限牌令”纯属谣言，但是之后却突然宣布“限牌令”，令民众措手不及。

乎个人健康还是公共人物或事件，都属于公共话题。

第四，从影响来讲，谣言往往有特定指向，会引发特定的社会行为，造成一定的社会影响。

第五，也是最复杂的一条，从性质上来讲，谣言往往指被一致认为是虚假的信息，但在不同的语境中应做不同的处理。如在“辟谣”一词中，谣言反而是指公众认为是真实的，而官方判定为虚假的信息。

3. “谣言治理”语境下谣言的研究范畴

谣言在不同语境中有不同的定义，在此我们需讨论的重点是本书“谣言治理”一词中谣言的定义。在新媒体逐渐发展的今天，信息环境变得越来越复杂，不同的传播渠道、文化氛围造就了当下谣言传播的许多新特征，加之谣言和信息之间有着复杂的转换关系，因此谣言治理的范畴也大于我们日常所说的谣言。

具体说来，在“谣言治理”这一语境中，谣言应当有三个方面的含义：一是指经由非官方渠道广泛流传的虚假信息，这一判定当然是基于官方立场，而前提则是官方信息的权威性和道义上、法律上的公正、公开；二是那些非官方来源的、广泛流传的、目前没有切实证据断定其为真实的且难以辨明的信息，如马航事件①中流传于网络的各种流言，若没有合理的引导，这些信息一方面有可能蒙蔽大众，另一方面可能激化群众情绪、引发某些未知的群体性突发事件，这类谣言也应当在治理的范畴内进行合理的解释和疏导，营造健康的舆论环境；三是来自于官方、媒体等权威信息机构的虚假信息，由于这类谣言具有特殊性，一方面颠覆了人们对谣言的传统理解和认知，另一方面会削弱权威部门的公信力，甚至对整个社会的信任体系造成不良影响，因此更应谨慎对待。

① 马航MH370客机于2014年3月8日失联，在后续调查中出现了多次官方谣言。

第三节 治理概念辨析

治理理论的兴起与发展源于人们对发生在不同发达程度国家的三种历史性趋势的原因、这种趋势的规范性状态以及如何建构或实现这种规范性状态的长期探索与思考①：一是对第二次世界大战后非洲和拉美社会经济发展的一系列政策与发展绩效间关系的反思。这一反思的结果是将非洲和一些拉美国家的难以发展归结为“不可治理性”，并进一步被世界银行于1989年归纳为所谓的“治理危机”（crisis in government）。二是全球范围内传统的、高度集权经济体的市场化、分权化改革运动的兴起，乃至高度集权政治体制的解体。这种改革引发了一系列政治、经济和社会问题，如社会整体性或稳定问题、公共权力如何重新分配以便构建一个人们共同认可的秩序框架、怎样建立市场经济有效运转的制度、政治合法性的认同等。三是发达国家自20世纪80年代中期以来兴起的“解除政府管制”（deregulation）、消解科层化（de-bureaucratization）运动以及上述的“新公共管理”运动。这一运动旨在重新界定政府的作用、政府发挥作用的方式、政府与社会的关系以及民主政治的前景等，确定以市场作为基本框架的公共管理范式。这三种历史性趋势均源于一个共同的现实问题：日益严重的官僚主义或所谓的“科层化恶魔”对社会经济发展的禁锢效应。

正是在探索上述三种历史性趋势的原因、规范性状态以及规范性状态的事先机制的过程中，人们开始关注治理这一概念。②正如俞可平所言，治理概念的提出不是为了迎合某种理论潮流，或者人为制造出的一套新口号，而是各国政府对政治、经济和意识形态的变化所作出的理论和实践上的回应。③当代社会呈现出高风险性、不确定性等特征，社会问题日益复杂化，

① 杨冠琼，蔡云．公共治理创新研究［M］．北京：经济管理出版社，2011：24-25.
② 杨冠琼，蔡云．公共治理创新研究［M］．北京：经济管理出版社，2011：25.
③ 广胜．走向善治：中国地方政府的模式创新［M］．杭州：浙江大学出版社，2007：99.

要求社会政治和管理系统建立相应的复杂性机制。

一、“治理”一词的定义

实际上，治理（governance）一词并非新近的发明，它源于拉丁文和古希腊语，意为控制、引导和操纵。但历史上，治理（governance）曾长期与统治（government）一词混用。20世纪90年代西方治理理论兴起以来，“治理”才与“统治”区分开来。“治理”被赋予了更多的含义，其涵盖范围也不再局限于传统的经典意义，而是被广泛运用于社会经济领域中。①

不少西方学者对“治理”做出了新的界定，如治理理论的主要创始人之一罗西瑙将“治理”定义为“通行于规则空隙之间的那些制度安排，或许更重要的是当两个或更多规则出现重叠、冲突时，或者在相互竞争的利益之间需要调解时才发挥作用的原则、规范、规则和决策程序”②。英国学者罗伯特·罗茨认为“治理意味着统治的含义有了变化，意味着一种新的统治过程，意味着有序统治的条件不同于以前，或是以新的方式统治社会”③。

许多国际机构也在实践中定义着“治理”概念。1989年，世界银行在讨论非洲发展时，首次使用了“治理危机”（crisis in governance）一词，此后“治理”便广泛被用于政治发展研究中，也特别被用来描述后殖民地和发展中国家的政治状况。④ 1992年、1996年、1997年、1998年的各个世界组织的报告中都使用和强调了治理理论。⑤联合国成立的全球治理委员会在1995年一份题为《我们的全球伙伴关系》的研究报告中，对“治理”一词作出了比较有代表性和权威性的界定：“治理是个人和公共或私人机构管理其公共事务的诸多方式的总和。它是使相互冲突的或不同的利益得以调和并且采取联合行动的持续的过程。它既包括有权迫使人们服从的正式制度和规则，也包括人民和机构统一的或以为符合其利益的各种非正式的制度安排。”报告认为，治理有四个特征：治理不是一整套规则，也不是一种活动，而是一个过

① 俞可平. 引论：治理与善治［M］//俞可平. 治理与善治. 北京：社会科学文献出版社，2000：1-2.

② 詹姆斯·N.罗西瑙. 没有政府的治理［M］. 张胜军，刘小林，等译. 南昌：江西人民出版社，2001：9.

③ 王臻荣，张树峰. 论中国政府治理与善治的实践与探索［J］. 晋阳学刊，2005（6）：8-12.

④ 俞可平. 引论：治理与善治［M］//俞可平. 治理与善治. 北京：社会科学文献出版社，2000：1.

⑤ 胡仙芝. 治理理论与公共管理改革［C］//董克用. 公共治理与制度创新：第一届中美公共管理学术研讨会论文集. 北京：中国人民大学出版社，2004：100.

程；治理过程的基础不是控制，而是协调；治理既涉及公共部门，也包括私人部门；治理不是一种正式的制度，而是持续的互动。①

除了内涵上的界定，外延的清理能够从另一个角度帮助我们理解治理的含义。不少学者认为，区分“治理”（governance）和“统治”（government）两个概念是正确理解治理的前提。治理作为一种政治管理过程，也像政府统治一样需要权威和权力，最终目的也是为了维持正常的社会秩序，这是二者的共同之处。但是二者存在两个基本的区别：治理的权威不一定是政府机关，而统治的权威必定是政府；治理是一个上下互动的管理过程，而统治的权力运行方向总是自上而下。② 此外，不少学者认为二者还存在管理对象、管理手段、追求目标、评价体系等方面的不同，我们将其具体总结为下表③：

表1–3　“治理”与“统治”概念辨析

	治　理	统　治
管理主体	权威多元化，社区组织、志愿组织和私营组织等积极介入	政府或公共权力组织是唯一的中心
所指对象	作用范围带有不确定性，渗透到人们生活的各个领域	确定性强，作用领域不够细化
管理手段	强调机构间的自愿平等合作	强制性的行政、法律手段为主，甚至是军事性手段
权力运行方向	强调上下互动和公民及社会机构参与，权力流动双向或多向	权力沿层级自上而下地流动，政府权威对社会事务进行单向控制
评价标准	合法性、透明性、责任性、法治、回应、有效	严明的法度、清廉的官员、高效的行政、良好的服务

可见治理理论较原来的公共行政和管理理论而言，具有更广泛的涵盖面和适用性。它打破了原来传统上的公共与私人、国家与市场的两分法，模糊了国家与市场、政府与社会之间的分界线，在管理的主体、方法、职能等各

① 俞可平．引论：治理与善治［M］//俞可平．治理与善治．北京：社会科学文献出版社，2000：5．参见全球治理委员会．我们的全球伙伴关系［M］．伦敦：牛津大学出版社，1995：23．

② 俞可平．引论：治理与善治［M］//俞可平．治理与善治．北京：社会科学文献出版社，2000：6．

③ 胡仙芝．治理理论与公共管理改革［C］//董克用．公共治理与制度创新：第一届中美公共管理学术研讨会论文集．北京;中国人民大学出版社，2004：102–103．

方面都作了扩展。[①] 如同罗西瑙所言，治理是一种比统治更为宽泛的现象。

治理的含义十分丰富，国内学者麻宝斌对其作了五个层面的解释，这也构成了治理的几个基本特征：

第一，治理主体是多元的，包括政府、公共部门、第三部门或非政府组织、企业和社会志愿者。

这是治理概念一个重要特征，这意味着政府不再是唯一的权力中心，社会组织、志愿组织、私营组织等都可能成为权威运作的中心。

第二，治理主体之间结成了相互依赖的网络关系，也由此造成了权责的模糊化。

这种模糊化具体表现为六个模糊的边界：政策制定者与政策执行者，公共部门与私营或非营利部门，官僚组织内部不同层级，管理员与工作人员之间的层级，不同部门之间的关系，政府与公民之间的关系。

第三，治理的目标函数是多元的，最终是为了社会的协调发展和全面进步。

一般来说，治理的目标体系中包含着经济的可持续增长、稳定的社会秩序、广泛的公民参与和社会正义与福利等多项要素。

第四，治理的手段是多样化的，并且不再是以强制和压迫为主，而是演变为主要依靠民主协商、合作互助及网络化管理等。

由于公私机构间的界限逐渐模糊，政府和自组织网络之间实现平等互动，它们间的相互依赖关系强化。治理理论强调自组织网络的建设，强调社会力量的参与与合作，实现自主自治。

第五，治理的对象或内容是公共事务或公共问题，即“公共治理”意味着对公共事务或公共问题的治理，在这个意义上，“公共治理”可简称为“治理”。[②]

总之，治理是一种由共同的目标支持的活动，其管理主体未必是政府，也无需依靠国家的强制力量来实现。俞可平认为，“治理一词的基本含义是指官方的或民间的公共管理组织在一个既定的范围内运用公共权威维持秩

---

① 胡仙芝．治理理论与公共管理改革［C］//董克用．公共治理与制度创新：第一届中美公共管理学术研讨会论文集．北京：中国人民大学出版社，2004：102.

② 麻宝斌，等．公共治理理论与实践［M］．北京：社会科学文献出版社，2013：9-10.

序，满足公众的需要”[①]。治理是在政治权力全面控制社会生活的现象受到挑战、公共目标实现的途径和方法多样化的情况下出现的，是人们在意识到政府失灵和市场失灵后，提出的通过多主体的协调与合作达到一定结果的主张。是在既定范围内引导、控制、规范公民活动，调和公共利益，采取联合行动的持续过程。在公共治理的本质规定中，内在地包含着其社会基础——公众参与。公众参与之所以成为公共治理的社会基础，是由其自身的特性与功能所决定的。[②]

二、治理理论的不同视角与研究途径

治理理论是一个具有广泛适用性的概念，在实践中，治理理论可以运用于不同层次和范围，其含义和内容也就不尽相同。麻宝斌等人认为，根据空间范围的不同，可以将治理划分为六个层面：最为宏观的全球治理，介于全球与国家之间的区域治理，国家治理，地方治理，社区治理，最为微观的组织治理。[③]杨冠琼和蔡芸认为治理理论的发展主要是在三个依次缩小的层面上展开：一是全球治理的问题，二是社会治理问题，三是社会内部具体组织的治理问题。而治理理论正是在这三个层面问题的共性的前提下发展起来的。[④]

根据分析视角的不同，治理也有着不同的研究途径。治理理论的代表人罗伯特·罗茨（R. A. W. Rhodes）将“治理”的用法总结归纳为六种范式：作为最小国家管理活动的治理，作为公司管理的治理，作为新公共管理的治理，作为善治的治理，作为社会—控制体系的治理，作为自组织网络的治理。[⑤]国内学者陈振明将治理分为三种研究途径：一是政府管理的途径，这个角度侧重于从政府部门理解管理改革，可以成为一种“自上而下的研究途径”，“最小国家的治理”“新公共管理”和“善治”等用法都属于这一研究途径；二是公共社会的途径，治理被看作是公众参与的“自组织网络”，这种“社会中心论”的治理观被称为“自下而上”的研究途径；三是合作网络

① 俞可平．全球治理引论［J］．政治学，2002(3)：20-32．
② 任维德．公共治理：内涵 基础 途径［J］．内蒙古大学学报：人文社会科学版，2004(1):113-116．
③ 麻宝斌，等．公共治理理论与实践［M］．北京：社会科学文献出版社，2013：22．
④ 杨冠琼，蔡云．公共治理创新研究［M］．北京：经济管理出版社，2011：26．
⑤ 罗伯特·罗茨．新的治理［M］//俞可平．治理与善治．北京：社会科学文献出版社，2000：86-96．

的途径，这一途径试图在"网络管理"的框架内整合上书两种研究路径。①

从不同学科的角度看，对于治理的研究和运用可以分为多种视角。麻宝斌提出了公共行政与公共政策视角、国际关系视角、比较政治学视角这样三种途径。②治理理论广泛地涉及政治学、社会学、公共行政学、管理学、经济学等学科，自组织治理、公司治理、学校治理、地方治理、全球治理等五花八门的概念都被归于"治理"的旗下，不同学科下的用法往往相互矛盾。③这也在一定程度上显示出理论自身存在的年轻、不成熟、内容庞杂等问题。如同鲍勃·杰索普所言，治理在多种语境中大行其道，成为一个可以指涉任何事物或毫无疑义的"时髦词语"。④而我们在这里使用"治理"一词，主要指的是公共领域的治理问题，即谣言的"公共治理"。

三、治理理论的本土化

改革开放以来，我国逐渐从计划经济体制过渡到市场经济体制，融入世界经济一体化和全球化的浪潮中，治理理论也逐渐进入人们的视野。在汉语中，人们传统使用的"治理"概念与英语语境中的"governance"有所不同，我们这里所说的自20世纪90年代以来西方治理理论中的"治理"一词是西方的舶来品，在中国需要实现一个本土化的过程。国内学者毛寿龙最早将"governance"译为"治道"，认为"治道"是关于治理公共事务的效能，驾驭经济发展的能力，并在此基础上提出"治道学"。俞可平最先将"governance"译为"治理"，并提出了"善治"的概念，在《治理与善治》一书中区别了"治理"与"统治"的差别，从公众参与的角度关注治理理论。⑤

与治理理论在中国学术领域的引入相应的是，治理理念在政府文件中也逐渐得到重视。在国际全球化和国内民主政治及市场化的要求下，中国面临着全新的管理创新和政策改革。2004年6月，党的十六届四中全会提出要

---

① 陈振明. 公共管理学：一种不同于传统行政学的研究途径［M］. 2版. 北京：中国人民大学出版社，2003：81-91.

② 麻宝斌，等. 公共治理理论与实践［M］. 北京：社会科学文献出版社，2013：26-27.

③ 曾正滋. 公共行政中的治理：公共治理的概念厘析［J］. 重庆社会科学，2006(8)：81-86.

④ 鲍勃·杰索普. 治理的兴起及其失败的风险：以经济发展为例的论述［M］. 漆芜编，译//俞可平. 治理与善治. 北京：社会科学文献出版社，2000：55.

⑤ 麻宝斌，等. 公共治理理论与实践［M］. 北京：社会科学文献出版社，2013：68-69.

"加强社会建设和管理，推进社会管理体制创新"。2005年3月，温家宝在第十届全国人民大表大会第三次会议上所作的《政府工作报告》中提出要努力建设服务型政府。2006年10月，中共第十六届中央委员会第六次全体会议通过了《中共中央关于建构社会主义和谐社会若干重大问题的决定》，明确了"建设服务型政府"的目标。2007年，党的十七大报告明确要求"建立健全党委领导、政府负责、社会协同、公众参与的社会管理格局"。2012年，党的十八大再次强调，要加强和创新社会管理，改进政府提供公共服务的方式；要求在公共服务领域更多地利用社会力量，加大政府购买服务力度。转变政府职能、改善公共服务成为政府改革目标。

2013年，中共中央十八届三中全会公报指出，"全面深化改革的总目标"包括"推进国家治理体系和治理能力现代化"。会议公报多次使用"治理""社会治理体制"等字样，这是"治理"概念首次进入中共中央文件，标志着我国政府对"治理"理念的重视。①会后通过的《中共中央关于全面深化改革若干重大问题的决定》更是明确提出，改进社会治理方式要坚持系统治理，加强党委领导，发挥政府主导作用，鼓励和支持社会各方面参与，实现政府治理和社会自我调节、居民自治良性互动，激发社会组织活力，正确处理政府和社会关系，加快实施政社分开，推进社会组织明确权责、依法自治、发挥作用；适合由社会组织提供公共服务和解决的事项，交由社会组织承担。②

四、治理理论与谣言控制

在社会转型时期，谣言的控制成为目前我国公共管理的一项重要任务。国家近年来非常重视谣言防控，积极发动治谣运动。然而谣言是一种复杂的社会现象，很多时候它其实是社会深层矛盾的一种释放和表达，简单的政府管控无法从根本上杜绝谣言的发生，因此复杂机制的建设显得尤为重要。

我们在这里采取公共治理的理论视角，着重探究当代社会中由政府主导、多元社会主体（主要包括政府、传媒机构等市场主体、非政府组织和公

---

① 包刚升."国家治理"新思路［J］.南风窗，2013(24)：20–21.

② 新华社.授权发布：中共中央关于全面深化改革若干重大问题的决定［OL］.［2013–11–15］.http://www.sn.xinhuanet.com/2013–11/16/c_118166672.htm.

民个体等）共同参与的谣言治理途径与方法，强调整体性、综合性和多元参与的治理视角。治理的方式能够帮助我们以更为弹性、灵活、多样的方式解决问题，弥补单一社会主体在处理突发事件谣言时的不足，促使公共问题的高效解决。

由于社会主体各有利益和诉求，其在社会生活中所扮演的职能和所拥有的社会信任度是各不相同的，因此，其在处理突发事件的谣言治理时能够承担的职责和作用也不相同，而且无法相互替代。如果想要取得突发公共事件谣言治理的有效方法必须综合考虑多元社会主体的公共参与，这种公共治理模式事实上也符合我国社会的发展趋势，符合中央对于提高社会管理的科学水平的要求。作为公共治理主导者的政府如何协调好各种社会主体之间的关系、科学决策，最大限度地实现优势互补、趋利避害是一个需要深入研究的问题。

同时，谣言治理并非简单地消灭谣言，它不仅包括对某个具体谣言负面影响的消减，还包括对整体信息传播环境的营造。从这个角度看来，谣言治理应包含两方面的内容，这也构成了本书的一条逻辑主线。这两方面包括：第一，采取何种应急处理措施能够有效地遏止突然爆发的谣言，减少其对社会的负面影响；第二，在常态制度建设方面，应建立何种制度才能够减少谣言爆发的几率，营造健康的舆论环境和信息环境。

第二章

突发公共事件背景下的谣言研究文献综述

近年来，突发公共事件频发，引起了公众的广泛关注，学界研究者也纷纷将目光投向了突发公共事件，并对其中的舆论现象、社会现象等进行研究和分析。这些研究中不可忽视的一个方向是对突发公共事件背景下谣言传播的研究，随着这个方面的研究不断深入，各个学者开始从不同的视角切入研究，并且分类也越来越细致，每个学者都站在自己的研究角度提出了自己的观点，有些还给政府和其他组织提出了治理建议。在这里，本书试将突发公共事件背景下的谣言研究进行梳理和总结，以便探究这些年来研究成果的可借鉴之处和不足之处。

第一节　文献整理说明

本书的文献整理以中国知网上的学术期刊文献和硕博论文为主，不包括著作。首先，以“谣言”一词作为“主题”关键词在中国知网上进行搜索，而后对所得的关于谣言的文献进行逐年逐篇筛选，选出其中学术性较强的期刊文献和硕博论文，筛除一些类似杂文的、评论性质较强的和报纸上的文章，而后将选出的文章按不同的分类方式进行归类整理。

在归类整理时，首先按照文献题目所示的研究方向和研究内容将所得文献分为以突发公共事件为背景的谣言研究和以一般事件为背景的谣言研究两大类，本书的主要研究对象是前者。在这里，有两个问题需要说明：第一，在归类突发公共事件中的谣言研究时，笔者发现，有一些研究如《地震谣言产生的根源及其对策原则》等文章并未明确提及“突发公共事件”一词，但由于在广义上地震属于突发公共事件，因此在分类时，笔者将其归类为突发公共事件为背景的谣言研究；第二，在研究中，与突发公共事件类似的说法有突发事件、公共事件、危机事件等，这几个名词有细微区别，但都表现出一些共同特征，即事件突发性强、社会危害性大、需紧急处理、牵涉社会大众的利益等，这类事件也往往引发一些群体性事件和集体行为，因此，在本书中，这些事件都归于以突发公共事件为背景的谣言研究一类中。

第二节　突发公共事件背景下谣言研究的开端和发展

这里对于谣言研究文献的综述，以相关期刊文献和硕博论文的数量为标准，将其区分为开端和发展期，分析其在研究数量以及方向、内容上的发展演变。

一、开端

由于地震属于突发公共事件，因此，关于地震的谣言研究也可看作是以突发公共事件为背景的谣言研究。在中国知网所收录的论文中，关于地震的谣言研究始于1981年，这同时也是该网站所收录的我国关于谣言问题学术研究文献的开端。这篇由国家地震局地球物理研究所学者宋守全、沈建和山东省地震局姜玉平先生联合撰写的《1980年中国山东省烟台地区流传的一起地震谣言及辟谣对策》严格来说是一份调查报告，文章调查了1980年中国山东省烟台地区地震谣言的流传概况，分析了这次谣言的社会反响并对这次地震谣言的辟谣过程和措施进行反思、提出建议。此后一直到2002年，几年间关于谣言研究的44篇文章中，研究对象集中于地震谣言，只有极少量其他类型的谣言研究。在这些地震谣言研究的篇目中，研究方向基本都集中于地震谣言的成因、影响和治理对策等方面，其中，关于治理对策的地震谣言研究和报告占绝大多数。值得一提的是，这部分研究中出现了以心理学、社会学角度进行研究的一些文章，如《地震谣言与地震误传的社会心理学分析》等。

书面上以“突发公共事件”或“突发事件”为背景进行的谣言研究始于2003年的《社会突发事件中谣言的网际传播现象透视——“非典型肺炎”事件引发的思考》，有趣的是，这篇文章不仅是关于突发事件中谣言的，而且也是关于网络谣言的。可以说，是非典事件中的谣言传播引发了关于突发公共事件谣言传播和网络谣言传播这两个方向的研究。同年发表的文章《公共危机中的谣言与传媒》，也是以非典事件为例简要分析了谣言的成因、影响，并对媒体在舆论引导方面的做法进行了反思。2003年非典事件中的谣言传播事件不仅是当时的热门话题和研究对象，同时也是后来几年被学术界频繁引用和反复研究的事例，这次事件正是突发公共事件中谣言的传播现象引起社会政府和学术界广泛关注的开端。

二、发展

从统计结果来看（参见图2–1、2–2），在2003年谣言研究的小高峰之后，也就是2004到2006年间，突发公共事件背景下的谣言传播这个话题并没有得到足够的重视，三年间研究成果寥寥无几，直到2007年，这方面的研究才如雨后春笋般大量出现，并几乎都涉及谣言的治理问题，如乔晓征和朱力的《谣言在群体性突发事件中的发生机制》分析了谣言在突发事件中的发生机制并提出了降低突发事件中谣言爆发风险的建议，王晓琪和冯子健的《突发

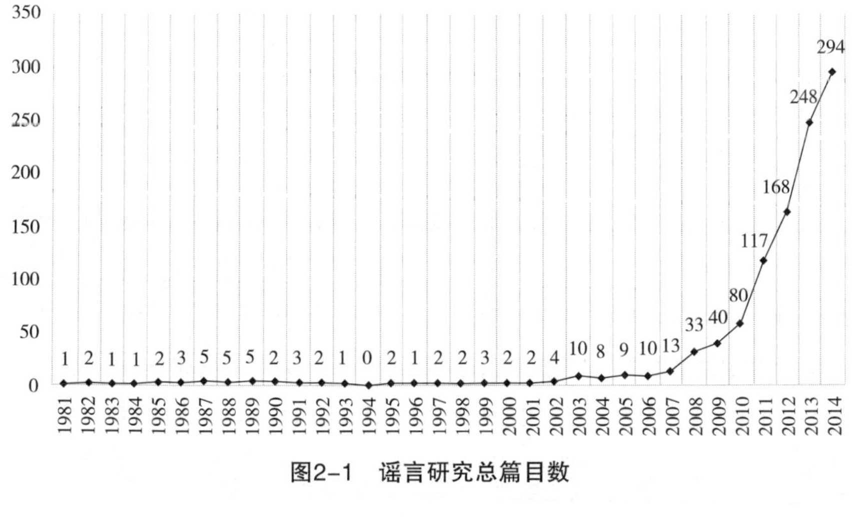

图2–1　谣言研究总篇目数

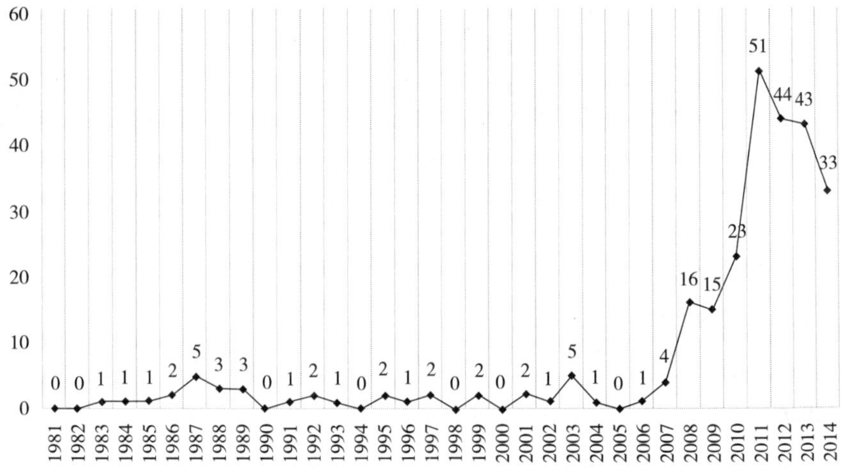

图2-2　突发公共事件背景下谣言研究篇目数

公共卫生事件中的谣言监测》探讨了谣言监测的概念、方法以及发展方向的问题，李劲松《浅析谣言在突发公共事件状态下的杀伤力及应对》提出了治理谣言的几点对策，连淑卿在《构筑公众抵制谣言的“防火墙”——浅谈媒体对危害公共安全事件的舆论引导》中介绍了媒体在突发公共事件中所面对的“沉默”与“表达”的二律背反问题并提出媒体舆论引导的原则。

在2008年关于突发公共事件背景下的谣言传播研究中，出现了许多聚焦突发公共事件中网络谣言传播的研究，这表明在突发公共事件的传播过程中，网络这个新媒体传播工具的负面效应开始得到研究者的重视。2008年至2010年，谣言研究的数量稳步上升，呈现增多的趋势。其中突发公共事件背景下的谣言研究呈现稳中有升的趋势，学界对这一问题形成了持续的关注。

从2011年至2014年，谣言研究的文章数量急剧增加，特别是2011年，相较于2010年实现了翻倍增长。这时，随着新浪微博等社交网络平台的全民化普及，网络谣言（特别是微博谣言）逐渐进入研究视野。到2014年，谣言研究总数已经达到了294篇，是2010年研究数量的5倍。谣言研究已经成了一个研究热点。在2014年，有关网络谣言的研究几乎占据谣言研究总数的九成以上。与此同时，突发公共事件背景下的谣言研究在2011年有一个较明显的成倍增加之后，此后三年都呈现平稳中小幅下降的趋势。这样的趋势或与互联网社交网络平台兴起有关。一是网络社交平台的发展为谣言的滋生提供了丰沃的土壤，使得网络谣言异军突起，大量研究者从传统媒介环境下的谣言研究转向了网络谣言研究。二是由于互联网的大范围传播，谣言传播特点从偶发、公共逐渐转变为频发、日常。大量日常八卦信息在互联网平台上传播，在一定程度上转移了研究者对于重大突发公共事件下的谣言研究。

第三节　突发公共事件背景下谣言研究内容概述

分析近年来关于突发公共事件背景下谣言的研究文献，可以发现这些研究虽然各有不同的角度和方向，但归结起来，其内容基本集中于定义、成因、传播机制、影响及治理措施这几个方面；以此为分类，笔者将所搜集的1981年以来的以突发公共事件为背景的谣言文献进行归类和统计，可得到不同研究偏向的篇目数及其占文献总篇目数的百分比，具体分析结果见表2–1：

表2–1　1981年以来谣言研究偏向分析

	定　义	成　因	传播机制	影　响	治理措施
篇　目	286	369	204	175	584
百分比	27.3%	35.2%	19.5%	16.7%	55.7%

（表注：因一篇文章可能涵盖多个内容偏向，因此在计数时采用了重复计数）

从表2–1可以看出，在突发公共事件背景下的谣言研究中，有关成因和治理措施的研究所占比重较大，在文献整理中笔者发现，这部分的研究内容相对其他部分来说也更为详细和多元化。如在表2–2中可以很明显地看出，在谣言成因和治理措施的研究中，研究者从不同角度、不同学科进行研究，得出了丰富的研究成果，而其他几个方面的研究成果则相对较少，且相比之下也并不十分详细。

我们对各个研究偏向所得研究成果进行了汇总，表2–2简略概括了1981年以来相关研究文献的研究成果：

表2-2　1981年以来谣言研究成果汇总

定义	引用前人观点		多引用前人观点，极少有学者在这个问题上做过多的纠缠。主要引用的国外学者有：奥尔波特和波斯特曼、纳普、彼得森和吉斯特、卡普费雷、西布塔尼等。国内学者有：陈力丹、刘建明、胡钰等。
	关于定义的争议		关于谣言的定义尚存在争议。多数人认为谣言的真实性和虚假性是未经证实的，谣言和流言同由“rumor”翻译而来，并无本质区别；但有些人也提出谣言和流言不同，流言是未经证实的，而谣言则是故意捏造的。
成因	主观因素	个人主观心理作用	信息渴求；宁信心理；固有成见；心理定势；刻板印象；信息铺垫；情绪发泄；恐惧焦虑心理；心理安慰；排解压力；认知判断能力不足；好奇心；选择性心理（选择性注意、选择性理解和选择性记忆）；作为意见领袖的满足感；自我保护的本能；怀疑心理；逆反心理；崇外心理；“第三人效应”错觉；认知不协调理论（谣言是消除人们面对突发事件焦虑恐惧感的良药）。
		群体推动作用	趋同心理；从众心理；群体暗示；群体感染；群体压力；沉默的螺旋；巴赫金狂欢理论；集体记忆和集体无意识；集合行为；拉康镜子效应（群体使自我意识湮灭）；多米诺骨牌效应。
	客观因素	谣言伪装性	伪装可靠信源（冒充知名媒体、学者等）；假借科学理论支撑；掺杂部分事实混淆视听；信息被广泛传播和重复；信息的模糊性；谣言的示意层面的影响；模糊发言人。
		社会环境	事件本身的重要性和信息不足（奥尔波特谣言公式）；我国处于社会转型期、社会矛盾激化；环境动荡；新媒体等信息传播技术的发展（网络时代的蝴蝶效应）；舆论的民主开放程度不够；社会信任危机；文化原因（中古传统文化中的“神秘色彩”）；法律监管不到位；某些个人谋私利；舆论领袖的影响（如社会上所谓“智者”）；经济水平低（物质基础不足以承担谣言带来的后果）。
		政府	信息发布机制不够健全（手段单一落后等）；缺乏信息发布和舆论引导的意识；相关法律法规不完善。
		媒体	报道或信息发布不及时（关键时刻的失语）；报道方式存在问题；网络把关人制度不健全；危机报道中的“不破不报”使信息发布不够及时；新闻媒介的“霍桑效应”；媒体报道形成“拟态环境”误导受众；媒体报道的二次传播；互联网开放性、便捷性、低成本和低门槛提高了公众言论的自由度；网络传播中倾向于短小的篇幅，增加了信息的模糊性。
传播机制			（1）奥尔波特等提出的“削平—磨尖—同化”机制，水平化（leveling）—强调化（sharpening）—同化（assimilation），“失落—强化—吸收”。 （2）罗凯特通过实验，将失真的“自然思维”三段式加以提炼，形成了以下方式：省略或空变、加强、归属、泛化、超细节化（滚雪球效应）。 （3）链状传播—树状传播—放射状传播—复合式传播（交叉式）。 （4）谣言传播的SI、SIS、SIR模型。

续表

影响	消极影响	（1）对谣言的指向者造成伤害，包括个人、社会和国家。 （2）带来经济损失和人员伤亡。 （3）干扰正常生活秩序。 （4）诱发不良情绪，使人失去理性判断。 （5）造成恐慌，同时形成“狼来了”心理。 （6）使政府和媒体等高信源的公信力损伤。 （7）增加政府治理难度。 （8）引发“首因效应”，掩盖事实真相。 （9）激化社会矛盾。 （10）影响社会群体心态，引发群体性事件等其他后续灾难性事件。 （11）侵蚀社会主流价值观。
	积极影响	（1）反映了群众内心的真实诉求，通过造谣这种集体交易行为，在个人层面消除焦虑，在社会层面可以获得认知，缓解矛盾。 （2）具有减压、说明解释和娱乐消遣的积极功能和影响。
治理措施	政府	（1）建立与群众的对话机制，倾听群众的声音和舆论，建立信息反馈机制。 （2）重视谣言平息后政府的自我反思和问责，问责平息谣言传播不力的政府部门及责任人员。 （3）寻求第三方帮助（有公信力的学者、专家、民间人士等，发挥舆论领袖的作用）。 （4）提高舆论监测和分析的技术手段。 （5）提高基层政府的应变能力，加强对党员干部的内在监督和管理，提高基层工作者的素质。 （6）借鉴国外先进经验。 （7）正确处理与媒体的关系（对传统媒体的引导和合作，适当放宽对媒体报道的监管，积极利用新媒体）。 （8）重视舆论引导，并在行动上给群众以指引。 （9）注意辟谣的内容和修辞。 （10）完善新闻发言人制度。 （11）完善信息发布制度，建立专门的信息发布机构，建立长效、灵活、多元化的信息发布渠道，把握第一时间原则。 （12）根据不同谣言的不同特征区别治理；强化责任意识教育与社会宽容教育。 （13）提高政府公信力。 （14）适当的法律法规治理。 （15）加强预案管理，将谣言写入应急预案。 （16）加强教育和宣传，提高民众的认知水平和风险意识。 （17）实名制。 （18）为群众提供不同层次话语系统的交流平台。
	媒体	（1）做好沟通政府与群众的角色，发挥议程设置和把关人作用。 （2）发挥舆论引导作用，重视对群众的行动指引。 （3）非常时期开通新闻热线答疑。 （4）积极利用新媒体辟谣，如微博。

续表

治理措施	媒体	（5）媒体应尽量转移人群的注意力，减少公众的心理恐慌，在整个媒介环境中营造出一种理性思考的舆论氛围。 （6）在报道过程中，争取做好第一时间的信息发布，在非常时期设立专栏。 （7）规范报道，报道时采用多信源策略，采用进行式报道的方略。 （8）建立舆论预警机制。 （9）提高媒体公信力。 （10）提高媒介从业人员的素质。 （11）媒介运营商要加强内部的监督管理和信息审核。
	公众	提高自身认知和判断能力，加强自我约束，强化社会责任感，增强危机意识和守法意识，建设理性文化，培养媒介素养。
	非政府组织	（1）民众自发成立某些组织，如松鼠会、果壳网等辟谣网站。 （2）发展NGO，积极培育更多新的“非政府公共组织”，与政府建立既相互合作又相互监督的新型关系。
	注意事项	把握第一时间原则，善用黄金4小时。 辟谣主体应多元化。 注意辟谣渠道的相互配合（有人提出发挥传统媒体的权威性作用，有人提出善用新媒体的快捷效果，有人将二者结合配合使用，同时还应注意官方与非官方的配合，重视民间渠道的自清功能）。 谣言传播是网民群体思考的结果，不应将所有网民置于对立面，而要以开明态度赢得网民的信任。 政府媒体应形成良性互动。 信息发布原则：多渠道、反复持续发布；信息传播语言方式的选择需谨慎，应由专业性话语向平民化话语转变；注重言辞的严谨性和科学性。

第四节 突发公共事件背景下谣言研究的特点及问题分析

综合以上图表数据，根据对近年来相关文献的阅读和分析可以发现，近年来突发公共事件背景下的谣言研究呈现出几个显著特点和问题。

一、特点

1. 研究数量变化明显

由图2-1的数字变化可以很明显地看出无论是谣言研究总数目还是突发公共事件背景下谣言的研究数目基本一直呈增长趋势，尤其是从2007年到

2011年，增长尤其迅速。不过，2012年至2014年，突发公共事件背景下谣言研究呈缓慢下滑趋势。研究数量的变化表明，研究者对于突发公共事件背景下的谣言研究的关注从2007年起显著增加，到2011年形成一个高潮。此后，谣言研究的重点逐渐转向网络谣言，突发公共事件中的谣言研究在经历了2011年的高峰后，有小幅下降的趋势。

2. 研究内容和方向越来越细化

如前所述，突发公共事件背景下的谣言研究最初是从地震谣言研究开始的，刚开始的几年里，研究内容也基本集中于地震谣言，直到2003年才明确提出“突发公共事件”的研究背景。在这之后，随着谣言研究文献的增多，谣言研究的方向和内容也逐渐细化，不仅有地震谣言，还有健康谣言、商业谣言、社会事故谣言、历史谣言、政治谣言、高校谣言等。另外，研究内容也不再局限于谣言的治理措施，开始关注谣言的定义、成因、影响等其他方面，从而拓展了谣言的研究思路。值得注意的是，最初的地震研究多以案例为出发点，紧紧围绕案例展开研究，这样的研究虽然实际，却难以摆脱其局限性，导致研究成果的普适性降低。在近两年的研究中，谣言研究逐渐摆脱了这个枷锁，开始站在学术角度对谣言进行系统的研究，虽然也有以社会事件作为案例的，但不再被案例所局限。

3. 跨学科研究逐渐发展

跨学科研究增多是谣言研究的一个发展趋势，社会学、心理学，甚至哲学和计算机学等学科的学者都开始从各自的学科视角对谣言进行研究，拓宽了谣言研究的视野，有助于谣言研究从不同的角度取得一些突破性进展。特别是2012年以来，谣言研究不再局限于传播学领域，许多法学专业学者从立法的角度对谣言治理提出了法律层面的建议，使得谣言研究不再停留在学术研究层面，更大程度上与社会现实治理接轨。另外，也有不少学者从计算机信息学的角度，对谣言生成、发展的机制进行了科学化的定量分析研究，取得了显著成果，拓展了谣言研究的深度。

4. 网络谣言研究异军突起

网络谣言是指主要通过网络传播的谣言。近年发生的突发公共事件中不少谣言是通过网络兴起并传播开来的，其中“非典”事件就是一个被频繁引用和研究的事例，该事件不仅仅以突发公共事件为背景，而且其传播渠道中网络也占据了重要位置。随着新媒体的发展，网络谣言也越来越多，网络的负面效应渐渐得到社会和学者的重视。从2011年起，微博谣言传播逐渐进入研究视野。在其后的三年中，微博谣言成了谣言研究中的一个重点，几乎所有对突发公共事件中谣言的案例研究都要涉及微博谣言的传播问题。在关于治理措施的研究中，许多文章也都涉及规范互联网监管的诉求。在2014年的研究中，有一部分学者开始关注微信朋友圈中的谣言传播现象。网络谣言已经成为谣言研究中的重中之重。

二、目前研究中存在的问题

1. 研究成果雷同，出新少

表2-2是笔者对1981年以来所有突发公共事件背景下谣言研究文献所得的研究成果的一个总结，对文献中所提及的有关内容进行归类整理时，笔者发现这些文献存在很大的雷同问题。很明显的一个例子是在对谣言的成因进行研究时，许多学者都会引用奥尔波特和波斯特曼的著名谣言公式，还有在提到谣言传播过程中群体的推动作用时，“群体暗示”和“群体感染”也是被广泛引用的理论。类似的例子还有很多，如在谈及治理措施时，第一时间原则、政府和媒体的公信力问题、公众的认知能力问题、新媒体的利用问题、法律监管问题、媒体喉舌功能等方面也频频被提及。这些研究成果具有一定的参考性，但重复的研究成果对学术研究发展的意义不大，也无法为问题解决提供有力的支持，因此研究成果雷同的问题值得重视。

2. 研究求全而忽略深度

由于谣言研究本身是一个较大的话题，因此在较短的篇幅之内很难将谣言研究做得全面，再加上如今已经出现了很多研究成果，全面就不那么重要了，但如今许多研究都存在求全而忽略研究深度的问题。如在谣言治理方面的研究中，大多数文章都建立起一个框架，框架内大致包括政府、媒体、公众三个方面，有些学者还将非政府组织纳入框架，但这不能从根本上对谣言研究有所推动。本书认为，目前的研究缺乏的是深度开掘，如研究政府治理时，相关研究都注重从信息发布角度、舆情监测和预警角度、法律法规角度、文化建设角度等入手，将论点铺设得大而全，但这对于今天的研究来说仍然不够，对每一点的深挖，比如探究信息发布的具体作用、渠道和注意事项，才能够造就兼具学理性和实践性的学术成果。

3. 研究角度窄，缺乏开拓性

研究角度窄主要体现为，虽然有跨学科、多视角的研究，但这方面的研究多浅尝辄止。以谣言治理的研究文献为例，根据治理主体的不同，可分为政府、媒体、公众、非政府组织四个部分，分析其研究篇目数量变化，可得下图：

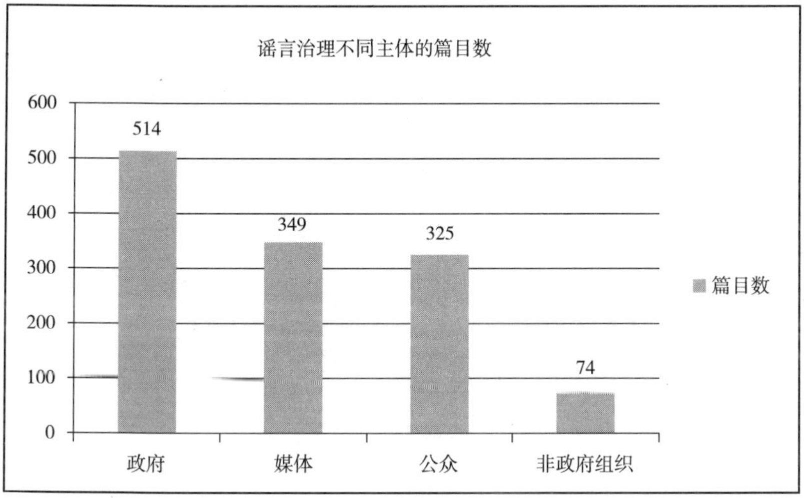

图2-3　谣言治理不同主体的篇目数

由图2-3，并结合表2-2可以看出，目前的突发公共事件背景下的谣言研究中，大多数学者都十分重视谣言治理过程中政府的作用，这同时也从侧面说明了政府应该在谣言的处理过程中承担重要责任并付诸有力的行动。当然，媒体和公众的作用也被列入研究范围，并且取得了一定的研究成果，但是，现在关于非政府组织的研究还不多，而且这些文章中大多也仅仅提到了非政府组织应该在谣言治理中起到重要作用，并提醒政府应当注意同非政府组织的合作，但对非政府组织如何参与谣言治理进行深入细致研究的并不多，研究成果尚不算丰硕，研究深度也不够。另外，有极少量的文章中提到了要协调谣言治理中各个主体的关系，但只是蜻蜓点水般地概括性提及，并没有就如何协调关系提出建设性的意见。由于谣言是一个跨学科的研究领域，其牵涉的社会主体也非常多，因此在研究中应当拓宽视角，挣脱惯常思维的束缚，才能取得突破性进展。

第三章

突发公共事件中谣言形成和传播的机制与过程

“机制”一词最早源于希腊文，原指“有机体的构造、功能及其相互关系”。在此基础上，传播的机制可以理解为构成传播过程的各个要素及其功能，以及各要素之间的联系与信息运行的规律。所谓信息传播机制，就是指信息传播的各要素的职能和联系，包括传播者、传播途径、传播媒介以及接收者等所有构成的统一体，信息传播机制就是一种对信息从发布者到接受者的总体概括。谣言的传播机制主要包括谣言的产生、传播和影响机制，有关谣言的传播机制的研究旨在总结突发公共事件背景下具有普遍意义的谣言产生与传播机制。本章主要从主观心理因素、客观因素等方面来探讨突发公共事件背景下，影响谣言产生与传播的具体要素及其联系，并且在聚焦谣言形成与发展的运作过程的基础之上，探讨谣言传播的规律与模式。

第一节　突发公共事件中谣言形成与传播的心理基础

在突发公共事件中，谣言的形成与传播涉及非常复杂的心理过程，王锁明在《基于社会心理视角的网络谣言成因分析》一文中较为全面地总结了谣言传播的十种社会心理：娱乐心理、猎奇心理、怀疑心理、较真心理、恐慌心理、焦躁心理、盲从心理、侥幸心理、宣泄心理和挑拨心理。[①] 这十种

① 王锁明．基于社会心理视角的网络谣言成因分析［J］．观察与思考，2012(9)：45-47.

心理现象又可分为两种不同的研究视角，也即现今学界所并存的两种研究视角：一是将谣言看成个体行为的结果，从谣言传播链条中的个体的心理角度出发研究个体制造或传播谣言的动机与心理；二是把谣言看成社会互动的结果，通过探究社会环境、组织结构和群体行为等对个体的影响与作用，分析个体在群体和社会中所产生的心理和行为变化与谣言流传的关系。

一、谣言产生与传播的个体心理因素

谣言传播的基础主体是个人，个体心理上对谣言的接受在谣言产生和传播过程中起决定性的作用。几种个体心理驱动力的推动是谣言产生并得以传播的重要心理基础。谣言产生与传播的个体心理机制主要可以分为：

1. 个体主观心理投射的驱动

在《谣言心理学》中，奥尔波特曾经探讨了谣言传播的心理投射。奥尔波特认为心理投射是个人意志、欲望的外化。“当一个人的情绪状态反映在他对周围事物的解释中而不自知时，我们称为投射，在他对周围事物的解释中，没有使用完全公正而客观的证据。”①也就是说，个人的心情、情绪、喜好等心理因素可能使个人曲解信息，传播谣言。

无论是在一般的社会环境还是在突发公共事件下特殊的社会环境中，人们都有可能体验不安、焦虑、恐慌、愤怒等消极情绪，这些情绪无一例外都会给人们带来一种不适的感觉。这种压抑的情绪和情感会随着时间的推移而不断积累，根据个人的忍受力不同，在适当的情况下按不同喜好选择宣泄或者抑制进行调节，从而保持一种心态上的平衡。

奥尔波特曾在《谣言心理学》中这样说道：“谣言提供一种能供排解紧张情绪的口头发泄途径。”②而倾诉恰恰也是基于这样的一种作用机制，当一件事情给我们带来很大的情绪压力时，我们可以通过倾诉、讨论寻找一种发泄的出口，这种倾诉就如同有人会去打拳、唱歌甚至诉诸暴力一样，利用某种行为释放积攒的能量。同时因为另一方的存在，他们会给予传播主体一定的回应，不管这是一种理性的宽慰，还是感性的共情，都会

① 奥尔波特，等. 谣言心理学［M］. 刘水平，梁元元，黄鹂，译. 沈阳：辽宁教育出版社，2003：21.
② 奥尔波特，等. 谣言心理学［M］. 刘水平，梁元元，黄鹂，译. 沈阳：辽宁教育出版社，2003：20.

让充满心理压力的那一方缓解这种压力，获得一种正向的支持。对谣言进行传播也会对谣言传播主体的情绪产生相似的影响，例如会带来加重恐慌情绪的灾难预报谣言，人们通过口头进行传播的本身就是对恐慌情绪的缓解，同时还不能忽略的是后续的作用：一旦传播主体得到了他人的回应，例如他发现这件事也引起了他人的焦虑，他内心的不适就会减轻，因为这种压力找到了一种共鸣和分担。另外，不甘坐以待毙的人们还会在一起就谣言进行讨论，以期能够找出一种解决的方式，这也是降低焦虑的一种形式。

而针对"不满"情绪在谣言传播过程中的作用，近年来也有新的成果出现。中南大学文学院副院长白寅副教授在探讨网络条件下谣言传播的动力机制时曾有实验证明："在有表达环境压力的情况下，人们一般趋向于采取不表达的行为；在无表达环境压力的情况下，人们采取表达行为的动机主要是传达不满情绪。"[①] 所谓"无表达环境压力"特指网络中人们都是虚拟和隐匿的身份，不会遇到在实际的人际传播中被迫表达意见、填补尴尬的情况。而从很多谣言的案例看，确有很多包含着宣泄不满情绪的痕迹：

"四川大地震后，世界人民，知名企业纷纷给予捐款以及慰问，但是截至目前为止，中方未收到韩国企业（LG、三星、现代、大宇）一分钱的捐款。其中最恶劣的是三星中国公司在募捐时被韩国总裁发现后竟然遭到强行制止，并称大韩民国政府暂时不允许韩资企业向中国捐款，身为三星公司的员工必须服从韩国政府！一个靠中国养活的企业，一个靠中国养活的国家居然如此猖狂！请大家转发！呼吁中国人民抵制韩货！让它们自取灭亡！看过的，一定要转发！！！"[②] 就这则案例而言，短短的200字感叹号一共使用了8次，频次极高，可见孕育着十分强烈的情绪。

另外，要在这里强调说明的是，情绪的宣泄还有一种极端的形式——攻击。在社会心理学中，攻击行为是指"意图伤害他人的身体行为或言语行为"[③]。而愤怒则是触发攻击行为的主要原因。针对攻击行为的发生，有本能理论、挫折—侵犯理论和社会学习理论多种解释维度。其中挫折—侵犯理论

---

① 白寅. 网络流言传播的动力学机制分析［J］. 新闻与传播研究, 2010(5)：91.

② 中华网论坛. 无比愤怒！三星中国公司在举行募捐时被韩国总裁强止(转帖)［OL］.［2008-05-17］. http://club.china.com/data/thread/1011/2015/68/31/7_1.html.

③ 戴维·迈尔斯. 社会心理学［M］. 侯玉波，乐国安，张智勇，等译. 北京：人民邮电出版社，2006：279.

是1939年由心理学家Dollard和Miller共同提出的，在他们看来当人们在实现目标的过程中遭遇到了阻碍从而体验到挫折的时候，这种挫折便会导致某种形式的攻击行为。当人们面对挫折时，就会产生攻击行为的情绪准备状态即愤怒，而这种愤怒情绪产生的实质是剥夺，是一种不公平的认知与情绪体验。同时攻击的对象并不会直接指向挫折源，“当我们遭遇挫折的原因令人胆怯或者莫名其妙的时候，我们往往会转移我们的敌对方向”[①]。在历史中，我们也可能找到相关的例子，许多关于谣言的文献中提到过“1923年的东京大地震后，关于旅日朝鲜侨民纵火、投毒的谣言，导致2613名在日朝侨被杀”[②]。而这种对于替罪对象的找寻有可能是因为偏见，因为人们会由于对稀缺资源的竞争而对另一群体产生偏见，从而将自身所体验的剥夺感归因于对方。在某些国家中，特定的种族矛盾会引起特定情况下的攻击行为，但在我国，由于社会现实和历史积累，权钱优于自己的阶级常会成为攻击的目标。这也解释了为什么在不同的灾难事件中，有一些机构和特殊人物会得到人们持续的关注。当然除了情绪的宣泄，同情、激愤、怨恨等各种情绪也会影响公众对于信息的理性判断。

2. *求知的驱动力*

贯穿于人类发展始终的有这样一对矛盾：一方面是世界的复杂性，另一方面是人类认知和行动的有限性。前者远远超过后者的能力所及。这就决定了不确定性是人类的宿命，而追寻确定性则是人类的本性。人们总是希望将世界简化，纳入到一定范围的秩序中，以便更好地了解周围的世界。面对看上去混乱无序的世界，人们只有通过想象其背后隐藏着一定的秩序才能体现自己对世界的控制。谣言所表述的事实虽然是不确定的，但谣言的内容是确定的，它提供一种对事实的确定性解释。或者说谣言本身就是为了满足人们寻求确定性的心理而出现的。正如卡普费雷所说：“谣言是诠释系统，也是一个假设，它赋予观察事物的一个规律。一般来说谣言越是异想天开、越是钻牛角尖，就越是讨人喜欢。”[③]即使是那些恶意捏造的谣言，其广泛传播也

---

① 戴维·迈尔斯. 社会心理学［M］. 侯玉波，乐国安，张智勇，等译. 北京：人民邮电出版社，2006：256.

② 孙嘉卿，金盛华，曹慎慎. 灾难后谣言传播心理的定性分析——以”5.12汶川地震”谣言为例［J］. 心理科学进展，2009，17(3)：602.

③ 卡普费雷. 谣言：世界最古老的传媒［M］. 上海：上海人民出版社，2008：90.

是因为它满足了人们对确定性的需求。面对一个不确定事件，相比于简洁平实的解释，人们更愿意接受一个盘根错节、想象力丰富的说法，因为后者似乎更能体现出自己智力发达、头脑清晰。情况越是复杂，沉睡在我们每一个人身上的“福尔摩斯”就越显得伟大。“阴谋论”谣言就是这样诞生的。

人们对于未知的人或者事有想知道的欲望，尤其是在突发公共事件中，面对大量模糊信息和未知的问题，人们往往保持着特别大的好奇心，而人们对于事物的求知欲，也常常与质疑心理、猎奇心理等联系在一起。猎奇心理属于人的正常心理活动，每个人或多或少都会有这种心理，而网民对于未知事物的猎奇心态在一定程度上助长了谣言的传播。传播的特权不只属于那些相信谣言的人，那些对谣言持怀疑态度的人同样也可以以“求问”的姿态将谣言的信息传播出去。很多谣言的开头以问号起始，“听说万州要地震了，是真的么？”[①]这些充满求知欲望的询问，一则可能是因为答案对于询问主体太过重要，它直接决定着他的生命安危与下一步的决策，另外就是这条信息激起了他的兴趣，让他有了探知真相、了解其中原委的动机。

使人们产生对于谣言的求知心理和行为的因素从信息角度而言有两点：一方面，信息模糊不清，即这则信息没有把事情表达清楚，缺乏事实因素；另一方面，信息和其他相关已证实的或未证实的信息有不一致的因素存在，造成了疑惑。例如动车事故[②]中，一度流传着“35人”的神秘上限，有些网友通过分析近年来的一系列灾难伤亡人数认定“35人”是事故致害的上限，否则市委书记就会被撤职。同时当时主流媒体报道应该有200名左右的乘客成功获救，而又有人估计动车事故涉及6节车厢乘客应有600名，因此很多网友就会产生疑问：“剩下的近400人去哪儿了？”另外，非正规渠道得来的信息虽然有价值，但人们还是不能把它直接等同于从广播、电视、报刊等渠道得来的信息，因为那些信息有着“已经被核实”的真实性基础。

同时，根据费斯廷杰的社会比较理论，一个人不仅要得到一条信息，同时还需知道群体中其他人是如何评价它的。换句话来说，一个人主要是通过和他人比较、得到他人的评价来进行自我认知。所以任何求知都分为两层：

① 万州论坛．听说万州近咧几天有地震啊，是不是真的呦~~［OL］．［2009-09-27］．http://bbs.404000.com/thread-18950-1-1.html．

② “7·23”甬温线特别重大铁路交通事故．

一层是信息层面，另一层是态度层面，即他人对于这则信息的态度。在谣言的这种询问状态中，人们往往无法得到一个确切的回答或一个确切的证据，所以便退而求其次，希望得知他人对这件事的态度。有了他人的参考，询问者才能知道自己应该对这则信息持何种态度。

3. 参与群体、社会交际的驱动力

人类是社会性的族类，人们总是生活在一定的社会群体中，这是人的社会属性的基本规定。根据马斯洛的需求层次理论，人们在满足了生存、安全等低层次的需求之后，就会开始追求更多的情感归属和自我实现。人们就需要更多的社会参与和个人能力的展现。人们需要参与到一定的群体中以拥有一种群体的归属感，参与群体也就离不开对于群体中共同热点话题的探讨，突发公共事件之后的谣言也常常成为人们社交场合的热点话题，谣言成为人们寻找共同话题、寻求参与群体的一种方式。

同时，谣言的传播有时候也可以达到活跃人际关系的效果。不少谣言的制造者和传播者是出于社会交际的目的。编造和传播谣言的人可以在人群中显示自己消息灵通，善于活跃人际关系，成为一帮人中的"意见领袖"，并且可以在人际交往中促成共同的话题。也就是说，谣言发起人从某种程度上可以在群体和人际交往中改善个人的位置。

尤其是在突发公共事件发生时，人们面对模糊的情境和信息背景，再加上公众普遍的求知欲和猎奇心理，使得那些拥有并分享一些看似有价值信息的人可以在群体中获得某种权威和地位，被认为是掌握信息资源优势的人物，进而实现更好的社会交际。

无论是群体参与还是人际关系的活跃都是存在于虚拟网络与现实世界的两个层次之中的。一方面，在网络社交圈中，自媒体用户拥有自身长期建立的互动平台——微博、微信朋友圈等。个人可以制造或传播具有刺激性的热点话题，来刺激人们平淡的生活，同时满足人们的猎奇心理和好奇心理；面对突发公共事件时，公众在混沌不清的状态下渴望求得确定性信息，而造谣者可以利用这些心理，制造看似合乎情理的、具有迷惑性的信息，然后在微博或是朋友圈中传播出去，获得一定量的评论和转发，这可以帮助造谣者在虚拟的社交圈中取得一定的影响力，产生内心的成就感。而另一方面，网络上的社交圈也可以延伸到现实生活中去。微信朋友圈中的朋友大多数也是现实世界中处于社交网络中的人，在微信朋友圈中的核心影响力和“意见领袖”的地位也可以延伸到现实生活中去。

4. 名利的驱动力

除了上面所说的个体主观投射的驱动、求知和社会交往的驱动，不少谣言的制造与传播是出于明确的名利驱动。这种谣言往往是刻意制造的，也是在许多领域广泛且长期存在的。例如，在选举期间，通过传播谣言来损毁对手形象进而提升自己的形象；在激烈的市场竞争中，也可以通过散布竞争者的相关谣言来打击对手等。前一段时间，我国重点打击的网络传谣“大V”，不少就是在名利驱动之下传播谣言的。这种为求名求利而刻意制造的谣言，是谣言治理和打击的主要对象。

在名利驱动下通过谣言来实现某种利益的生成链条，具体可以分为两种类型。一种是通过制造和传播谣言来直接获得利益。例如，在2014年8月3日的鲁甸地震之后，就出现了一则广为传播的寻人谣言：“帮忙转一下，找一名学生，叫刘冻雪，16岁，请速到鲁甸县医院，刘冻雪的妈妈在地震中伤得很严重，想见她最后一面，爱心接力，好人有好报。姐姐的手机号码13751977218。”这则在微博、微信以及QQ等网络平台上广泛传播的寻人消息，后被警方辟谣是圈钱的不法消息，人们拨通电话之后便会被扣除话费。这种谣言往往是利用人们的爱心和同情心来直接获得利益。类似的谣言也出现在“8·12”天津港爆炸事故当中。爆炸事故发生之后，杨某某（微博“我的心属于拜仁慕尼黑always”）自称将读高三，爸爸在爆炸中失联，母亲去年去世，用长微博叙述自己的经历并开启打赏功能，3700多位网友为其捐款，截至8月14日2时45分，杨某某通过这条微博获得微博网友“打赏”96576.44元人民币。最终，经公安机关调查，杨某某父母健在，均未去过天津。经初步审查，杨某某承认其在新浪微博发布虚假信息，警方已立案调查。

另一种谣言利益链条则是分为两个环节：首先通过制造各种耸人听闻或是极具吸引力的谣言来形成热门讨论和话题，进而赢得公众的关注，积累大量人气，之后再出卖关注度来获得盈利。许多网络红人就是遵循这样的盈利链条。著名的网络红人“秦火火”，就是以谣言获利的网民之一。从张海迪入日本国籍，到雷锋生活奢侈，从“7·23”动车事故外国人获天价赔偿，到红十字会强制捐款，再到李天一非李双江亲生子等，这些曾经在网上引起过轩然大波的谣言，都出自红极一时的“秦火火”。“秦火火”及其相关人员在2013年8月被北京警方依法刑事拘留。“秦火火”等人组成网络推手团队，在网络上炮制虚假新闻、故意歪曲事实，多是在名利的驱动之下。他们首先通过出位、偏激的言论，或者是雇佣网络水军、推手等来吸引公众的眼球，甚至通过与某些网络“大V”达成协议互相帮转微博的方式，来赢得名气和关注度，“秦火火”跟随当下社会话题制造了一系列网络热点事件，吸引粉丝，使自己迅速成为网络名人，“7·23”动车事故发生后，其故意编造、散布的中国政府花2亿元天价赔偿外籍旅客的谣言，利用“郭美美炫富事件”蓄意炒作，恶意攻击中国的慈善救援制度，这些都为他们积累了大量粉丝和人气，而这些影响力和关注度则成为日后商业炒作的基础。之后，“秦火火”等人利用形成的影响力来帮助企业或是商业组织进行营销，来获得最终的实际盈利。

5. 思维定势与集体记忆的驱动力

思维定势是人们在心理上的一种惯性思维，每个人因为先前所积累的知识、经验和习惯，会形成一种认知的固定倾向，从而影响后来的分析、判断，形成一种“思维定势”，即思维总是摆脱不了已有的“框框”的束缚。许多谣言的产生和放大都与人们的思维定势密切相关。对于某些事物形成的固定成见或偏见，使得人们在遇到与自己的认知相一致的信息时，会不加怀疑地相信这些信息。尤其是当这种观念不仅仅为个人所认同，同时还成为集体的一致认同时，人们会更加倾向于忽视对信息的理性辨识。

个人思维上的固定成见和集体的一致认同都建立在个人或者集体对于事件的记忆之上。集体记忆是一个社会心理学概念，它描述了一个社会心理学现象，即一个组织对共同经历事件的一种记忆。集体记忆，对于组织来说，能够起到一个让组织成员心理上有归属感的作用，这种归属感可能是正面的，也可能是负面的，集体记忆基础上的集体认同使得获得相关支持的个人的有偏见的认知得到一种加强。

2011年，郭美美微博炫富事件把中国红十字会推到风口浪尖之上，有关中国红十字会的财政、信息公开等问题备受质疑，尽管红十字会发出声明，澄清郭美美与红十字会并无关系，但仍然使其信誉和形象备受打击。自6月下旬“郭美美事件”及后续一系列事件发生后，社会捐款数以及慈善组织捐赠数额均出现锐减。从中国红十字会的“郭美美事件”到中华慈善总会的“尚德诈捐门”，再到中国青少年发展基金会的“中非希望工程”，慈善信任风暴愈演愈烈，慈善组织成为众矢之的。这些事件使得个人以及公众集体都形成了对于以红十字会为代表的中国慈善组织的财政不透明、信誉不好的认知，影响人们对于后来相关信息的判断。

2013年4月雅安芦山地震发生之后，关于红十字会的谣言甚嚣尘上。从向台湾红十字会收取“500万元买路钱”，到红十字会人员买1万元药开5万元发票再到对中国红十字会身份合法性的质疑，即称我国是唯一未加入国际红十字会的会员国，这些谣言都在网络上盛传，引起了不少网民的愤慨。然而，这些信息都被证实是谣言。其实对于其中一些信息内容进行真实性判断是很简单的，例如，关于我国红十字会究竟有无加入国际红十字会，只需在网上稍作查询，就能通过相关历史资料获知真相，但网民却一次又一次地选择相信谣言，并继续传播；有关于台湾方面的救援力量能否进入灾区，凭常识也可大概推断这不是红十字会就能决定的；而关于买1万元药开5万元发票的谣言则是1991年的旧谣。这些没有任何证据和理论支撑、通过稍微细致的理性判断便能做出证伪的谣言，之所以能在网络上一再被传播放大，引起轩然大波，与之前个体以及集体对于红十字会等慈善团体所形成的惯性思维和集体记忆不无关系。

思维定势除了表现在人们对于信息内容的选择性倾向上，对于谣言信息的传播来说，它还作用于人们对于信源的有偏差的信任。人们的思维定势倾向于认同大多数人的意见，认为大多数人的选择往往是正确的；也倾向于信任官方以及内部人员的意见。在个人思维定势的驱动以及集体记忆的支持之下，人们对于信息的客观判断力可能会进一步下降，缺乏理性的判断和思考，人们会屈从于自己的认知习惯和既定思维，继而在情绪的作用下根据思维定势，忽视信息的真实性并将谣言传播放大。

二、谣言产生与传播的群体心理因素

处于社会群体中的个人不可能完全摆脱群体的影响。在突发公共事件背景下的谣言传播现象中，群体对个人的影响主要是形成“从众心理”效应，也就是桑斯坦笔下的“社会流瀑”以及群体极化现象。在谣言的传播过程中，谣言先是获得零星的、个别的接受与传播，之后在一定范围的群体中得到扩散。而扩散一般都在群体互动过程中发生，独木不成林，个体的生存离不开群体与社会，个体对某一事物或事件的态度也会自然地受到群体的影响。在群体交互的过程中，群体极化是导致谣言扩散的重要原因。

1. 社会流瀑

所谓社会流瀑，桑斯坦在《谣言》一书中指出：“社会流瀑之所以发生，是因为我们倾向于相信别人的所信和行为，如果我们认识的大多数人都相信一则谣言，我们也就很容易会相信那则谣言……”[①]也就是说，个人受到外界人群行为的影响，会在自己的知觉、判断、认识上表现出符合于公众舆论或多数人的行为方式，这就是一般意义上的从众心理。

社会心理学家有关群体对个体心理影响的兴趣在过去的100多年中从未消减。从众的发现，堪称其中最经典的理论之一。它指导我们认识群体影响个体的巨大威力。从此角度看，从众是社会心理学中的一个里程碑式研究。从众，是指个体“根据他人而做出的行为或信念的改变”[②]。从众心理这种心理的成因主要与“群体暗示”“群体感染”以及“群体压力”有关，即个人在群体中容易受到群体选择的影响，群体中多数人的选择具有暗示和感染作用，并且少数人的选择在群体中承受着一定压力。

而桑斯坦将这种因个体从众而导致群体接受相同的理念或相同的观点，甚至做出相同行为的现象称为“流瀑效应”[③]。根据目的的不同，学界将以获得重要信息为目的的从众称为“信息性从众”，指在一种模糊情境下，个体对情景缺乏把握和控制能力，不能做出正确的判断，于是参照周围人群的选

---

① 卡斯·R. 桑斯坦. 谣言［M］. 张楠迪扬，译. 北京：中信出版社，2010：8.

② 戴维·迈尔斯. 社会心理学［M］. 侯玉波，乐国安，张智勇，等译. 北京：人民邮电出版社，2006：153.

③ 卡斯·R. 桑斯坦. 极端的人群：群体行为的心理学［M］. 尹宏毅，郭彬彬，译. 北京：新华出版社，2010：115.

择，争取与他们相一致，同时，他在内心中也认同这个群体的选择。而另一种以避免被群体排斥为目的的从众则称为“规范性从众”[①]，是指个体在有能力判断出正确选择的情境下，由于群体压力的存在，违背自己原先的意愿而做出与群体一致的决定。

具体来说，信息性从众是指，对于那些对信息处于迷茫状态的人而言，群体的意见几乎是他们决策时参考的唯一答案。人们对于群体的顺从表现在生活的方方面面，即便是在文化产品这种本应追求个性的领域中也是如此。萨尔甘尼克和同事创建了一个人造的音乐市场，他们邀请了14 341名参与者并向他们提供了一个由不知名歌曲组成的清单。研究者将被试分为两组，一组被要求独立决定想要下载哪些歌曲，而另一组的被试被提供了每首歌曲的下载次数的数据。而最终的结果是“被试下载以前得到大量下载歌曲的可能性要大得多——而下载以前不大流行的歌曲的可能性则小得多”[②]。可见，意见不需要被实质地表达，仅仅出示那些暗示群体倾向的数字就可以让人们追随这种倾向。

所以，在现实生活中，当人们对一则谣言的判断无从下手时，他们会很自然地转向群体寻求帮助。这里存在着一种思维定势，即人们倾向于认为多数人的意见是正确的。即使事后证明这种意见是错误的，风险也会被群体成员共同分担。最终，群体的意见将成为个体的意见。

规范性从众强调，生活在群体中，得到别人的认同，感受到被接纳是人们最基本的需求。在意识到群体的意见后，人们往往会调整自己的立场以求和群体保持一致，即便是那些他们心怀强烈疑虑的谣言。如果不顾群体的主流意见而贸然直接表达自己的驳斥或疑虑，首先他们很有可能根本找不到有力的证据，其次他们将体验到被群体孤立的痛苦。在互联网环境中，由于匿名性的特点，人们还会尽量避免因意见相左而受到其他成员的攻击。

所以，当一则高铁司机仅培训10天上岗的谣言成为讨论的主题时，也许有一部分人怀疑其中的真实性或逻辑性，但他们可能表现得和那些相信谣言的人同样愤怒。因为他们不想表现得无知抑或似乎并不关心群体的共同利益。最终，他们压制了自己心中的不同观点，转而表现得与群体相一致。而

① 张琼琼，刘泽文．信息性从众行为和规范性从众行为比较研究［J］．社会心理科学，2010(3)：57.
② 卡斯·桑斯坦·R．谣言［M］．张楠迪扬，译．北京：中信出版社，2010：40.

这种情况更多地出现在比较封闭的群体之中。

2. 群体极化

桑斯坦在其著作《谣言》中指出，“群体极化效应指当想法相似的人聚在一起的时候，他们最后得出的结论会比交谈之前的想法更加极端”[①]，桑斯坦将一则名为“科罗拉多实验”的案例作为群体极化现象存在的典型案例。研究者将60个美国人平均分为10个小组，每组都需要讨论一个争议性的话题：美国是否应该在防止全球气候变暖的协议中签字。想要在这个议题中发表意见，人们还必须先判定温室气体排放会导致全球气候变暖是不是一个真实的命题，参与协议会导致美国利益受损又是否可信。也就是说，在达成决策前，他们必须对这些未经证实的信息做出判断。

当然，分组并不是胡乱选择的结果，研究者将那些本身倾向于自由立场的“自由派”分在一起，而对政治政策采取保守立场的“保守派”尽量被分在了另一些小组中。经过15分钟的讨论后，“几乎每组成员都变得更加极端”[②]。那些原本倾向于签署协议的小组在讨论后更加支持签署协议，而那些原本对美国加入协议联盟持保守态度的小组在讨论后也更加坚定地反对签署协议。讨论不仅带来了强度上的增加，同时还在信息接受的广度上产生了效果：它减少了小组内部成员的分歧，使小组内部的信念空前一致。而这种状况即使在实验结束后的匿名调查中也依旧持续。群体极化是由多个方面的因素造成的：

首先，群体极化受到个人所处的社会网络的影响。信息首先在个人的社会网络中传播。亲人、朋友和我们有共同的利益并在很大程度上志趣相投。在这样的网络中，如果一则谣言的传播和接受没有伤害到群体的利益，它极有可能得到极化。而在互联网环境中，人们更有条件去寻找自己的同伴，互联网为各种志趣相投的人提供的小组、讨论群、便利的沟通渠道都可以帮助他们过滤掉那些不在乎或不喜欢的信息而沉浸在社会网络成员的彼此认同当中。可以肯定的是，谣言只会在那些倾向于接受它的群体中得到极化。例如预报灾难的谣言广泛流传在那些对灾难具有较强戒备心理的人群中（这意味

① 卡斯·桑斯坦·R. 谣言［M］. 张楠迪扬，译. 北京：中信出版社，2010：8.
② 卡斯·桑斯坦·R. 谣言［M］. 张楠迪扬，译. 北京：中信出版社，2010：56.

着绝大部分的普通人），而问责类的谣言流传在那些对生活不满或充满愤怒情绪的人群中。这些群体之所以存在，有可能是人们本来就生活在这样的社会网络中，抑或他们通过互联网找到了彼此。总之，这种群体的存在是谣言得到极化的基础，他们判断谣言的传播与接受会给群体带来益处，或至少不会产生伤害，这个群体中的人们甚至可能并不百分之百相信谣言，但他们的情绪得到了安慰。

其次，信息的偏向也可能造成群体极化。群体互动的情境中，人们相互交流彼此知道的信息，但信息的分布不一定平衡。"在一个倾向于特定方向的群体中，观点的集合就会不可避免地朝着原先倾向的方向偏斜。"[①]产生这样的偏向有两种原因：首先，谣言产生的背景便是关于事件的信息处于空白地带或者带有模糊性，人们除了申斥这是一则"谣言"外，实在找不到更有说服性的驳斥证据，这是客观原因；另一种是人们主观上倾向于接受这则谣言。这也可能导致群体中的信息出现偏向。那些对谣言有利的信息：现实的佐证、支持性的态度等，使接受谣言成为群体中的主流意见。

由于信息控制的原因，现在可以从网上找到的对于谣言的讨论少之又少。我们在某一论坛中挑选了一个由1则主帖和17则回帖组成的帖子，并将其回帖态度总结如下表，作为讨论群体极化中信息偏向的佐证：

表3–1 《司机培训仅10天！高铁怎面对7·23死难者》网贴回帖态度统计

支持性佐证或态度	灌水	怀疑或驳斥
13	4	1
记得一个搞工程的朋友说过："凡是修过高铁的人都不会去坐动车的！"怕啊	前十！第一次！	国产动车配德文说明书？脑残吧！

（表注：帖子主题为《司机培训仅10天！高铁怎面对7·23死难者》；数据来源：猫扑网）

这则谣言的来源是《人民日报》对于高铁司机李东晓的一篇人物特写，报道详尽介绍了李东晓在时间紧迫的情况下将高铁从生产地开回服役车站的过程。网站的转载忽略了10天内开走动车的特殊背景，同时也过滤掉了在回

① 卡斯·桑斯坦·R．极端的人群：群体行为的心理学［M］．尹宏毅，郭彬彬，译．北京：新华出版社，2010：29.

到车站后高铁司机们进行多次培训的重要细节，直接将事实曲解为高铁司机培训10天便上岗。不可否认的是，《人民日报》的信源确实在一定程度上加强了信息的可靠性，在这样的报道面前没人再去查证信息的真实性，只有一位网友表达了自己的疑惑："国产动车配德文说明书？"[①]，而这种怀疑并未扭转信息偏向，在这一群体讨论中，对谣言的接受成为主流意见。

除此之外，谣言讨论中，他人的支持也可能促使个人的观点走向一种极端。在一个谣言讨论群体中似乎总存在着两种类型的人：一类是不需要他人的支持便已经十分肯定地对谣言做出判断的人，他们的数量并不是多数，同时也不是极化产生作用的对象；第二类人是他们在内心中已经对谣言产生了一定的支持倾向，但由于没有可靠的证据，在最初面对群体时，他们谨慎地选择一个比较中立的立场，以减少当众犯错、出丑的可能性。但当进入群体讨论的情境中，当这些谨慎的人发现自己所持有的想法得到了他人或热情或暗示的支持时，他们就会自信地确认自己的想法是正确的，通常这种自信将导致他们向更极端、更激进的方向发展。"当群体内其他成员都十分坚定时，我们就会对自己的看法更加有信心；当我们对自己的看法更加有信心时，我们就会变得更加极端。"[②]这意味着，那些在参加讨论前原本就对高铁管理或技术充满怀疑的人会在讨论后更加坚定地认为高铁不可以尝试，那些原本就倾向于相信将会有某种灾难发生的人在参加讨论后，很可能立刻就动身去超市参与抢购。

3. 沉默的螺旋——一种相似的作用机制

利用"群体极化"理论进行谣言扩散过程的分析与传播学理论中著名的"沉默的螺旋"理论有着极大的相似性。两个理论的提出与印证都以社会心理学理论作为基础，具体说来，便是从众效应在其中所起的作用。

1965年联邦德国举行议会选举，对峙的双方分别为社会民主党和基民盟与基社盟的联合阵线。在整个竞选的过程中，两方态势胶着，直到最后的决战时刻，结果却发生了巨大的变化。联合阵线以明显的优势获得了选举的胜利。这一现象引起了阿伦斯巴赫舆论研究所所长诺依曼的注意。之后，她

---

① 猫扑网．司机培训仅10天！高铁怎面对7·23死难者［OL］．［2011-07-26］．http://dzh.mop.com/ycwx/20110726/0/OSSSSSI272a0aaFl.shtml．

② 卡斯·桑斯坦·R．谣言［M］．张楠迪扬，译．北京：中信出版社，2010：61．

又对相关现象进行了多次实证研究，最终在自己的著作《沉默的螺旋：舆论——我们的社会皮肤》一书中，提出了“沉默的螺旋”理论。

理论中的核心命题是人们的意见表明受到从众效应的影响。在发表意见之前，人们会通过对周围意见的感知来调整自身行为。如果发现自己的意见是群体中的多数意见时，人们便受到鼓舞和支持，越发自信地表达自己的意见。而当发现自己的意见在群体中属于劣势意见时，大多数人便会为了防止自己受到孤立而对意见环境进行妥协，从而转向沉默或附和。当意见环境带来足够的压力时，一方的沉默就会造成另一方的增势，使本来多数的意见变得更加“声势浩大”，最终形成一个螺旋式的传播过程。从这个角度而言，它与我们之前分析的“群体极化”的作用机制十分相似：从众效应的存在，使“多数意见”转化为“主流意见”。

除对从众效应的重视外，诺依曼在“沉默的螺旋”中还十分强调大众传播的作用，本书认为谣言的传播与扩散过程揭示了一种例外情况。“意见环境”，即人们判断周围意见的分布情况——这一概念是“沉默的螺旋”中的核心概念。那么人们又是如何判断意见环境呢？诺依曼认为在现代环境中人们判断的来源有两个：一个是自身所处的社会群体，另一个便是大众传播。“而在超出人们直接感知范围的问题上，大众传播的影响尤其强大”。[①] 显然，诺依曼并没有预见到自媒体出现对于传统大众传播媒介的冲击，在谣言的传播过程中，谣言本身就是一种“反权威”的存在，它冲破了大众传播所营造的意见环境中那种“多元无知”[②] 的状态。另外，即便是大众传播媒介，在流言的传播过程中，无论是遭遇自然还是人为的限制，都不同程度地存在着失语现象，阻碍了其创造社会现实的巨大力量。总而言之，谣言的传播及扩散过程遵循着“沉默的螺旋”理论中的基本原理。

---

① 郭庆光．传播学教程［M］．北京：中国人民大学出版社，2007：221．

② 意指群体中，只要反对意见不以明确而强烈的形式表现出来，一般成员就会产生一种大家的意见相一致的错觉。

第二节　突发公共事件中谣言形成与传播的客观因素

谣言的形成与广泛传播除了受到个体及社会群体的相关心理作用影响之外，从信息、信息环境以及社会公信系统等各方面来看，客观环境也是谣言发生以及传播的重要影响机制。

一、信息内容与谣言

在得到一条信息时，我们除了希望它对我们有价值，往往也希望它是真实的，能对我们接下来的行动或是对世界的认知有益处。但真实与虚假，往往是一种极端的界定，可以把它们比喻成一把模糊了刻度的尺子的两端，两者之间并没有明确的界限。在很多著作中，学者将“相信”列为谣言得到广泛传播的一大关键因素，笔者则认为应当用“可信度”一词来代替。对于谣言的传播来说，很多谣言具有一定的“可信度”，这使其具有一定的迷惑性，这种迷惑性使得人们即便有所怀疑也可能出于求知的需求而造成谣言传播的后果，这就提高了谣言传播的可能性。

1. 传播者和信源的迷惑性

判断一条信息是否具有可信性，其信源和传播者是非常重要的衡量标准。前者指一条信息的最初源头，后者则泛指传播行为的发出者。对于信息的接收者而言，传播者或者信源对其心理的影响主要是源于定势。“受众心目中的传播者形象成为受众接受信息的一种心理准备。”[①]这种准备首先会影响受传者是否选择这条信息，如果它得到了足够的承认，那么就容易被选择，否则就会回避或忽略它。其次就是影响受传者对于一条信息的评价，而这个评价是与各种因素综合相关的。

“家在西南地区的王先生报料称，他傍晚接到自己老家的亲戚打来的电

① 郑兴东. 受众心理与传媒引导［M］. 北京：新华出版社，1999：247.

话，让他帮忙买些盐，亲戚说当地已经没有盐卖了。”[①] 这是“谣盐”事件中一些网友在论坛中叙述自己得知“谣盐”信息的经过。有学者将此称为“人情传播”，以解释这种通过人情关系网传递谣言的现象。在心理学中，有一种心理现象被称为“自己人心理”，是指“受传者在接受传播过程中，总希望在传播者身上找到与自己的共同点或相似点”[②]。找到的共同点和相似点越多，我们就越倾向于选择、接受传播者传来的信息。尤其是和自己相熟的亲戚、朋友，因为我们把他们当作自己人，信任他们，比较确信他们不会对自己说假话，所以也就对这些人传播的信息投以更多的关注，施以更多的信任。这种对于自己人的信任不只是发生在实际的生活之中，随着现实人际关系在数字空间中的延伸和扩展，人们的微博、微信等社交媒体朋友圈都是建立在现实人情的基础之上，也就意味着很多人在网络上接触到的信息都是来源于自己所信任的“自己人”的，这也从一定程度上说明了为什么众多的谣言信息能够在网络上大行其道。

除了对于自己人的信任，信息来源的权威性也是影响人们信任谣言的重要因素。上文曾提到过卡普费雷针对人们对信息真实判断的一种界定：基于社会的一致性同意。在这种约定俗成的一致性同意中，专业的权威性和感官的权威性是两大判断角度。所谓“专业的权威性”是指信源对于信息所涉及的知识领域具有权威的话语权。在这里，要特别说明的是大众传播机构。作为专业的信息提供机构，大众传播机构所建立起的这种权威性是源起于它的社会角色，一种“委托的证实”，意即虽然不是相关领域真正的知识权威或研究者，但大众传媒有去证实一条信息真伪的社会职能。这种专业的权威信源的威力，也已经被谣言传递者所重视。在汶川地震后的一系列预报谣言中，很多都使用了“中国地震局”“美国地质勘测局”等权威信源。最为著名的，便是日本大地震后微博上流传的“BBC新闻台消息”，号称日本福岛的核电站已发生泄露，很快便会对亚洲地区造成影响。以上这几则谣言的信源，都是利用了人们对于权威的信赖。在马航MH370客机失联之后，一则关于飞机坠落在土珠岛以南153海里处的消息甚嚣尘上，而其之

① 趣车汇．收到很多抢盐短信，转帖大家看看！！！［OL］．［2011-03-17］．http://www.h-car.cn/forum.php?mod=viewthread&tid=25670.

② 林之达．传播心理学新探［M］．北京：北京大学出版社，2004：179.

所以能产生广泛的影响力，最主要的原因就在于，发布该则消息的是《人民日报》，并且有明确的记者名字和具体的消息来源，有着一种约定俗成的权威。

另一种权威是“感官的权威”。所谓“感官的权威”，是指信源在事发现场或在相关权威部门，虽然其本身没有专业的权威性，但因为地理上的接近性，其有“眼见为实”的条件，所以人们对这一类信源也比较信任。同样在一些预报类谣言中，我们可以看到“感官权威”的出现：“自来水和地下水现在很可能已经被尸源污染了，我一个朋友在指挥中心工作，他告诉我真实的死亡人数在四川地区已经达到十几万了。”在这则谣言中，“感官权威”便是其在指挥中心的那位朋友，他的存在成为一种实实在在的证据。而突发公共事件之后，众多不确定的信息，使得人们对于所谓的“内部消息”“内部人权威消息”等信息格外信任。许多谣言正是在“内部消息”这样的冠名之下得到广泛传播的。例如，在芦山地震后的4月20日12时50分，百度贴吧上疯传的一条信息称，“地震局内部消息：成都将有9.2级地震”；马航事件之后，波音中国总裁马爱仑“@小马哥爱747”称飞机已经找到，作为内部相关官方人员，并且是波音中国总裁利用这一官方身份在社交媒体上发布的消息，这则谣言立即引起了包括传媒机构在内的广泛传播。这些都是利用了人们对于“感官的权威”的信任。

除此之外，在谣言传播中匿名的消息来源也形成一种重要的力量。匿名，通常是指谣言的信源没有一个明确的个体，常常以“他们都这么说”“有人跟我说”等为开头。这是一种诉诸“大众”的权威，当我们自己没有明确的判断时，往往就会去参考他人的意见，这时就会产生一种思维定势，如果大家都是这样认为的，那就是比较可靠的。也正是这种大众的力量，致使奥尔波特在其关于谣言的定义上提到，谣言似乎总有传播真相的意思。就以上列举的三种情况而言，不管是哪一种，都可以让谣言的接收者产生一种可信的感觉。

2. 谣言内容的难以辨识性

除了信源的可靠性使得信息的迷惑性增加之外，很重要的一点在于信息内容本身对于普通民众来说也越来越难以辨识。

（1）谣言内容的“专业化”和“科学化”

当下在经历了诸多突发公共事件谣言所带来的次生危害之后，从个人到机构都对谣言有了一定的警惕防范心理，这却导致谣言制造者把谣言信息内容“包装”得更加高级和专业化。很多谣言仅仅凭借简单的常识或是基本的逻辑推理已经难以判断真假，谣言信息的制造者往往会用一些数据、专业用语、证据等来论证这个信息，于是出现了一批高质量的“科学谣言”，使得对于谣言判断的门槛不断提高。

谣言信息的专业化，首先体现在高质量的“科学谣言”上。2012年，一则关于高铁的帖子在网络上广泛流传。在《高铁——悄悄开启群发性地质灾害的魔盒》这篇文章中，作者称，中科院西安地球环境研究所张拾迈教授经过全面、细致的研究，得出了“中国的地质不适合建高铁”的结论。他认为在中国的地质条件下，高铁产生的“夏尔谢夫力”将连锁导致严重的“斯蒂芬金效应”，从而引起群发性的地质灾害。他在临终前强烈建议，如果一定要建高铁，希望高铁建设至少保证使用有砟道床。在“夏尔谢夫力”“斯蒂芬金效应”和“砟道床”等专业术语的包装之下，这篇文章看起来甚为科学，被大量网友转载传播，而事后证明，这只是一名网友虚构的文章。文章中所谓的“专家”“夏尔谢夫力”“斯蒂芬金效应”等均为虚构，这种高质量的专业谣言利用了公众对于科学的信任和懒于自己动手证实的特点而大为传播。

除此之外，谣言的专业化还表现在其形态上升级为“有根有据”的确凿信息。2012年4月20日芦山地震之后，正当红十字会在舆论的风口浪尖之上，4月21日，有网民发帖配图称，“根据壹基金的英文官网Donation页面（如图3-1所示），他们收到的钱是要打入红十字会账户的，而中文官网只字未提，却一再强调和红十字会的剥离”。该网友配了壹基金官网Donation页面的官网图片来证实自己所说的信息，引起大量关注，甚至有网民质疑，壹基金也是红十字会架构下的。后经壹基金官方解释，引发公众误会是因为壹基金英文页面介绍由于疏忽未更新完整，新的英文页面将立即进行调整。对于这些“有根有据”的谣言来说，一开始的信息制造者，并不是刻意制造谣言，而是持一种质疑的态度。这些谣言的流传并不是毫无由来的，而是人们的主观揣测和客观瑕疵共同作用的结果。

图3–1　壹基金英文官网Donation页面截图

当下的谣言所表现出的专业化和科学化的倾向，使公众对于谣言做出理性判断的门槛提高，人们难以根据自己所拥有的常识知识和简单的推理做出判断，但这并不意味着个人就只能消极地接受这类看似科学的、有根有据的谣言信息，其实愿意亲自动手进行搜索或是追根溯源的人都可以通过理性做出科学的判断。在前面所述的高铁谣言中，专家名字、相关专业术语都是无中生有的，只需动手在网上一查便可发现端倪；而对于壹基金的这则谣言，则只要查询壹基金与红十字会的渊源和关系，也可以查明真相。只是在这个信息碎片化的时代，鲜有网民会真正地去搜寻相关的完整信息，也很少客观理性地做出选择，这些作用在一起，便导致了高质量专业化谣言的泛滥。

（2）主题的重要性与普遍焦虑性

谣言之所以能够吸引人的目光，很多时候不在于谣言看起来是真实的，而在于这个谣言传递的信息是重要的。卡普费雷说："尽管在谈及谣言时，真和假的问题总是首先被提出来，但事实上，要理解谣言，这个问题并没有什么用处。谣言产生的过程，是因为有人相信它确实是一个真实的消息，并认为这个消息很重要，于是便与周围的人进行交谈。这丝毫不能预示这个信息真实与否。此后，当人们掌握了一切材料之后，便能核实其真实性，或相反证明谣言缺乏根据。可见，谣言的流动与真实与否无关。"①

也就是说，一旦谣言进入了流通环节，其真实性不再重要，谣言的流动

① 卡普费雷．谣言：世界最古老的传媒［M］．郑若麟，译．上海：上海人民出版，2008：14.

就像普通的信息一样在人群中流动。人们对信息的关注度以及传播驱动就在于这则信息对于他们来说有无价值，是否重要，而对于作为一种信息的谣言来说也是这样。这意味着就谣言的流动而言，真实性不是最关键的，信息对于人们的重要性才是最关键的。所以，一些备受人们关注的相关主题的谣言大行其道，这突出地表现在人身健康、安全等与人们密切相关，并在当前我国的国情之下为人们所焦虑的问题。

中山大学传播与设计学院、微信平台等合作推出的微信谣言分析第1期，对2014年11月3日至20日期间被微信用户举报为“诈骗和虚假信息”最多的255篇公众号文章进行了文本分析，下图所示是225篇谣言文章的主题分布图以及谣言重复出现的频次：

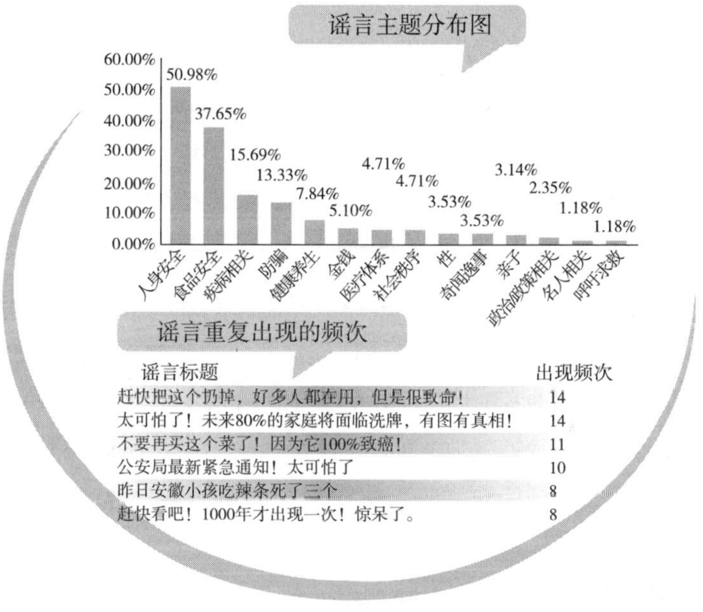

图3-2　中山大学传播与设计学院微信谣言分析报告谣言主题分布图①

经过分析可以看出，谣言主题的分布是非常集中的，前三项分别是人身安全（51%）、食品安全（38%）和疾病相关类（16%），而谣言重复出现频次最高的三个谣言也都是关于身体伤害的。也就是说，相对于其他主题，这些与个人的生存发展息息相关的主题更会直接引起人们的注意。对于谣言的

① 徐静．中大传设学院微信谣言分析报告“三大谣”：致癌 养生 丢小孩［N］．广州日报，2014-12-12.

刻意制造者来说，他们不必过多地考虑所制造的谣言信息要显得多么真实、科学，只要用耸人听闻的语言来叙述公众所关注的、容易引发焦虑的主题，就抓住了人们认为最重要的和最有价值的信息，而这些信息所带来的焦虑情绪或不安全感会让人们进一步丧失理性进而认同谣言。

（3）情感符号与情绪唤醒

不少谣言是打着情感关怀的旗号盛行的，在信息中用大量的感性表达和感情色彩强烈的语词在情感上唤起人们的注意。例如利用人们对于亲人朋友的关怀或者是对于自然灾害或社会灾难之后受灾人群的关注和同情心理，来调动人们情绪化的一面，用感性来压制理性，实现一种情绪唤醒。根据在美国心理学学会期刊《心理科学》(*Psychological Science*)发表文章的约拿·伯杰(Jonah Berger)所言，“唤醒”在一定程度上促使人们分享故事和信息。“唤醒”的意思是：生理或心理被吵醒或是对外界刺激重新产生反应。唤醒性情绪包括悲伤、愤怒和被逗乐。无论是由于情绪激发或是其他一些原因，当人们在心理上被唤醒时，自律神经就被激活，从而促进社会性传播行为。简而言之，特定情绪的唤醒可以决定一条信息能否被传播，而恐慌、愤怒以及逗乐等情绪被认为是能够提高信息传播率的。

日常生活中的一些谣言正是利用人们对于家人和朋友的关爱之情来唤起恐慌的情绪。在微博、微信中不乏这样的信息，“为了父母的健康一定要转发”“为了孩子一定要仔细阅读”等，这些信息大多是涉及人身安全或者健康的、会引发焦虑恐慌情绪的负面消息。正如中山大学所做的有关2014年11月3日至20日期间被微信用户举报为“诈骗和虚假信息”最多的255篇公众号文章进行的文本分析所显示的，谣言重复出现频次最高的谣言标题前3个分别是“赶快把这个扔掉，好多人都在用，但是很致命！”“太可怕了！未来80%的家庭将面临洗牌，有图有真相！”“不要再买这个菜了，因为它100%致癌！”。这些谣言标题，都用极为情绪化的语言和极为肯定的语气说出一个耸人听闻的消息。对于大多数关爱家庭的人尤其是上了一定年纪的父母来说，这类消息往往可以轻而易举地唤起他们的焦虑情绪和保护儿女的强烈欲望，在对儿女的关心和与朋友共同分享这个有价值的重要信息的驱动力作用下，他们会关注并转发、传播相关信息。

在突发公共事件之后，造谣者常常利用人们对于受灾人群的同情心散布谣言来获得利益。在汶川、玉树以及雅安地震时，就涌现出各种寻人、捐款谣言甚至虚假诈骗信息。其中，最常见的是发送“求助”短信息。例如“众志成城，抗震救灾，某某红十字会号召广大人民伸出援助之手，为受害群众重建家园基金募捐受捐账号是……”等。2014年鲁甸地震发生后，就在举国抗震救灾时，一条内容为“职中学生，刘冻雪，请速回鲁甸县医院，妈妈在地震中伤得很严重，姐姐号码是13751977218”的信息，在微博、微信中广为传播。网友们纷纷表示一定要帮忙找到这名女孩。但随后不久，该号码被证明根本不在云南，拨打这个号码可能会被扣取话费。灾难事件后，谣言制造者利用网友的同情心和爱心，打着捐钱、找人的旗号，用“受伤严重”“找妈妈”“众志成城”等极具情感色彩的语词来勾起受众的感性情绪进而降低人们对于信息的判断能力。

谣言制造者利用亲情友情等情感纽带或者人们对受灾人群的关心与同情，用极具情绪化的表达来唤醒受众的恐慌或是愤怒等情绪，并使受众达成情感上的认同，转移人们对于信息真实度高低的注意力，使理性思维的力量减弱，在情绪作用下接受甚至再次传播相关消息。

（4）符合认知结构

认知结构，是指“个人在感知和理解客观现实的过程中在头脑中所形成的一种心理结构，因而，认知结构由一个人过去的经验、知识所组成”①。当新的信息进入后，信息处理理论认为，人们会把新的信息同认知结构中原有的经验联系在一起进行判断。“当同主题结构中某个信息被提起或者唤醒时，其他的关联信息也会唤醒。”②当相关的一条新信息再次出现时，人们头脑中积累的经验（包括知识与记忆）就会成为评判它的依据。也就是说，符合人们认知结构的信息，人们会倾向于接受、信任它。这有些类似刻板效应与集体记忆效应。

谣言信息的迷惑性有的时候就在于它绝不是违背常理的，而是符合人们一贯的认知结构的。这些符合认知结构的谣言有一些是人们在漫长的生活经验中总结下来的。在人类漫长的应对灾难的历史中，会流传下来一些老百姓总结的非科学的地震识别规律，其中人们最熟悉的一条是动物出现异常行为

① 朱智贤．心理学大词典［M］．北京：北京师范大学出版社，1989：537.
② 蔡静．流言：阴影中的社会传播［M］．北京：中国广播电视出版社，2008：33.

往往是地震发生的预兆。尤其是一些现实的实例更加重了人们对于这一现象的敏感程度。唐山地震留有很多书籍、回忆录式的文献资料，里面都记载了不少的动物异常行为的事例。这并不是说动物的异常行为和地震完全无关，只是它们之间并不是必然的联系，而对这种联系的判断即便是专家也无法掌握。但有了这些事例，有了先辈经验的播种，很多人还是将这一现象纳入了自己的知识结构之中。因此在很多地震预报的谣言中，有很多谣言花费笔墨描述了动物迁徙等异常行为的现象，这些触发了人们脑海里的那些记忆，当两者相符时，人们便提升了它的可靠程度。

除此之外，人们倾向于接受符合认知结构的信息更多地是为了追求一种自身认知与周围环境知识相协调的心理状态，相应地来避免认知不协调的心理状态。认知不协调是美国社会心理学家L.费斯廷格于1957年提出的一种社会认知理论。所谓认知不协调，是指自身特点和自己行为的知识与周围环境的知识产生了一定的矛盾和不一致，进而产生不适和压力，人们为了消除这种不协调，倾向于接受与自我认知相协调的内容。有的时候，当人们持有某种态度、看法但是又不能得到有效的证据确认的时候，也会处于一种不稳定的不协调之中。一旦有可以确认其态度倾向的某种证据或信息，就会立即得到他们的回应。在很多突发公共事件之后，人们往往处于一种不安、恐惧和焦虑中，但是这种焦虑并没有任何证据可以确认，而一旦有确认焦虑的危言耸听出现，就会成为他们所青睐的信息。

几乎每次地震之后都有关于即将再次发生大地震的谣言甚嚣尘上。例如，2008年5月12日汶川大地震之后，有传言说28日下午将再次有大地震发生；2010年4月14日玉树地震之后，网络上盛传北京、河北、内蒙古包头等地将发生地震；2014年4月20日芦山地震之后，也有谣言说“4月20日芦山7级只是前震，成都将于4月22日发生9.2级地震”。不仅仅是地震，在马航MH370客机失联之后，有信息称，台湾方面收到警告：台湾至北京的航班受到恐怖袭击。埃博拉病毒在非洲肆虐之后，常常有谣言说中国某某城市确诊几例埃博拉病毒携带者。这些具有破坏性的危言耸听式的谣言往往没有任何科学依据，却常常能够流传、波及甚广，非常重要的原因就在于危机事件之后，大多数人都处于一种类似灾难所带来的不确定的恐惧和焦虑之中，这样就产生了认知不协调：对自身恐惧的认知与支持这种恐惧的科学证据相抵触。所以散播相关的谣言就能确证他们的焦虑，减少他们认知的不协调。人们总是先有感觉和行为，然后再设法将他们看待世界的眼光与之相吻合，来达到一种认知的协调状态。

二、信息传播环境状况与谣言

信息的明确程度在奥尔波特和波斯特曼的谣言公式［谣言=（事件的）重要性×（事件的）模糊性÷公众批判能力］中占有重要的位置。既然突发公共事件对社会个体的重要性程度是基本恒定的，那么谣言产生机制中的变量就更多地取决于信息的含糊性或不确定性的程度；而信息的准确性则部分有赖于信息在社会中的传播机制。良好的、平衡的信息传播机制可以减少信息传播的模糊性和不确定性，相反，信息传播机制的不平衡性则导致了信息的含糊性或不确定性提高。信息传播环境的状况对于谣言的产生和传播有着重要的影响。从当下社会信息传播机制方面寻找谣言产生、生长并传播的因素，主要表现为信息匮乏和信息过载两种并行的信息失衡状况。

1. 谣言爆发伴随信息匮乏

信息缺少到何种程度才能谓之信息匮乏并没有一个明确的标准，如果从谣言产生和传播的角度来为其设定一个标准，那将是能够消除谣言的临界线。很显然，在现实社会中，很难把握这个临界线究竟在哪里，尤其是处于信息传播技术如此发达的信息社会中，人们对于信息的渴求似乎永远是无法餍足的。但是，近年来许多实例证明，确定性信息的发布有助于减少谣言爆发的可能性，而谣言的爆发往往都伴随着信息的极度匮乏，这里的匮乏状态主要是指：第一，没有在第一时间公布事件的基本信息；第二，在事件发生后没有进行跟踪性详细报道；第三，采取封堵策略打压信息和舆论。导致信息匮乏的因素主要和社会客观环境以及社会信息传播机制有关，具体来说有以下几点：

第一是原始信息的匮乏，突发公共事件的突发性特征决定了其不可预知的特性，因此突发公共事件的爆发往往是出乎人们意料的，如自然灾害中的地震、海啸，公共卫生事件中的流行疾病等，往往都难以提前预知并做好万全的准备。因此，这些事件爆发之时，由于时间紧迫，有关部门对事件的来龙去脉尚未完全摸清，往往容易导致原始信息缺乏，即主事者自己尚未弄清事情的真相，自然无法及时发布正确的信息。尤其是一些社会安全事件和事故灾难类的突发公共事件，例如在马航MH370失联事件的调查过程中，有关部门的调查取证、明确责任都需要一定的时间，这就导致许多信息无法在第一时间传达给公众，从而导致信息缺位。

第二是信息传播渠道阻塞。随着通信技术和新媒体的高速发展，信息流通的渠道增多、速度加快，信息化社会的到来使人们进入了信息高速发展的时代。但是，信息社会依然无法完全避免信息传播渠道阻塞的情况，这是社会和自然客观原因造成的，如在地震时期就可能由于自然因素导致地震发生后的一段时间内震区内外信息不能及时沟通的状况，此时的信息匮乏往往容易引起误会，被公众认为是政府的有意封闭，从而导致对灾害地区情况的不利推测，滋生谣言。

第三是信息发布不及时、不清晰。随着信息化社会的到来，信息的获取、发布渠道越来越多样化，新媒体时代信息流通的速度也有了质的飞跃，因此，在某些突发公共事件中，更多的并非是渠道受阻或信息本身缺乏，而是有关部门在进行紧急处理的时候，没有重视信息发布，或者有意阻挠信息发布，使信息发布不够及时迅速，或者信息内容不够准确清晰，从而导致公众的质疑和猜测，给谣言的传播提供了可乘之机。典型的例子是湖北石首一起厨师自杀引起的群体性事件中，政府关于该事件发布的信息不够及时，且内容也过于简要，同时，还删除了一些论坛上的相关讨论帖企图控制网络舆论，并拒绝外来记者采访，阻挠新闻报道，这一系列的行为都激化了公众的愤怒情绪，质疑之声越来越高涨导致事件升级，谣言传播更甚。

第四是政府、媒体等相关部门对信息发布不够重视。在传统社会里，为了寻求社会稳定，对社会上发生的某些重大事件，政府和媒体一般采取隐瞒措施，以免引起较大范围的社会恐慌和动荡。在某些特殊年代，这样的做法无可厚非，但在信息传播无比发达的今天，在社会稳定发展的今天，这样的做法已经不能够适应时代的需要。当今社会，公众已经拥有了较为强烈的信息知情权意识，而信息社会的到来使信息传播的速度和范围都有了前所未有的扩展，这样的情况下，突发重大事件是很难瞒住受众的，如果政府采取强硬措施对信息进行隐瞒，对舆论进行打压，只会引起受众的反感，甚至怀疑其中是否有不法行为。从非典事件到湖北石首事件，一次次的谣言传播事件已经证明了这一点。因此，面对当今的社会现状，无论是政府还是媒体，传统的“不破不报”的做法已经无法继续，尊重民众的知情权，将工作和信息透明化是当今社会的发展需求。

2. 信息过载带来谣言新变

如果谣言产生的主要原因是信息匮乏，那么是否及时、准确地发布信息就能减少甚至消除谣言了呢？事实上，诸多案例显示，即使有时政府已经发出了权威的声音，甚至拿出了切实的证据，谣言依然没有马上消退。这是因为，一方面，过于复杂的信息环境将真相湮没；另一方面，政府的公信力下降导致民众持怀疑态度。对于前者，复杂的信息环境主要表现为信息超载。为了获得某种心理满足和安慰，人们往往努力通过各种渠道追求更多的信息。有研究者指出，在现代社会中，谣言变得越来越多的原因并非是信息缺乏，而是信息超载，这来源于人们对信息的无止境的需求。[①] 这种需求的产生是与前文所述的心理驱动力相关联的。在信息传播并不发达的古代社会，人们主要通过在茶馆等三教九流的聚集地相互交换自己所得到的信息，而在新媒体时代，不断发展的信息技术则使互联网代替了茶馆的功能，成为一个新的且更加庞大的信息交换地。

随着新媒体技术的不断发展，互联网逐渐成为社会信息传播的必备工具，信息变得触手可及，但越来越多并且越来越迅捷的信息并没能满足公众的需要，人们反而在想尽办法去寻求更多更快的信息。在复杂的信息环境中，这些信息相互交流所形成的正是桑斯坦笔下的“思想市场”，各种观点在这里集聚，并且强劲竞争，而在这个过程中，各种观点和信息进行交锋的成败并不是取决于客观证据，因为此时客观证据是缺乏的，如果存在确实可信的客观证据，就不会有这种信息竞争了，因此，这个时候，各种信息在交锋中的胜负更多地取决于人们的各种心理因素。于是，在这种情况下，胜出的并不一定都是真理，而一旦虚假的信息或观点占了上风，那么谣言便会滋生。

---

① KIMMEL, ALLAN J. Rumors and Rumor Control:A Manager's guide to Understanding and Combatting Rumors [M]. Mahwah, NJ: Lawrence Erlbaum Associates, 2004：6.

以互联网为代表的新媒体之所以能发展成为新的谣言集散地与其自身的某些传播特性是分不开的：首先，网络带来了巨大的信息量，尤其是进入web 2.0时代后，互动成为网络技术的根本逻辑，传统信息传受双方的界限被消融，每个网民都可以有选择地进行信息的生产、发布、接收和再生产，公民的信息权力大大提升；其次，传统的信息传播者的权威被不断消解，互联网的娱乐化和碎片化特征不断解构传统权威，人们不再愿意保持被动接受的姿态，而期望在信息上“当家做主”，以时下大热的微博为例，其显著特征和吸引力就在于它打破了传统社会地位的藩篱，用户和用户之间可以进行平等、自由的交流；最后，网络信息传播的操作具有便捷性，这提高了网络谣言的生命力，简单的“复制—粘贴”或转发行为简化了谣言的传播过程，而网络的匿名性使得传谣行为在网络上变得更加肆无忌惮。

在这几点作用力下，网民热衷于作为平等的发布者在虚拟平台进行信息发布，更享受明星般被瞩目的感觉，由此，各式各样的信息充斥市场，并在互动过程中以一种娱乐化的方式呈现，传统权威被逐渐解构，剩下的只是循着作为人最本能的选择进行信息博弈。在此种情况下，获得更多关注的往往是那些更加违背常理、更具有惊奇效应或娱乐效应的信息，谣言恰恰就是这样的信息。这种信息发布和选择方式形成的是一种与理性文化相对的“浅思考”的文化氛围，即受众在看到某信息后，第一反应往往不是求证，而是通过简单的操作尽快将信息重新传播出去。在这个过程中受众表现出两个特点：一是无信息鉴别能力，二是无信息鉴别意识。前者受制于受众个人的知识文化水平、谣言所涉及问题的难易程度、信源的可靠性等，后者则更多地受到新媒体环境下所形成的社会文化的影响。

加拿大学者麦克卢汉提出“媒介即讯息”的思想，美国学者尼尔·波兹曼又将这一理论延伸至“媒介即认识论”“媒介即隐喻”，强调了媒介技术对所承载的信息内容的巨大影响。在新媒体环境下所形成的文化氛围具有“浅思考”的特性，这是由新媒体技术的特性决定的。首先，新媒体技术强化了大众媒介的传播特征：速度更快、受众更广、互动性更强、记录功能更强大……然而，呈现在新媒体上的信息表达方式却往往是口头话语式的，具有明显的口语传播特征，信息发布者所发布的内容可能只是一个玩笑、一种情绪宣泄或是一种提醒，比如2014年2月哈尔滨H7N9谣言就起因于一个17岁女生发的朋友圈，她的初衷只是想给朋友、亲人提个醒，让他们注意安全，而内容来源则是道听途说。[①]但是，这些内容在朋友圈发布之后，在他人眼中则成为一则具有真实性的信息。该谣言信息的内容中也未提及类似“听说”的字眼，而是以一种相对肯定的语气发出呼吁，并且提及死者的准确死亡时间、年龄，还提及中央二套已播出报道，谣言由此更增强了自身的迷惑性。在新媒体环境下，把关人的缺失、个人信息权力增大造成了两个后果，一是任何人都可以发布信息，二是任何内容都可以作为信息进行传播。这种无条理性、无甄别的大量信息堆砌带来了信息过载的负面效应。传统的官方权威信息占主导地位的状态被打破，但良好的信息市场环境并未被确立，天平又向社会大众的一方倾斜，由于官方权威机构未能及时发声或发声微弱，社会舆论的声音往往盖过了官方，信息市场依然失衡。新媒体环境下形成的信息过载和各种因素造成的官方权威信息匮乏的局面是谣言生成逻辑中的关键环节。

信息时代的互联网技术对谣言的产生和传播“功不可没”，并且，谣言在移居到互联网之后，表现出了一系列新特征：

第一，发生常态化。互联网将世界各地联结一体，各类公共事件都难逃网民的“法眼”，但是，网络信息大爆炸也使得网民难以区分谣言与真相，加之辟谣机制的不完善，谣言现象的发生呈现出日趋常态化的特征。根据新浪微博2013年11月的《微博社区管理中心暨社区委员会月度工作报告》显示，仅新浪微博一家一个月就接到并处理了57件不实消息举报，谣言平均超过每天一则。

第二，传播速度快，范围广。网络科技四通八达，沟通着世界上的各个角落。传统谣言的传播基本只限于近距离人际间的点对点传播，而互联网，尤其是新媒体技术则至少从两个方面为谣言增添了助力：一方面为信息提供了可利用的点对面的传播平台，形成放射状传播；另一方面消弭了人际间的空间距离，使远距离的信息传播更为便捷。这大大增加了谣言传播的速度和范围。

第三，构成复杂。网络谣言的传播主体、内容、渠道、对象和效果都具

---

① 人民网．哈市17岁女孩因散播谣言被行拘七天［N/OL］．［2014-02-28］．http://legal.people.com.cn/n/2014/0228/c188502-24494223.html．

有混杂性的特征。就网络谣言传播主体来说，互联网本身已经消解了传统传者和受者的身份界限，所有网民都可以凭借自己的意愿发布信息；就其内容来说，网络谣言经常配以图片、视频等“佐证”，或谎称有可靠的信息来源，使人难辨真伪；就其渠道而言，网络谣言可以通过微博、微信、QQ、论坛等多种平台进行传播，从而在多个用户群中扩散；就其对象来说，广大的网民本身就是匿名和混杂的，受到谣言影响的人数往往难以估计；最后，对于网络谣言的效果来说，在传播过程中谣言经过不断的加工和变异，往往已经偏离了初始的预想。

第四，难控性强。一方面，由于网络谣言发生频率高、速度快且不断变异，一条谣言往往在官方还未注意到时就突然发展成社会热点话题；另一方面，互联网上官方的声音往往被众声喧嚣所淹没，话语主权的分散加上辟谣机制不完善导致谣言难以控制。

第五，破坏力强。网络谣言的破坏力强不仅是因为其影响力大，还在于网民往往放大的都是和自身密切相关或有关国家社会发展的话题，比如食品安全、地震海啸、政局动荡等，敏感性很高，容易造成整个社会集体恐慌，产生巨大且恶劣的社会影响。

第六，常伴随突发公共事件发生。值得一提的是，网络谣言往往是和突发性公共事件相伴随出现的。比如在2013年4月雅安7.0级地震发生后，红十字会到达现场发布动态，有网民批判红十字会太过官腔，随即网上开始盛传中国是唯一未加入国际红十字会的国家，质疑中国红十字会的合法身份。虽然自从2011年郭美美事件后，公众对红十字会的质疑声一直接连不断，但是这次地震无疑为网民宣泄疑虑和愤怒提供了契机。

当然，网络谣言归根结底只是谣言的一种形式，其产生的根本原因仍然与社会动荡、道德恐慌和信任缺失有关。近年来网络谣言逐渐增加的原因不仅和互联网媒介技术有关，更与中国在转型期中凸显的种种社会矛盾有关。

三、风险社会的危机心理与谣言

心理受到外界的刺激而产生不同的心理动机，最后转化为外在的活动。灾难的发生使社会处在一种特殊的状态之中，而风险社会的现状也为流言的传播奠定了一定的基础。当下的社会是一种“风险社会”。作为社会转型的结果，贝克提出了风险社会的概念："工业化所造成的副作用具有可控性，这的确是一个以设计精妙的通过制度化的解决方法预防不可预见事情的反思程序，也就是说，风险社会是一个设计巧妙的控制社会，它把针对现代化所造成的不安全因素而提出的控制要求扩展到未来社会。"[①] 在这样的社会中，个人生活的安全感不复存在：竞争程度大幅提升，文化价值观不断变换，同时由于技术的发展和全球化的影响，风险跨越国界，成为每个人面对的现实。在传统社会中，人们主要面对的是自然风险，诸如地震、龙卷风、洪水等对财产和生命的威胁才是人们焦虑的对象。进入工业社会后，人们主要担忧技术发展的副作用，如核泄漏、化学产品、生物武器等人为风险。为了解决技术带来的风险，人们通过反思设计出一套制度来对其进行限制。然而，由于制度设计的缺陷以及监督本体的缺失，"制度本身会产生更多人为风险"。从而导致了风险社会中的"制度化风险"[②]。

风险社会的存在也给人们的心理造成影响。风险的个人化带来风险意识的提高。所谓风险的个人化，就是指在风险社会中，人们的每一个选择都可能给自己带来风险，同时又因个体选择的不同而存在个体的风险差异。因此人们时刻关注着自身周围的环境，比在传统社会中更注重保护自我。英国学者斯科特·拉什也从文化角度印证了这个观点，他认为在当代社会中，"风险实际上并没有增加，也没有加剧，相反仅仅是被察觉、被意识到的风险增多和加剧了"[③]。人们的风险意识越强，就越容易使自己暴露在精神压力之中，将那些紧张、不安、焦虑的情绪投入到一些可能并不会发生的风险之中。另外，由于风险社会特性的存在，社会传统的信任关系也处在瓦解之中。

在面对突发公共事件的时候，这种风险程度进一步加深。人们的心理不安尺度也会进一步增加。在正常情况下，个体的心理处于一种常态，能够维护个体的平衡发展，扮演社会所期望的角色，做出适当的行为。当发生各种突发事件时，这种常态遭到破坏，个体容易出现心理和行为异常。

在面对危机时期的模糊信息时，公众会倾向一种宁信心理，也就是"在

① 乌尔里希·贝克，等. 自由与资本主义——与著名社会学家乌尔里希·贝克对话［M］. 杭州：浙江人民出版社，2001：124.

② 郑红娥，宋冉冉. 风险社会的研究述评［J］. 社会主义研究，2009(6)：143.

③ 郑红娥，宋冉冉. 风险社会的研究述评［J］. 社会主义研究，2009(6)：142.

受众遭遇关系自己利益，或者对自己较为重要的事件时，会出现‘宁可信其有，不可信其无’的心态”[①]。宁信心理的出现，大多源于人们内心中对信与不信后果的衡量。这一点，和人们对于狐鬼神怪的态度也有几分相似。人类历史中总是不乏一些警世偈语、迷信之说，例如巫蛊之术。事实上，很少有人对它深信不疑，但这种无法验证的灵异联系，很多人都是抱着“宁可信其有，不可信其无”的态度去看待的。其实大家都明白一个扎针的布娃娃和真人的命运远无必然联系，可是又没有足够的证据去驳斥它。虽不是笃信，也万万不能随便拿来开玩笑。所谓“不怕一万，就怕万一”，正是这个“万一”，是人们无法承受的后果。

对于很多谣言主题也是如此，不论地震预警还是核辐射扩散，人们并不知道它是否真的会发生，但十分确定的是，一旦没有做足准备，便会直接伤害自身。这就是所谓的权衡：信它不会有什么害处，但不信它稍有差池便会后悔终生。所以不论谣言是否造成了身心的不适，总归会好于不信它的糟糕后果，因此人们往往会选择相信。

四、社会公信系统与谣言

谣言产生与传播的客观机制，除了上面分析的谣言信息本身所具有的迷惑性和社会信息传播机制不平衡之外，还有很重要的一点是社会信任系统尤其是社会公信系统的状况。实质上，社会公信系统的弱化是导致信息市场不平衡的更深层的因素。社会公信就是一种系统信任，指的是国家机关或公共服务部门在处理社会公共事务中所具备的为社会公众所认同和信任的影响能力，也是公民在社会生活中对社会组织体系、社会政策实施以及其他社会性活动的普遍认同感、信任度和满意程度，是公民对社会组织及其政策的一种评价。[②]

这里将由政府、媒体、民间组织、科研专家等汇集了主要社会公信资源的部门组成的系统称为“社会公信系统”。社会公信系统的核心就是社会公信力，即社会公共部门赢得社会信赖的能力以及与这种能力相对应的信用品

① 孙嘉卿，金盛华，曹慎慎．灾难后谣言传播心理的定性分析——以“5.12汶川地震”谣言为例［J］．心理科学进展，2009，17(3)：607．

② 苗景秀．公共突发危机事件中社会公信力初探［J］．内蒙古农业大学学报：社会科学版，2011(4)：292–293．

质。社会公信力是一种经过日积月累的沉淀后形成的权威性资源，一旦破坏就很难修复。它的作用是潜在的，只有在人们失去它的时候它的价值才充分显露出来。

社会公信系统如果对于公众来说有较强的认同感、信任度和满意程度，那么在突发公共事件发生后，即便有着非常复杂和模糊不清的情况，仍然可以为公众提供良好的信息环境和较为可靠的心理保障，这些使得谣言的滋生受到一定的抑制，一旦出现谣言，良好的社会公信系统则会起到迅速辟谣的效果。与此相反，社会公信力薄弱为谣言的滋生和传播提供了社会环境和心理条件，还使得辟谣效果大打折扣。虽然存在遏制谣言的替代性技术或手段，但是其效果始终建立在发挥社会公信力的基础上。从长远来看，建设完备的社会公信系统才是谣言防治的长效机制。

1. 社会公信薄弱为谣言传播提供了社会环境

当不确定事件尤其是突发事件发生时，往往很少有人能够亲自调查和判断事实。为了降低内心的不确定感和恐惧，人们只能相信别人提供的信息。因此，信任是人们寻求确定性的主要方式之一。然而社会生活中存在着诸多信息源，在面对不同的信息源时，人们需要做出信任选择。在谣言传播过程中，人们至少要做出二选一的抉择：相信谣言或者相信社会公信系统。通常情况下，这两种选择是相互排斥的。也就是说选择相信谣言的话，就代表着不相信社会公信系统。因此谣言的流行程度可以用来检测社会公信力的水平。谣言盛行与否是社会公信力是否缺失的风向标，社会公信薄弱为谣言传播提供了社会环境。

（1）社会公信薄弱的领域成为谣言多发区

在当前的中国社会，诸如食品安全、自然灾害、生态环境、市场财经、公共卫生、政治腐败等方面，都因为公信力遭到严重破坏而成为谣言多发的领域。2012年4月16日，《人民日报》总结了近年来影响恶劣的十大谣言，[①]其中“蛆橘事件”“皮革奶粉”传言属于食品安全类谣言；“山西地震谣言”日本地震引发的“抢盐风波”属于自然灾害类谣言；响水化工厂爆炸谣言属

① 网络谣言害人害己．社会公众勿信勿传——近年来在社会上产生严重后果的十起网络谣言案例［N］．人民日报，2012-4-16(1).

于生态环境类谣言；伪造传播“47号公告”属于市场财经类谣言；“艾滋针刺”谣言、“滴血食物传播病毒”、非典变异谣言属于公共卫生类谣言；“军车进京”谣言属于政治类谣言。实际上，这十大谣言只是代表性案例，在上述几大社会领域中，还充斥着大量类似的谣言，它们共同反映出这些领域社会公信力薄弱的问题。

以奶制品安全为例，三聚氰胺事件推倒了该领域社会公信的第一张多米诺骨牌。作为与人们切身利益关系最密切的食品行业，奶制品领域的黑幕超出了人们信任的底线。虽然三聚氰胺事件已经得到解决，然而它对消费者造成的伤害、对奶制品行业公信力的打击等诸多恶劣影响才刚刚开始。从激素奶粉、皮革奶粉到老酸奶添加过量工业明胶事件，围绕奶制品的谣言不断滋生蔓延，而且公众对此类谣言的信任度越来越高。无论是质监部门、地方政府、奶制品行业协会还是奶制品企业，其辟谣的声明都失去了信任的基础。正是三聚氰胺事件严重损害了公众对奶制品的信心，才引发了这一系列恶性反应。看不见的社会公信一经破坏就很难修复，奶制品行业的多米诺骨牌游戏将会一直持续下去。

卡普费雷说：“当公众对一切都无法相信的时候，那么他们就会相信一切。”[①] 事实上，谣言作为社会状况的反光镜，它折射出公众对官方渠道消息的不信任以及对社会运行系统的不满与恐惧和对事实真相的极力追寻。谣言多发的领域正是公信力缺失的领域。

（2）信息不公开为谣言提供了信息环境

社会公信指的是公众对社会公共部门的信任程度，而社会公共部门的信息公开水平是公众判断社会公信系统是否值得信任的一个基础性的条件。信息不公开，公众就无法将自己的信任寄托在社会公共部门的身上，这就必然导致社会公信力低下。

前文曾经提到社会中存在着官方和民间两套传播系统，前者是社会传播系统的主流，后者是对前者的补充。在正常情况下，绝大多数公共信息是由官方传播系统发布的，因为无论是信息的容量、信息的广度、信息的全面度还是信息发布的速度，官方传播系统都比民间传播系统更具优势。需要注

① 卡普费雷. 谣言：世界最古老的传媒［M］. 郑若麟，译. 上海：上海人民出版，2008：84.

意的是，虽然获取信息资源的能力是官方传播系统的优势，但是在某些情况下，这一优势反而会成为影响官方系统公信力的因素。当官方传播系统明明有能力公布更多的信息，但是却因为某些原因没有将自己掌握的所有信息公布出来时，公众的信息需求得不到满足，他们对官方传播系统所持的信心也会受到打击。

例如在2011年甬台温铁路列车追尾事故中，以铁道部为主的多个国家部门受到公众的强烈质疑。事后人民网总结报道了温州动车追尾事故八大谣言，[①]包括“重大事故死亡人数上限为35人，否则领导撤职”“列车事故后当场掩埋活人”“遗体未经家属同意被集体火化”“高铁司机培训只有10天时间”“坚持救人特警支队长被处分”“铁道调度系统拘留两无证程序员”“港人举旗上街哀悼动车追尾事故遇难者”“吊下动车车厢时有遇难者遗体掉出”。八大谣言直指事故原因、死亡人数、抢救措施、善后处理等问题。而这些谣言盛行的主要原因就是官方信息发布不力。

动车追尾事故发生后，官方对事故原因的说辞一再发生改变，令公众不知该相信哪个部门。雷击、列车信号系统故障、司机人为因素、调度失误等说法层出不穷。铁道部给出的信号技术存在缺陷导致事故的说法最终被国务院事故调查专家组否定，而最终结论是铁道部组织和管理不善是造成动车事故的主因。因此，公众难免会形成铁道部逃避责任的印象。在抢救措施方面，对于公众质疑的搜救行动是否过早结束、恢复通车是否过急、坠地的后车车头为何被迅速掩埋等问题，相关部门也没有及时给出令人满意的答复。对事故死亡人数和善后赔偿等争议性问题闪烁其词，也加强了人们对铁道部的猜疑。不得不提及的还有在信息发布过程中的不当言辞。铁道部发言人“至于你信不信，我反正信了”“这是一个奇迹”等态度含混、毫无责任意识的说辞，使得公众对公共部门信任度大大降低。在这种情况下，谣言反而更具可信度。

简而言之，信息不公开会导致一方面公众的信息需求得不到满足，另一方面公众会对官方组织的动机产生怀疑。人们对信息的需求是不变的，如果官方传播系统没有提供充足的信息，人们自然就会转向民间传播系统。进一

① 中国新闻网．温州动车追尾事故八大谣言［OL］．［2011-7-28］．http://www.chinanews.com/gn/2011/07-28/3215182.shtml.

步讲，当公众意识到政府的信息公开变成“不是不能，而是不为”的时候，人们会设想官方组织是在维护自身的利益而故意不将全部信息公布出来。相比之下，民间传播系统因为其利益关切度不大，反而更为可信。而在民间传播体系中，信息来源十分复杂，信息在传播过程中变异较多，常常充斥着各式各样的谣言。从某种程度上说，正是社会公信系统信息不公开将公众推向了谣言的信息黑市。

2. 社会公信薄弱为谣言传播创造了心理条件

信任或不信任是人们对某一客体的态度，主要通过心理层面对社会发挥作用。社会公信系统薄弱为谣言的传播创造了心理条件。一方面，社会公信系统薄弱使得公众对风险的感知更为敏感，对不确定性的宽容度越来越低，这直接影响到人们的本体安全感。而作为一切良好预期及稳定行为的心理基础，本体安全感的降低使个体陷入“存在性焦虑”之中。加之面对谣言，人们本来就存在“宁信心理”，处在焦虑之中的公众，自然就更容易成为谣言的靶子。另一方面，社会公信系统薄弱容易使人们对社会公共部门产生负面的情绪，这种负面情绪内化为公众的情感倾向，最终会投射到谣言的传播中去，为谣言的传播提供了情感诉诸点。

（1）“本体安全感”降低加剧公众“宁信”心理

吉登斯在研究现代性与自我认同的时候，提出“本体安全”的概念。所谓“本体安全”指的是“大多数人对其自我认同之连续性以及对他们行动的社会与物质环境之恒常性所具有的信心”[①]。吉登斯认为“本体安全”是个体心理组织系统的基础，在个体的心理结构中处于核心地位。[②]个体正常而有序的生活以本体安全系统的稳定作为前提，为了维护本体安全系统的稳定，个体在其成长过程中建立起一系列防护机制，而“保护壳”中最重要的部分就是“信任”[③]。作为联系本体安全与外在环境之间的纽带，信任将对外部环境的风险感知传递到内在自我。如果信任下降，公众对风险的感知就会更为敏感，对不确定的宽容度越来越低。

从“本体安全”的概念可以看出，人们对社会公信系统的信心是本体

---

① 安东尼·吉登斯. 现代性的后果［M］. 田禾，译. 南京：译林出版社，2000：80.
② 安东尼·吉登斯. 社会的构成［M］. 李康，译. 北京：三联书店，1998：110.
③ 安东尼·吉登斯. 现代性与自我认同［M］. 赵旭东，方文，王铭铭，译. 北京：三联书店，1998：3.

安全的重要组成部分，是影响个体对外部风险感知的重要因素，更是维护个体安全系统的重要保护机制。在风险社会的背景下，风险本来就具有不确定性、全球性、构建性等特征，人们对社会公共部门的信任降低必然会使公众对风险的感知更为敏感，对不确定性的宽容越来越低，这无疑会降低本体安全感。人们理性行动的前提是本体安全，确定性、可控性、安全感和信任感是一切良好预期及稳定行为的心理基础。一旦丧失了这种基础信任，个体就会陷入“存在性焦虑”而在日常生活中体现出应激性反应和非恒常性举动，这必然会导致社会非理性行为的增加，其中就包括造谣传谣。

加之，人们面对谣言，本来就有“宁信心理”。所谓“宁信心理”是说人们在接收到可能性信息时，会不自觉地倾向于关注发生的可能性。因为人们总是会考虑最坏的情况从而让自己能够做好充分准备，应对挑战。当谣言来袭，处在“存在性焦虑”中的人们对风险的预测和恐惧可能会远远超出现实的危机，这就更容易成为谣言的靶子。

2011年2月10日，在江苏响水县的化工厂爆炸谣言事件中，公众的“宁信心理”表现得尤为强烈。当天凌晨，有人传言该县化工企业发生氯气泄漏，随时可能发生爆炸，导致当地上万名群众大规模恐慌并离家外出，混乱中有4人死亡。其实10日早上6点，当地政府就通过手机短信、网站等手段向社会辟谣，但是辟谣效果并不明显。为何谣言的传播如此强力？事实上，这与当地居民长期处于化工污染的阴影中具有十分密切的联系。响水作为一个重工业城市，其化工经济与民生在布局、利益、心理各个方面都存在冲突。居民一直处于战战兢兢的心理状态，而这种心理状态又被之前的多次事故确认，政府的公信力在这个过程中逐渐被渗透侵蚀。2007年该工业园区就曾发生爆炸事故，致8人死亡。2010年11月，园区内的某化工公司发生氯气泄漏，导致30多人中毒。这些事实最初也是以谣言的形式为人们所知，官方信息渠道都予以辟谣，然而最终都被证实。这必然导致居民对政府的信任度下降，这种外部信任的损伤会传递到内在自我，使得他们的本体安全感降低。在本体安全感降低的情况下，人们的理性判断就会受到影响，甚至会产生幻觉，导致明明没有泄漏却有人闻到气体泄漏的味道。陷入恐慌和焦虑的人们，对化工爆炸的风险感知更为敏感，对谣言的宁信心理更强。事后有居民表示如果再次听到传言，仍然会逃跑。“还得跑，我们宁愿相信这是真的，保命要紧”。可见公信力缺失造成的后果是很难在短时间内得到弥补的。

心理学家多依奇认为，“一个人对某件事的发生具有信任是指，他期待这件事的出现，并且相应地采取一种行为，这种行为的结果与他预期相反带来的负面心理影响大于与预期相符所带来的正面影响”①。因此，信任是存在风险的。相信谣言和相信社会公信系统都是有风险的，人们对风险的评估影响其信任选择。对具体的个体来说，在社会公信缺失的情况下，存在着相信谣言比相信社会公信系统风险更小的情况。响水当地的居民逃跑所冒的风险可能比置身于化工泄漏的风险要小。然而从整个社会的角度来说，相信谣言所造成的风险绝对比相信社会公信系统所造成的风险要大。大规模的恐慌和逃跑所带来的风险是长期的、潜在的，这比化工厂泄漏带来的风险要大得多。

（2）社会不良情感倾向成为谣言的情感诉诸点

信任是情感付出及理性思考两者之混合。从情感和理性这两个维度可以将信任分成感情（成分高）性和认知（成分高）性两种信任类型。认知性信任建立在事实、原则、知识和客体现实能力的基础上，是理性的；情感性信任建立在情绪、关系和偏好的基础上，是非理性的。社会公信既建立在公众对公共部门能力和行为的认知上，也建立在公众对公共部门的情绪、偏好上。

如果社会公信系统薄弱，公众对公共部门的猜疑就会增多，与之伴随的是公众对公共部门的负面情绪的增长。如果不设法改善社会公信，猜疑和负面情绪就会逐渐积累，并最终内化为人们的情感倾向。我们知道，情感倾向在人们形成认知、态度和行为时发挥着重要作用。负面的情感倾向会形成认知和行为偏差。

关于公共部门的负面情感倾向最终会投射在谣言的传播上，为谣言的传播提供了情感诉诸点。正如勒莫所说，“谣言不是在鼓动人的理智，而是在鼓动人的情感”②。当涉及社会公信系统各组成部门的谣言传到人们耳朵里的时候，人们内在的负面情感倾向就会影响认知，使人们在情感和认知两个方面都更容易接受谣言，这样谣言的传播就会更迅速更凶猛。

2008年6月发生在贵州瓮安的群体性事件就是由谣言触发的。瓮安县三中一名女学生死亡，谣传该女生是被“奸杀后投入河中”，元凶是县委书记

① Deutsch. Trust and Society [J]. Journal of Conflict Resolution, 1958: 60.

② 弗朗索瓦丝·勒莫. 黑寡妇——谣言的示意及传播 [M]. 唐家龙，译. 北京：商务印书馆，1999: 34.

的亲侄女，另外两个参加行凶的男生和派出所所长有亲戚关系。在案件处理过程中，还有谣言称被害女生的叔叔、爷爷、奶奶被打住院抢救，妈妈说话含糊，已失去理智，婶婶被剪去头发关押到派出所，叔叔在与公安人员的争执中被公安人员打死。这些谣言直指当地政府机构，尤其是执法机关的暴力执法行为。听信谣言的群众多次围堵县政府和公安局，酿成了震惊全国的群体性事件。

一个高中女学生的死亡怎么会引起如此重大的冲突事件？在总结瓮安事件教训时，贵州省委副书记王富玉、副省长黄康生表示，瓮安事件暴露当地干部与群众关系长期积聚的矛盾，少数党政干部成为黑恶势力的“保护伞”。一些部门在化解当地水库移民搬迁、城镇改造拆迁、煤炭和磷矿等矿权纠纷、国企改制矛盾时久拖不决，群众利益诉求难以得到及时、满意的答复，所以矛盾集中爆发。公众的这些负面情绪积累并内化为对政府机构的情感倾向，不信任甚至仇视当地政府机构的人越来越多。这种情感倾向恰好为谣言提供了情感诉诸点，将溺亡女生当作被害者，施害者则归类为政府子弟，带有官欺压民的情感倾向。把溺亡女生的家人描述成被公安人员暴力执法的对象，这明显是在宣泄对公安机关的仇视和愤慨。正如卡普费雷所说，在听到谣言之前，我们“认为”某个公共部门不可靠。在听到谣言之后，我们“知道”这个公共部门不可靠，在听到自己曾经想过的事情以一种多多少少被认同的方式证实了，人们会更加固执己见，说出来与人分享的欲望也就油然升起，这就是瓮安事件中谣言得以传播的情感条件。

3. 社会公信系统薄弱使辟谣效果大打折扣

谣言的传播与防治考验着社会公信系统，完备的社会公信体系能够有效地防御谣言的进攻，社会公信力缺失则会使辟谣的效果大打折扣。由于公信力是积累性的资源，如果公共部门处理谣言不力，必然会损害其公信力。社会公信力受损的恶果又会体现在下一次辟谣的效果上。长此以往，社会公共部门必将陷入公信力不断受损和辟谣效果越来越差的恶性循环之中。

（1）辟谣信息的“选择性”处理

人们对事物的认知和理解，总是建立在已有知识和经验的基础之上。这些知识和经验构成了某些程式化的认知结构，被称为心理图式。正是在心理图式的基础上，我们才能更快地把握周围的世界。但是，心理图式过强就会发展成思维定势和偏见，使人们固执地坚持自己的观点，进而产生认知偏颇。认知偏颇一旦产生就会产生长久性的影响，并且很难纠正。需要注意的是，认知偏颇还会对人们选择信息产生影响。一般来说，人们接受信息总会根据个人的需求和意愿而有所选择、有所侧重乃至有所理解，以便使之同自己固有的价值体系和既定的思维方式尽量相互协调，而不是相互矛盾，这叫作信息的"选择性"处理。选择性处理包括选择性接触、选择性理解和选择性记忆。

选择性接触又称选择性注意。它是指受众在接受信息时，注意力总会自然而然地趋向那些符合自己的观念、态度、志趣及需求的内容，同时忽视或回避那些与己无关和与己相对的内容。事实上，选择性接触正是受众个人对信息的"把关"行为，即对信息的筛选与过滤。在选择性接触的基础上，受众会依据自身的价值体系对接触到的信息作出独特的个人解释，以避免认知的不协调，这被称为选择性理解。所谓选择性记忆就是受众在已经"理解"的信息中，再将其中最有利于己的部分储存于大脑之中。这个过程往往是在无意识中进行的，受众记住某种信息并非由于它合乎自己的口味因而将它存入记忆，而是不知不觉记住某种信息的事实本身正表明它投己所好，表明它合乎自身的认知结构与思维定势。

当前包括政府、媒体、非营利组织、专家在内的社会公信系统普遍存在责任缺失、践诺不力等情况，社会公信力普遍薄弱使得人们形成了很多心理图式，如官员腐败、贫富分化、官民对立、权商勾结、官二代、富二代等。很多谣言恰好迎合了公众的认知偏颇，有些谣言甚至就是根据公众的认知偏颇创造出来的。比如在西安大学生药家鑫撞人杀人案件当中，网上普遍流传"药家鑫是军二代""家里有好几处房产"等谣言，这些谣言就是出于鼓动公众对贫富分化的愤怒情绪而捏造的。

在"最年轻市长"周森锋案例中，我们可以看出心理图式对谣言传播的影响。2009年6月21日，周森锋当选为宜城市市长，周森锋当年29岁，当时为湖北年龄最小的市长。消息发布后，网上谣言四起。首先有人谣传周森锋是"官二代"，在证实周森锋父母是农民之后，又有谣言称周森锋的岳父是高官，后被证伪。随后有网友从周森锋此前的工作照上发现同行的官员中只有周森锋一人打伞进而证明周森锋的靠山硬。还有人发现周森锋在开会时桌前放着高档香烟，甚至有人声称周森锋的硕士论文存在抄袭。这一系列谣言背后是顽固的心理图式，是人们对官员选拔制度的猜疑和对背景官员的思维定势。在这一心理定势的影响下，人们总是倾向于寻找、接受、理解、记忆与自己观点一致的信息，即使这些信息被证伪，还会有新的同类信息被发掘出来，这就是谣言传播的动力，也是辟谣面临的最大难题。

社会公信系统薄弱所造成的不良心理图式，使得辟谣信息很难被公众所接受。一方面，心理图式具有稳定性，公众基于不良心理图式形成对谣言的稳定认知，很难接受与心理图式不符的辟谣信息。比如一旦发生群体性事件，公众就会按照官民对立的心理图式去解读，造成政府在处理相关事件的时候总是不被公众所信任。另一方面，“选择性”信息处理使得辟谣信息很难到达公众那里，即使到达也未必能纠正公众的不良心理图式，更不用说发挥辟谣的作用了。

（2）辟谣信息的“对抗式解读”

按照英国文化研究学派霍尔的观点，[①] 受众解读信息的方式有三种：一种是“优先式解读”，采取的是“主导—霸权”的立场，它假定受众的解码立场与信息发布者的解码立场是一致的，即受众按照信息发布者赋予的意义来理解信息；第二种是“协商式解读”，即部分基于媒介提示的意义，部分基于公众自己的社会背景来理解信息；第三种是“对抗式解读”，观众可以一目了然地明白媒体要传达什么信息，完全理解字面意思和内涵意思，但是却选择以截然相反的立场来解码，根据自己的经验和背景读出针锋相对的意思来。社会各部门发布的辟谣信息在到达公众时，也会出现这三种不同的解读方式。

在政治经济改革之前的计划经济时代，绝大多数中国民众采用的是第一种信息解读方式，即按照社会公共部门的解码立场来解读信息。但是，随着政治经济改革的不断推进，“协商式解读”成为中国民众对公共部门信息发布的主要解读方式。然而不可否认的是，在社会公信力缺失的情况下，越来越多的人将会采取“对抗式解读”的方式，即社会公共部门越是辟谣，人们就越是相信谣言是真的，这会使得辟谣效果大打折扣。

---

① 斯图亚特·霍尔．解码，编码［M］//罗钢，刘象愚．文化研究读本．北京：中国社会科学出版社，2000：356-358.

2011年6月20日，微博昵称为“@郭美美 baby”的一名“90后”女孩在网上公然炫耀其奢华生活，并称自己是中国红十字会商业总经理，引起社会舆论关注。6月22日，中国红十字会官方发表声明称没有名为“红十字商会”的机构，也未设有“商业总经理”职位，更没有“郭美美”其人。然而这仅仅是一份声明，并没有拿出证据。关于郭美美与红十字会关系的谣言愈加猖獗。网友首先质疑中国红十字会副会长郭长江与郭美美的关系不明，后被证伪。6月28日，中国红十字会召开记者通报会，重申并没有所谓的“红十字商会”机构，也未设有“商业总经理”职位，更没有“郭美美”其人；并且红十字会总会以郭美美虚构事实、扰乱公共秩序为由向公安机关报案。虽然红十字会连发声明并召开媒体通报会，但公众的质疑声未见消减。谣传指向了中国红十字会另一位副会长王军，称郭美美是其女友，后被证伪。7月1日，中国红十字会发表声明：暂停中国商业系统红十字会的一切活动。邀请审计机构对其进行审计，并邀请中国商业联合会成立调查组调查其运作方式问题，将及时向社会公布审计和调查结果。但是这种被迫公开运作方式的做法显然没有博得公众的再次信任。《小康》杂志的调查显示，近九成（88.7%）受访者因“郭美美事件”而降低了对中国慈善组织的信任度。其中，信任度较以往“有小幅下降”的占52.1%，“有大幅下降”的占36.6%。①

公信力是易碎品。郭美美事件之后，坊间又出现了红十字会要求单位企业职工捐款的谣言，红十字会方面辟谣称不具有该项行政权力。然而此时公众对红十字会辟谣的信息已经呈现出对抗式解读的趋势，红十字会显然已经陷入“塔西佗陷阱”之中，无论他们做的是好事还是坏事，甚至是“没有的事”，都会遭到质疑。

郭美美事件不仅将中国红十字会推入了“塔西佗陷阱”，还引发了中国整个慈善系统的信任危机。中华慈善总会出现发票危机，中国红基会卷入“超声刀”疑案，中国妇基会涉嫌关联交易……而随后出现的“卢美美”，把老牌的中国青基会也拉下了水。网民旧事重提，从救灾时的“万元帐篷”到上海卢湾区的“万元餐票”，再到红十字会的审计问题，谜团接连不断。慈善组织的公信力在一次又一次的丑闻下变得日益脆弱，辟谣的作用微乎其微。

---

① 欧阳海燕．2011中国人信用大调查：诚信危机刺痛中国［J］．小康，2011(8)：49.

第三节　突发公共事件中谣言传播过程与模式研究

在以往有关谣言传播的研究中，对于谣言成因和治理措施的研究所占比重最大，而有关传播过程和传播模式的研究成果并不丰硕，但在这些为数不多的研究成果中，也有一些值得借鉴的成果。例如，许多文献都提到了谣言传播的四种模式：链状模式、树状模式、放射状模式和复合模式。这里除了在此基础上探讨新媒体时代突发公共事件谣言传播的模式，也关注谣言的传播平台、谣言的纵向传播、信息传播失真和解释变形的机制，以及从谣言到行动的生成逻辑等。

一、谣言传播的媒介平台与集体作用

在信息的传播过程中，传播平台以及公众、个人和机构等在其中扮演的角色都影响着信息传播的过程和模式。随着传播技术的不断发展，信息传播平台的不断拓展变迁，谣言传播的平台也在不断变化，不同媒介平台的不同特性，对于谣言的传播也有着推动或者阻碍的不同影响。公众、机构和个人等在谣言传播过程中所扮演的角色也随着传播媒介和传播方式的变化而不断演变。

1. 媒介平台特性与谣言传播

谣言，作为世界上最古老的传媒，自古有之，谣言传播与传播媒介特性的关系密不可分。在不同的媒介时期，谣言的传播可能青睐于不同的媒介手段。最开始的谣言主要通过口传媒介，到后来大众媒介在谣言的传播中也扮演起很重要的角色，在新媒体时代，不断发展的互联网技术、自媒体平台呈现出的媒介特性又迅速被谣言所利用，成为不折不扣的谣言漩涡。在“8·12”天津港爆炸事故发生之后，在自媒体平台上产生了大量的谣言，爆炸发生三天之内，国家互联网信息办公室就严肃查处了360多个传播天津港“8·12”特别重大火灾爆炸事故谣言信息的微博微信账号，其中90多个微博

账号、70多个微信公众号被永久关闭，还有200多个账号被临时关闭。可见，自媒体平台上谣言之多。

我们对近些年来重大突发公共事件发生之后产生的一些影响力广泛的谣言进行了总结，分析了它们的形成时间、内容和主要传播渠道，总结为表3-2、表3-3、表3-4，从中也可以发现自媒体平台已经成为最为重要的谣言生成和发展壮大渠道。

表3-2　2013年4月20日雅安芦山地震后重要谣言汇总表

2013年4月20日雅安芦山地震后重要谣言		
谣言时间	谣言内容	谣言主要传播渠道
4月20日	寻找徐敬回家	微博
4月	磁铁预报地震	QQ群、网易、百度、豆瓣贴吧
4月21日	一条搜救犬反复被“牺牲”	微博
3月26日17点52分	地震“解密之祖”预测地震	微博
4月21日下午16点	雅安又一救灾军车坠崖	微博
2013年4月21日下午5时11分	不捐500万不能进灾区	微博
4月20日12时50分	地震局内部消息成都9.2级地震	百度贴吧
4月22日	地震期间村民大吃大喝	微博

表3-3　2014年3月8日马航MH370失联事件后重要谣言汇总表

2014年3月8日马航MH370失联事件后重要谣言		
谣言时间	谣言内容	谣言主要传播渠道
2014年3月8日上午10时	客机已安全着陆南宁	Twitter——微博
2014年3月8日下午15时	搜救人员发现失联客机信号	微博
2014年3月8日下午15时38分	波音中国总裁称已找到失联飞机	微博
2014年3月8日19时32分	飞机被发现，生还者等待救	天涯社区——微博
2014年3月8日13时34分	越南海军确认飞机坠落土珠岛以南153海里处	微博

表3-4　2014年8月3日鲁甸地震之后重要谣言汇总表

2014年8月3日鲁甸地震之后重要谣言		
谣言时间	谣言内容	谣言的主要传播渠道
2014年8月4日下午	鲁甸伤重妈妈想见刘冻雪	微博、微信、QQ
2014年8月3日	北京市政府号召市民捐款遭前所未有抵制与唾骂	微信、论坛
2014年8月6日下午	朋友圈“为灾区祈福”链接恶意收集用户信息进行诈骗	微信
2014年8月5日22时27分	官兵浑水煮面不属实	微博

纵观近两年的重大突发公共事件，从芦山地震到马航MH370失联再到鲁甸地震，谣言无一不是在网络上发酵成型并且广为传播的。尤其是在以微博、微信为代表的新媒体传播速度快、门槛低、范围广、互动频繁等特点的支持下，网络更是成为谣言萌芽发展的阵地。就微博与微信朋友圈相比，正如表格中所显示的，前两个突发公共事件的众多谣言大多是在微博或者一些贴吧中生成扩散，而最近的8月3日鲁甸地震之后的谣言有超过一半的重大谣言的传播扩散渠道都是在微信上。就新媒体传播渠道来说，谣言传播的渠道有从微博向微信转移的趋势，这与二者的媒介平台特性密切相关。

相对于微信朋友圈，微博有着较强的自净功能，这主要在于微博是一个相对公开的意见市场，各种各样的不同意见都可以在这里交锋，人们在认可某个内容的信息的同时，也可以看到反对这个内容的信息。各方面都能对事件本身发表议论，还原事实，在很大程度上能够辟除谣言。比如这次鲁甸地震中的浑水煮面事件，正是由于当事记者证实解放军确实吃了浑水煮的面，环球网才就发布错误信息进行了道歉。简易的转发功能在使谣言可以广泛传播的同时，也使辟谣信息可以及时传播。“一对多”的传播方式有利于谣言相关人士发布辟谣信息，实现谣言的自净；另一方面，相对于微信，微博已经发展得较为成熟，有一定的措施和方法来规范言论、治理谣言，同时微博辟谣平台、政务微博以及各类官方微博的开通为监管谣言提供了便利，使得权威意见能够更好地传播，辟除谣言能够“防微杜渐”“防患于未然”。如果出现虚假信息，只要删除消息源，其他用户转发的这条微博也随之被删除或被标记为是不实消息，在一定程度上阻断了谣言的蔓延。

而微信朋友圈是一个相对闭塞的平台，朋友圈中的朋友大多是自己现实生活中有实际联系的真实朋友，大多有相近的价值取向和认知结构，对于某一信息的态度可能呈现一种压制性的一致性，从而影响个人客观的理性判断。也就是说在微信朋友圈中，人们可能很难看到对某一信息的相左意见，而是直接认同大家所普遍支持的；另一方面，朋友圈对于转发功能的限制以及公众平台信息发布数量和频次的限制，也使得官方对于谣言不能进行及时地辟谣，即便辟谣了也只能被关注自己的粉丝所注意到，难以形成一种大面积的传播；更为重要的是，不同于微博，微信人际关系是建立在现实人际交往的基础之上的，人们会倾向于对熟悉的人的信息投以信任和关注，而忽略其真实性的问题；除此之外，相对于微博，不实消息的监督平台以及专门的辟谣平台还未在微信中发展成熟，由于微信转发不同于微博，即使将原始信息删除，其他用户转发的信息副本仍然存在，也导致了谣言能够继续流传。

谣言传播渠道伴随着人类交流方式的演变而变迁，有信息交流的地方就有谣言的身影。当前新媒介所具有的某些特性助力于谣言的传播，看似成为谣言扩散、放大的“罪魁祸首”，而实质上，新媒介不只是助力于谣言的传播，也助力于包括辟谣信息在内的所有信息的传播。

2. 作为集体作品的谣言

卡普费雷说：“谣言是集体作品，由每个人的参与而成。然而，在这个充满活力的过程中，每个人的角色都仔细地做了分配。”[①] 他认为，在谣言的生成和发展传播中，每个人的角色是细致而明确的，大家都“各司其职”，共同完成了这个谣言作品，划分出了“挑唆者”“代言人”“舆论引导者”“普及者”以及“推进机”“机会主义者”“调情者”以及“抵抗谣言者”等不同的角色。在新媒体时代，突发公共事件之后的谣言传播虽然也是集体共同作用的结果，但是其中的角色扮演已经不再是泾渭分明，人们并非各司其职，而是混杂在一起共同推动了谣言的生成、发展和覆灭。自媒体为每个人提供了平台使其成为谣言的制造者、推动者或抵抗者，因此在新媒体时代，谣言传播过程中角色的扮演具有一种模糊性和多重性。

---

① 卡普费雷．谣言：世界最古老的传媒［M］．郑若麟，译．上海：上海人民出版，2008：104.

谣言的制造者大致上可以分为两类，一类是在某种利益的驱使下，刻意制造某种无中生有的信息来达到得到乐趣、赚取注意力或直接盈利的效果；另一类可能是出于某种怀疑、失误或者并没有完全掌握事情的真相而无意间制造出谣言。前者在谣言发展的过程中常常伴有专业的幕后推手或是水军等来推动谣言的发展，是谣言的重点治理对象。

就谣言的发展来说，从媒体到影响力广泛的公众人物再到使用网络的每一个人，都可能成为谣言的推动者。媒体或者影响力广泛的公众人物更常被视为“谣言放大器”，而实质上许多谣言是通过网络被草根个体广泛关注转发，形成一定的影响力之后，才可能被媒体或是影响力大的公众人物所注意并进一步转发。也就是说网络中的每个人都可以是谣言的放大器，个人的力量看似渺小，而众多个人的力量就会形成最为有力的推动。普通网友在面对谣言时往往会无意识地推动其传播。这主要存在于个人的行为之中，在接触到谣言材料之后，个人未能对其真伪加以辨别，出于求证、保留存疑或者猎奇等无意识行为对谣言材料进行了传播和保存，并未加以淘汰或附上个人意见。这种行为并不具有主观上的信谣、传谣意愿，相反，行动者甚至可能持有保留或者相反意见。然而，对于接受他传播的信息的下一位受众来说，之前作出传播行为的行动者对谣言持有赞成或者至少不反对的态度，从而加剧了谣言的进一步扩散。

传媒以及公众人物等因为广泛的影响力而被当作“谣言放大器”，实际上，他们也是最为关键的“谣言灭火器”。一方面，传媒与公众人物的广泛影响力使其在放大谣言的同时，也拥有了传播辟谣信息的强大能力。最关键的在于，谣言在经由传媒以及公众人物的广泛传播赢得各个阶层的注意力之后，该谣言就不再只是限制在原有的草根网友之中传播，而是被“广而告之”了，传向处于社会各个阶层的、不同文化程度和背景的人。谣言信息的薄弱和虚假之处也会被具有相关领域专业背景，或者接近事实真相的人所注意，进而产生对于谣言的抵抗。在传媒或者公众人物对于谣言信息广而告之的情况下，这些熟悉事实真相，或者相关领域的专业成员会成为最初的谣言抵抗者，成为反谣言的急先锋。

在马航MH370失联之后，就有不少谣言是在一定范围内取得了影响，又在媒体等的放大下，影响力进一步扩散，才开始被辟谣的。美国全国广播公司（NBC）新闻部网站指出，可能是马航期间“最有破坏性”的一条谣言主要在社交媒体上传播，称这架客机已经在中国南宁的一座机场安全着陆。这个谣言最初来自一位Twitter用户，该用户发帖称：“一位机长叔叔的内幕消息称，马航370航班，已经在中国安全着陆！希望每个人都安全。”这个谣言在社交媒体上越传越厉害，接下来一些马来西亚本地的媒体也传播了这个谣言，国内包括《成都晚报》在内的众多媒体微博也纷纷转载了这一条消息。正是在这则消息被众多媒体转载引起更为广泛的关注之后，中国南宁机场表示未收到任何备降信息，中国政府和马来西亚航空公司的官员，均证明安全着陆的消息不属实。这样一来，媒体在把谣言快速放大之后，也快速吸引反谣急先锋的注意，因此，谣言在经过一个高潮期之后，直接进入到辟谣的阶段，直至谣言偃旗息鼓。

在新媒体时代，谣言信息的制造者既可以是影响力广泛的媒体和公众人物，也可以是普通的个人。若媒体或公众人物作为谣言的最初制造者，也将会成为直接的放大者，继而传播给广泛的个人。而当谣言的制造者是普通个人时，从谣言的发生到最后辟谣信息的广泛传播过程中，主要的角色扮演有：谣言信息的制造者（普通个人）——最初推动者（一定广泛程度范围内的人）——谣言放大器（媒体、公众人物、官方机构）——谣言接受者和最初的谣言抵抗者（更广泛的人群，包括有相关背景和知识的人、专家）——谣言灭火器（传媒、公众人物、官方机构）——普通大众。

新媒体谣言传播同样也是集体作用的结果，从这样的谣言演变过程中可以看出，其中扮演制造者、推动者或者是抵抗者角色的人们可能是模糊和重合的，在这里，人们不再是各司其职，而只是根据自己的需求和判断任意变换自己所担任的角色。

二、谣言生成和传播的纵向过程

法国社会学家弗朗索瓦丝·勒莫曾在其著作《黑寡妇——谣言的示意及传播》一书中以“幼虫—蛹—成虫”三阶段这种形象的说法描述谣言的纵向传播过程。而国内学者一般以“形成期”“高潮期”“衰退期”三个阶段形容谣言的纵向发展过程，如黄爱萍在2003年的论文《网络谣言的传播特点与传播形态初探》中就明确提出一次完整的谣言传播包括这三个阶段。

谣言的形成期主要是指突发公共事件爆发，各路消息蠢蠢欲动，谣言开始在小范围内传播，并呈逐渐扩大的趋势的时期。在这一时期，这些消息在一定范围内传播，并开始逐渐受到一些媒体或是名人的注意。前面所提到的MH370客机失联事件中，天涯网友所杜撰的“失联航班被菲律宾海事船发现”，以及一位Twitter用户发帖称“一位机长叔叔的内幕消息称，马航370航班，已经在中国安全着陆！希望每个人都安全”，这两则消息在形成期只是在天涯社区以及Twitter社交网络上得到了有限的传播，这些处于形成期的信息，之所以能够受到一些官方媒体或是名人的关注，在后来赢得更为广泛的传播，最主要的原因在于，这些信息大多是关于这一事件的一些最重要、最具有耸动性、也是最能满足人们的信息兴趣点的内容，同时，这些内容大多以所谓的“内幕消息”“外媒消息”的说法，来赢得某些权威性和可信度，使谣言更具有迷惑性，进而能赢得媒体以及名人的青睐，使其进一步扩大影响力范围。

高潮期是指谣言扩大到一定范围，甚至引起社会恐慌和群体性行动的阶段。突发公共事件的谣言发展至高潮期，往往是经由官方媒体或者有影响力的名人通过社交网络来推波助澜的，在短时间内形成广泛的影响力。传统媒体的“社交化”以及社交网络的高频率互动，使得谣言信息传播的速度进一步加快，也使得谣言迅速发展到高潮期。《人民日报》官方微博所发布的关于“越南海军确认飞机坠落”的消息，转发量达到了281 323条，评论量达到了59 914条，在这条微博发布之后的仅仅十分钟之内，评论量就有大约2 200条。在高潮期，突发公共事件的谣言传播以一种各种模式交叉复合的复杂形式呈现。一些谣言在一定范围内产生影响后，会成为一些传统媒体、微信微博账号关注的消息，实现更为广泛的传播，在与此同时可能有越来越多的官方账号关注到这一消息，经过转发、评论等二次传播之后，形成新的一轮又一轮的、近似于漩涡式的传播，从而产生更大的影响。针对上述提到的谣言信息，许多拥有众多粉丝的其他“大V”账号也进行了转发，包括《南方周末》《新京报》微博新鲜事、《成都晚报》《河南商报》《电脑报》、浙江卫视中国蓝等大量官方机构以及孙俪、舒淇、林俊杰等拥有上千万粉丝的名人，对于这一谣言的传播，则又把这一消息传播向了更为广泛的人群和各种圈子。

在衰退期，谣言经过辟谣或随着谣言重要性的减弱，人们对它的关注度逐渐降低，社会情绪逐渐恢复正常。新媒体的时效性使得辟谣的速度也得以不断加快，就上面提到的《人民日报》官方微博所发布的关于“越南海军确认飞机坠落”的消息，在两个小时之后就被路透社辟谣。MH370客机失联期间，由于大量相关谣言的滋生，网络上有“航班失联十来天，每天上午是造谣时间，下午是辟谣时间，晚上是竞猜时间”的说法，来形容马航事件调查期间层出不穷的各种谣言，从这些谣言的形成到辟谣的时间段也可以看出谣言运转的速度之快、周期之短，这些谣言大多是在一个短暂的时间内产生爆炸性的影响力。这种谣言的危害性与杀伤力不在于其能持续的时间，而在于其能在很短的时间内，迅速以各种方式传递到所有的角落，产生爆炸性的影响，但是往往又会在很短的时间内被官方权威辟谣。

1. 谣言的反复性——以末日谣言为例

一些谣言在经过发展期、高潮期和衰落期之后，看似已经销声匿迹。但是总会以各种相似的面貌甚至完全相同的面貌再现，并再次得到广泛的传播。尤其是一些重大的谣言，从来没有真正的消亡过，往往只是一时偃旗息鼓。以末日谣言为例，末日谣言自古就有，并且总会在一些灾难电影、人类不可抗拒的自然灾害以及突发公共事件之后重新风生水起。

末日谣言的传播贯穿人类社会发展的各个阶段。研究表明，“世界末日”的谣言早在3 000多年前就已经存在。本书收集到的可信资料显示，“2012世界末日”产生之前历史上就曾出现过不少于80个不同版本的末日谣言，其他来源不明的更是不计其数。因此可以说，人类成长的历史也是一个个末日谣言破灭的历史。公元前2800年，亚述人首先记述了“世界末日”观念。《圣经》中的《启示录》指出“最后审判日”的存在，此后，人类历史就站在了一个接一个的末日预言的阴影之下。2009年和2012年，导演艾默里奇的灾难影片《2012》先后两度向全球公映并横扫各国票房。该影片最大的看点是运用逼真的特技以最直观的形式表现了世界毁灭时的悲壮惨烈景象。以网络传导为先锋和主战场，一时间“2012世界末日”的谣言大潮铺天盖地滚滚而来。2012虽然已经过去，又有2014年的末日谣言开始，2014年的9月19日和12月21日都在网络上被一些人谣传为世界末日，例如玛雅人预测，2014年12月21日的黑夜来临以后，12月22日的拂晓永远不会到来，而他们猜测世界末日的消灭方式是灾难发作后，剩下的人自相残杀。

卡普费雷说："这样一个谣言遗留下来的寂静是欺骗人的。从表面上来看，地震之余，一切都恢复原位；而深层地块已经移动过，一个新的平衡已经建立起来，一个临时性的平衡。只要地下的压力仍然存在，某一天，谁也无法预料的某一天，新的地震便爆发了。"① 也就是说，谣言总会以一种相近的方式再次出现，尤其是一些重大的谣言在经历了所谓的衰落期之后并不会真正的消亡，在经历一个发展期——高潮期——衰落期之后，会再次重复循环这样的过程，谣言之所以会出现这样卷土重来，与以下几点不无关系：

（1）普遍的焦虑主题

众多卷土重来的谣言往往是会带给人们焦虑感的、为公众普遍关注的主题，它有着深厚的历史根基。人类对于世界末日的想象和谣言行为就贯穿历史的各个阶段，有着深厚的历史和实践基础，之前盛传的"2012末日谣言"绝非空前绝后，并不是孤立存在的。人类对于末日的想象是历史地发展着的，在人类发展的不同阶段有其特殊的表现形式。特定时期的宗教、科学技术发展水平、自然灾害、人们的受教育程度对末日谣言的内容、传播手段和传播广度有着明显的制约作用。

当下，无所不在的社会不安全感随着风险社会来临，风险衍生性、普遍性、关联性、多样性日益明显，现代社会日益脆弱，各种危机可能随时发生。风险也越来越难以预测，而网民或公众也逐渐认识到风险社会的到来。当社会中出现关于某个风险或事件可能发生的谣言时，公众无法做到"置身事外"。当有某个事件谣言时，有人会回溯各种可能的征兆因素，即寻找各种可印证谣言的因素，在自我确信不疑的情况下，还会有意识地进行谣言传播。实际上，随着社会越来越复杂化、关联化和一体化，寻找事件的征兆性因素非常容易，因此，现代社会中人们越来越容易制造具有相当可信度的谣言，而公众也会对谣言深信不疑。

以末日谣言为代表的谣言涉及人类自身安全和生存问题，类似其他的相关问题，例如食品安全、水污染、核污染等与人类生存和安全息息相关的问题，总是带给人们焦虑和不安全感，相关的谣言即便可以暂时衰落，但是人

① 卡普费雷．谣言：世界最古老的传媒［M］．郑若麟，译．上海：上海人民出版，2008：122.

们对待自身安全的焦虑感和不安全感是持续的，类似的谣言也因此总会在某些时候再次出现。

（2）注意力的转瞬即逝

在新媒体时代，人们被各种各样的信息包围，在信息超载的环境中，人们的注意力总是被眼花缭乱的信息所牵引着，从这个车祸到那个矿难，从这个食品安全问题到那个水质问题，人们的注意力像提线木偶一样被信息拉扯着不停地转移，而网络时代人们不断转移的兴趣点和好奇心，也使得人们的注意力总是转瞬即逝。

根据百度指数所做的搜索指数统计，我们可以很明显地通过数据看出人们注意力的不可持续性。如图3–3“‘昆明火车站暴恐案’百度搜索指数变化折线图”以及表3–5所示，以“昆明火车站暴恐案”为检索词，从3月2日到3月11日，可以非常明显地看出，在3月1日暴恐案事件发生之后，人们的搜索指数在3月3日到达最高峰，3月4日就迅速下滑，并且持续下滑。也就是说人们的关注度在3月3日之后就迅速下降，并逐渐下降，3月8日之后的搜索指数进一步降低，这可能与3月8日发生的马航MH370失联事件引起国内广泛关注密切相关，但是可以确定的是，即便没有马航事件的发生，人们对于暴恐案的注意力也只能集中在3天以内，而新的重要事件的发生则加快也加强了人们注意力的转移。

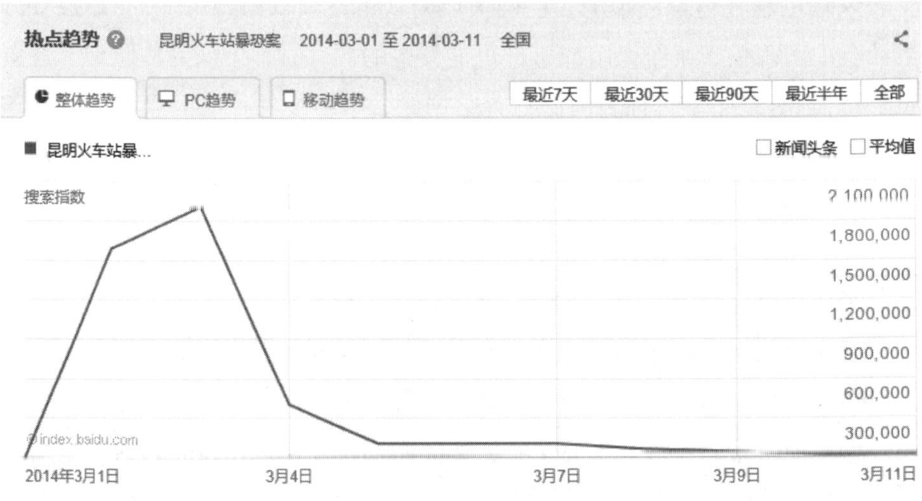

（数据来源：百度指数）

图3–3 “昆明火车站暴恐案”百度搜索指数变化折线图

表3-5　“昆明火车站暴恐案”百度搜索指数

时　间	搜索指数
3月2日	1595877
3月3日	1917326
3月4日	411177
3月5日	311241
3月6日	124452
3月7日	121752
3月8日	79607
3月9日	47419
3月10日	35768
3月11日	26665

（数据来源：百度指数）

而对于马航MH370这样需要长期寻找以及调查才能得到答案的长期发展进程的事件，人们的注意力也难以持久，图3-4显现了从3月8日到4月8日为期一个月的以“MH370”为关键字的搜索指数及其变化，这一事件本身是

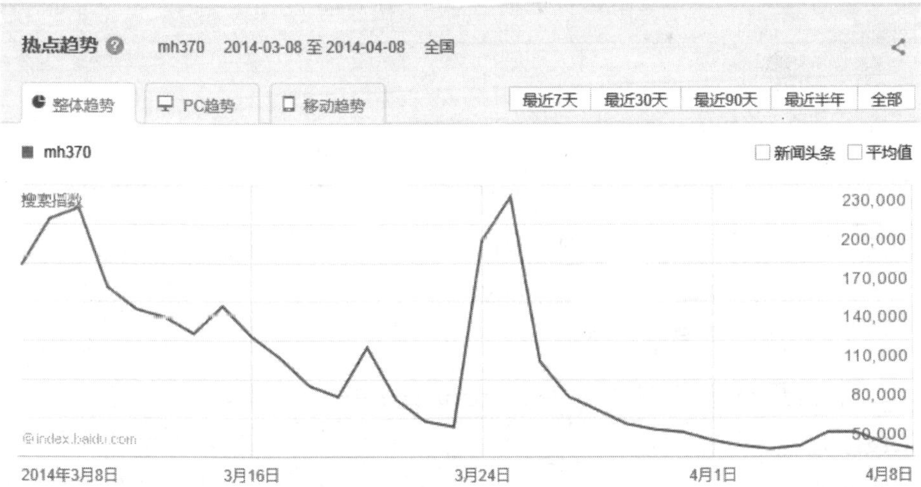

（数据来源：百度指数）

图3-4　“MH370”百度搜索指数折线图

一件持续较长时间的调查性事件，按说应该被人们长期关注，但是很明显的是，在3月8日、3月9日到3月10日关注度上升，并在3月10日达到一个关注高峰之后，人们对该事件的关注就开始呈现整体下降的趋势；3月24日、3月25日搜索指数之所以又有回升，与3月24日马航官方单方面确认MH370坠落南印度洋从而使这一事件再一次引起热议有关。但是3月25日之后，人们的搜索量就以极快的速度下滑，并且持续下滑。

表3-6 "MH370"百度搜索指数

时　间	百度搜索指数
3月8日	169350
3月9日	206399
3月10日	213159
3月11日	153424
3月12日	136534
3月13日	129438
3月24日	188704
3月25日	222289
3月26日	94465
3月27日	66926

（数据来源：百度指数）

可见，在当下信息泛滥的新媒体时代，人们的注意力难以长久保持，即便是损失如此巨大的特大公共灾害性事件也只能保持三天以内的热度，这样的"三分钟热度"在对于一则信息的关注度的变化上表现得更加淋漓尽致。

对于谣言来说也是这样，"大多数谣言首先都有一个娱乐功能，一个维持聊天的功能，一个消除忧愁和空虚的功能……谣言和任何一条当地日常新闻享有同样的兴趣周期。新闻在一连几天头版头条之后，很快就转入内页，淹没在大堆的花边新闻里"①。一则信息，即便是很重大的事件也难以维持人们长期的注意力，作为一种信息的谣言也难逃此命运。大众对于谣言失去兴

① 卡普费雷. 谣言：世界最古老的传媒［M］. 郑若麟，译. 上海：上海人民出版，2008：117.

趣并不意味着他们不再相信谣言，他们不过是不再关心这则谣言而已，而是转而关心其他更吸引他们的新信息。这样短暂的注意力的后果之一就是人们可能还没有注意到辟谣信息，就已经不再关注这个信息了。

这里有一个具体的例子，马航MH370失联事件之后，许多谣言甚嚣尘上，《人民日报》官方微博3月8日13时34分所发布的“越南海军确认飞机坠落”的谣言被转发了272 849次，评论有59 846条，而该官博对于这则谣言的第一次明确辟谣发生在当日19时38分——“马来西亚总理：‘尚不能确定是坠机’”——其转发量只有11 405条，评论量只有306条。对比相对应的谣言消息，这个最早的辟谣信息的转发量不及谣言信息的二十分之一，而评论量则只有前者的一个零头，这与人们注意力的转移不无关系。

许多谣言的辟谣信息往往是在人们还没有注意的情况下就消失了，或者说辟谣信息相对于谣言信息本身就没有什么吸引力。相对于谣言，辟谣信息总是带有一定的说理性和严肃性，同时也没有任何噱头可以吸引人们的注意力，即便看到辟谣信息，也很难真正注意到并且理解以前的那一则谣言到底为什么是虚假的。而这之后，未被真正解释清楚的谣言就像从来没有被否认过一样仍然停留在人们的记忆之中。一旦有类似的事件或者信息再次发生，这种曾经的记忆就会被唤醒，认为这则谣言是有根据的。例如，关于末日谣言的辟谣，包括NASA在内的世界顶尖级的科研机构都详细解释了所谓末日谣言的虚假性，但是对于大多数用情绪和非理性来对待这则谣言的人来说，是无法真正接收并理解这些需要理性和注意力的辟谣内容的；同样的，大坝、水库的建设诱发大型破坏地震，婴幼儿奶粉导致性早熟等谣言，尽管这些已经被相关专家一再澄清二者之间并无关系，但是每当再次发生相关地质灾害或者是发生奶粉质量危机时，这些旧谣一定会卷土重来。

总之，大多数人对于谣言的信奉是在一定的时代环境中，在情绪的促使下做出的反应，而想要瓦解人们出于情绪的信任，用理性的解释方法是很困难的，尤其是在人们的注意力像走马灯一样不断流转的新媒体时代。

（3）相似的时代环境

一个谣言的出现与特定的时代环境是联系在一起的。今天看来是可信的事，昨天可能并不可信，而明天又可能不再可信了。谣言能够大行其道，很大程度上与其所出现时的环境不可分割，一则谣言的兴盛与当下的环境和人们现实的感觉不可分割，特定的时代环境是谣言产生的土壤。而谣言的卷土重来很多时候正是因为出现了类似的环境，带给人们相似的感觉，谣言的反复出现是与时代环境共振的。

“2012末日谣言”进入公众视域之初，即2009年11月份，恰逢甲流（H1N1）流行时期，当时即有不少群众将末日谣言与疫病流行联系起来，认为人类对生态的破坏导致了病毒变异，这将对人类构成巨大威胁，甚至使人类走上绝路。2009年12月，又逢哥本哈根气候大会召开，各大媒体纷纷以末日做文章，联系全球的气候变化，再次将末日情结引入媒体议程。特别有代表性的共振事件，是发生在2010年1月12日和2月27的海地地震和智利地震，在两次地震发生后，均引起了网民对于地壳剧烈活动将致使毁灭性灾难的担忧，更有网民将汶川地震与这两次地震联系起来，得出一个“512 112 227”的矩阵排列，发现不管是横着念还是竖着念，都是该三个数列的重复，便得出“横竖都是死”的结论，引发了不小范围的传播和恐慌。末日谣言的重新出现总是伴随着特定的时代环境，常常是在一些自然灾害等人类不可控的力量带来危害之后，伴随着人们的焦虑和不安再次卷土重来。

有关一条救了32条人命的搜救犬牺牲的信息则几乎出现在近些年的每次地震之后。其实有关搜救犬的报道最早出现在2008年汶川地震中，之后，在2010年玉树地震和2011年温州动车事故以及2013年的雅安芦山地震中也被误传过。雅安芦山地震之后，出现的相关微博与此前流传的版本大体一样，称一条发现35名幸存者的搜救犬，昨天下午“发现一位大爷，它就钻进里面，结果塌陷了，当战士们将其挖出的时候，发现军犬的内脏已砸烂……”消息在微博上传开后，很快有包括“江宁公安在线”等微博辟谣。这则有关搜救犬的微博上流传的谣言与凤凰视频频道在2008年的报道几乎一模一样。谣言的复出是以一种相似的甚至是完全相同的面貌卷土重来的，这与时代环境是共振的，相似的时代环境带给人们类似的认识经验和心理感受，促发了相似谣言的重现。

2. 谣言周期的缩短

最近发生的谣言由于多是依赖网络媒介等新媒介载体。新媒介信息传播速度快、更新时间快、信息发布周期短，因此，大多数谣言呈现一种发展和消退速度都不断加快，也就是整个谣言发展变化周期缩短的态势。不管是从谣言的形成发展为高潮，还是辟谣的出现直至谣言的衰退，每一个环节的发展在新媒介平台上都有不断加快的趋势。也就是说，突发公共事件的兴起和衰退都是倾向于呈现突变的态势，谣言可以在很短的时间内产生爆炸性的影响力，迅速而广泛地传播开来，同时也会在短时间内被官方权威信息进行迅速辟谣。我们将几则影响力较大的谣言的发生时间与辟谣信息发布的时间进行了统计，总结为表3–7。由表3–7可以看出，在最近的突发公共事件中，产生的大量谣言常常在两三个小时之内就会得到有关权威部门的回应与辟谣，从谣言产生到官方辟谣信息的发布，相隔的时间越来越短，一则谣言维持的周期也在不断缩短。

表3–7　谣言信息发生与辟谣信息发布时间节点统计表

谣言信息	发生时间	官方辟谣信息发布时间
越通社：飞机失联17小时后被发现（马航MH370失联事件）	3月8日19：32	3月8日晚越通社记者证实该消息为杜撰
《人民日报》：越南海军确认飞机坠落（马航MH370失联事件）	3月8日13：34	3月8日15：22路透社辟谣，越南海军上将否认该信息
朋友圈“为灾区祈福”链接恶意收集用户信息进行诈骗	8月6日下午	8月6日19：33公安部“打四黑除四害”进行辟谣；随后腾讯进行辟谣

更多时候，很多谣言在发生之时就可以迅速进入高潮期，这主要是因为谣言所谈论的话题本身就已经进入热烈讨论的高潮期，取得了很高的关注度。尤其是很多本身已经受到高度关注的话题，又通过有影响力的媒体或是意见领袖直接发布，通过新媒体平台，很快就可以得到广泛传播。8月4日19时03分，中央人民广播电台的官方微博“中国之声”首发了“云南鲁甸震中龙头山镇食品匮乏，救援人员用浑水煮面”的相关微博，并配图，是一群战士拿着泡面等锅中浑水煮开的情景。之后，《人民日报》、央视新闻、《中国日报》、人民网、《成都商报》等多家媒体官网纷纷报道这一事件，并引起了重大反响，引发了上万条评论和转发，并一度成为新浪微博的热门话题，进而引起人们对于救援部队的后勤保障问题的关注和讨论。

就在这一话题已经发展到高潮的时候，环球网官方微博在8月5日22时27

分发声“辟谣”说“救灾部队浑水泡面不属实，勿轻信谣言伤害前方士气”称“《环球时报》记者5日就此向前方部队求证得知这是一则假新闻。一名前方救灾部队的负责人表示，前方救灾部队携带有净水设备，不会胡乱饮用不卫生的水”。这一微博也引发上万条转发，之后，微博认证为战略与军事专栏作者、中国新闻奖得主“@孙礼纪事”发布长微博“比污水更脏的是宣传造假——谈救灾部队浑水煮面”一文，并在文中指出了浑水煮面新闻图片中的众多破绽。

从8月6日开始，凌晨1时39分，也就是在辟谣信息产生之后的三个小时之后，经过认证的中央人民广播电台中国之声记者、主持人“@王小米粒儿”就进行了辟谣。而首先发布这则消息的中央广播电台，则在早晨8点42分在其官微“@中国之声”上发布消息再次辟谣，称浑水泡面属实，是记者李腾飞亲眼所见，并于9点34分、9点40分再发辟谣微博，并且附上相关视频。几乎与此同时，环球网要闻部副主任郝珺石于9时25分发表长微博道歉，承认这则消息的真实性。并于9点48分、10点05分再次道歉。至此，此次事件告一段落。由于此次事件的特殊性，如果说环球网的“辟谣”本身是谣言，那么这则谣言一开始就处于人们关注点的中心，处于高潮期。至于从央广的再辟谣到最后谣言制造者的道歉，这一过程基本上是处于同一时期的，在“中国之声”发布辟谣消息不到一个小时内，环球网就进行了道歉。

在新媒体时期，谣言从生成、发展到高潮，再到辟谣直至衰退，所需要的时间不断缩短。一则消息可以在极短的时间内就发展到高潮，同时也可以在很短的时间内通过合理、权威的辟谣而衰退。然而，谣言传播周期的缩短并不意味着谣言杀伤力的减弱，相反，这意味着一则谣言可以在极短的时间内得到迅速、广泛的传播并产生巨大的影响力。同时，谣言的快速生成和衰退，也意味着信息传播的随意性在不断增加，同时谣言的数量随着信息传播随意性的加大而不断增加。

3. 谣言发展中新旧媒体的相互作用

在谣言的纵向发展过程中，虽然新媒体在时效性和传播的广泛性以及互动性上占据了很大的优势，但是传统媒体的权威性和长期以来形成的公信力和影响力，也使其在谣言的生成和传播以及辟谣阶段能产生重要作用。通常，一则谣言真正产生广泛的影响力不只是新媒体的作用，更有传统媒体的“推波助澜”。就MH370事件来说，众多谣言不只是在网络上传播，也有一些有时效压力的传统媒体在传统媒体本身而不只是在其官方账号上传播虚假的信息。

以“新闻直播间”为例，新闻直播间作为中央电视台新闻频道的重要新闻直播栏目，在马航事故期间几乎每小时都会进行相关信息的更新，这种对于时效性的追求也使得其信息中难免混有不实的虚假信息。例如，新闻直播间2014年3月8日早晨援引法新社消息称“飞机上有160名中国人”；3月15日中午12时50分发布有关“马来官员确认失联客机遭劫持”的消息，称援引美联社消息，确认飞机遭到劫持，劫持者可能是飞行员或是有飞行经验的人；3月12日凌晨1点整援引路透社根据马来西亚军方发言人所说的话，称雷达曾追踪客机飞往马六甲海峡方向。这些消息，在后来的报道中都被官方权威消息辟谣，说明这些是虚假消息。传统媒体在微博、微信平台的官方账号中发布的谣言信息则更是不胜枚举。

在突发公共事件谣言的传播过程中，传统媒体之所以会起到“推波助澜”作用的最重要原因在于，新媒体平台上信息的瞬时更新对传统媒体的报道速度形成了极大的压力。同时，特大的突发公共事件由于其突发性和复杂性，造成一定时间内的信息真空，这段时间也是人们缺乏安全感，同时危机感十分明显的时期，因而对于信息会产生大量需求，因此许多传统媒体也会由于信息压力，出现传谣或者传递不准确信息的现象。MH370事件发生后，除了在不少媒体的官方网站、微博上出现谣言信息，甚至传统媒体渠道上也出现了差错。而拥有较好公信力的传统媒体的信息，与新媒体上的相关信息相互作用、推动，更增加了人们对于谣言的信任度，大大提高了谣言传播的速度和传播的范围。急于抢折新闻的传统媒体在没有真实信息源的情况下，盲目与自媒体“抢时间”，这种传统媒体与新媒体互相作用、共同推动谣言发展的模式使谣言传播形成一种漩涡型复式传播的倾向，也就是融口头传播、网络传播与传统媒体传播于一体的传播模式，这种媒介的交叉组合能为谣言的传播积累更大的能量，谣言的破坏性也相应变大。

传统媒体的影响力和公信力不光使其对谣言的传播起推动作用，与此相对，其对于辟谣和谣言的消退也有重要的作用。网络上大量虚假信息的蔓延，使得网络作为一种媒介渠道的辟谣能力不断下降，而传统媒体凭借其权威性和专业性在辟谣上仍然具有一定的可信度优势。仍以“新闻直播间”为例，虽然在此期间，它传播了一些未经证实的虚假谣言，但是也的确运用其时效性与权威性兼备的优势，进行了大量的信息辟谣工作。例如，对于中国乘客人数的辟谣，对于客机遭劫持的辟谣，对于客机在越南坠落的辟谣以及关于四名乘客持假护照登机、5名乘客未登机等不实信息的辟谣等。

在辟谣过程中，传统媒体与其官方媒体的新媒体平台相互作用和印证，一方面新媒体保证了辟谣的时效性和及时性，扩大了传播的广泛性；另一方面传统媒体增强了辟谣信息的可信度和影响力。这二者互相作用和照应，使得谣言走向衰退的时间缩短，并减少了谣言复发的可能性。

三、突发公共事件中谣言传播的模式

有关谣言的传播模式，以往的研究主要将其归纳为四种模式，即链状模式、树状模式、放射状模式和复合模式。链状模式是从A到B、从B到C的一人传一人的链条式传播模式；树状模式是指从一人到几人，再从这几人到一定数量的人的传播模式，即从A到B、C、D，再从B、C、D分别往下传；放射状模式是指从一个信源向无数受众传播；复合模式则是指以上几种模式的复合交叉传播，在谣言传播中表现为人际传播与大众传播的交叉、口头传播与其他媒介如网络传播的交叉等。

新媒体环境中突发公共事件的谣言更多的是以一种树状模式和放射状模式的复合、交叉的复杂模式传播，这种传播模式常常还伴有人际传播等各种复杂的传播形态。除此之外，随着社交媒体的发展，众多的新媒体谣言传播不只表现出一种大众传播的特征，由于社交媒体建立在特定的人际关系的连接基础之上，所以这种社交网络的传播也有人际传播的特征。

除此之外，目前大量突发公共事件的谣言传播不再只局限于某一个地区或者国家。基于事态的重大性和国际性，谣言可以在全球范围内广泛传播。各个地区的各种谣言相互传播和叠加，使得谣言的数量大量增加，MH370事件的大量谣言就是通过外媒传到国内的。

1. 树状模式

树状模式是由一个人到几个人，再从几个人到一定数量的人的传播模式。就传播过程来说，这在突发公共事件的谣言传播中，突出地表现为两种类型，如图3-5所示，一种是一些外媒或自媒体的谣言信息在一定数量的关注这些信息源的小圈子中传播之后，被具有影响力的媒体或是意见领袖等转发并传播，进而传向更为广泛的受众；另一种是国内的媒体或是意见领袖直接转引了外媒或自媒体的信息，从而使该则谣言信息广泛传播。这种谣言的传播与国内媒体以及有影响力的意见领袖等人没有做好严格的信息把关、安信信源信息密切相关。

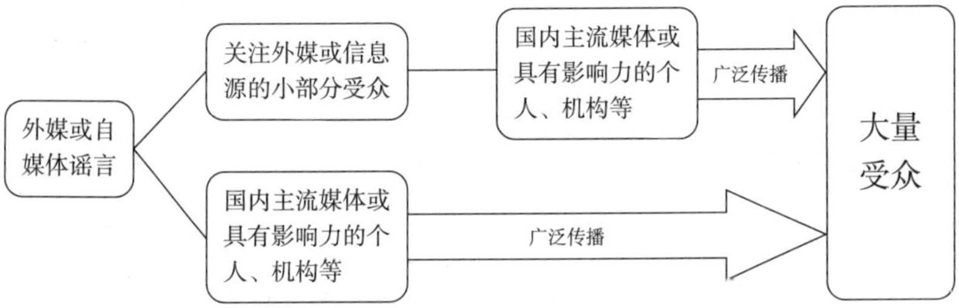

图3-5　树状模式图

从谣言信息的来源来说，树状传播又可以分为两种。第一种是国内媒体或者有影响力的人，援引了国外媒体的不实言论，再经过国内媒体的发布，形成谣言的广泛传播。

在MH370客机失踪当天，也就是3月8日早上9时20分，中央电视台新闻频道“新闻直播间”栏目就援引法新社的消息称“飞机上有160名中国人”，后经证实，这一数字是错误的。在8月3日的11时30分，新闻直播间播报来源于越南媒体的消息，说越南搜救人员发现失联客机信号。同时在11时37分的时候，新闻直播间进行了约1分51秒的现场电话连线驻越南记者，称越南南部发现失联客机信号，据越南媒体的报道，信号“在越南南部金瓯省西南120海里处”。除此之外，在11时25分，新华社转引“越南媒体报道”称“越南搜救人员当天在越南南部金瓯省西南120海里处发现马来西亚航空公司吉隆坡至北京航班失联客机信号”。不久，这条消息被央视否认，辟谣指出，媒体所称“发现地点”为失联前最后位置。后经证实这些消息都是不实信息。

国外媒体的报道，对于国内大多数普通公民来说是很难产生影响和效果的，也很难产生真正有影响力的谣言，但是这些报道在经过国内媒体的转引和传播之后，则会产生广泛的影响。

树状传播的第二种类型为，一些网友在论坛或者是社交网络上杜撰编造的谣言，在一定范围内引起反响之后，又通过一些有影响力的媒体或者是名人等的传播，向更多人、更大范围内进行辐射。也就是说，未经核实的社交网站消息频频成为传统媒体的信源，使得谣言的生命力进一步加强。

美国全国广播公司（NBC）新闻部网站指出，可能是“最有破坏性”的一条谣言广泛在社交媒体上传播，称MH370已经在中国南宁的一座机场安全着陆。这个谣言最初是来自一位Twitter用户的发帖，该贴称“一位机长叔叔的内幕消息称，马航370航班，已经在中国安全着陆！希望每个人都安全”。这个谣言越传越厉害，一些马来西亚本地的媒体还传播了这个谣言，国内的众多媒体微博也纷纷转载了这一条消息。14时28分，《成都晚报》媒体微博连用数个感叹号夺人眼球：“‘降落！！！！！’马航总经理现场讲话，航班已证实在越南南宁（音）地区降落。”但随后，中国南宁机场表示未收到任何备降信息。该媒体微博不仅把中国南宁（Nanning）与越南的Nanming混淆，而且完全不符实情。随后，中国政府和马来西亚航空公司的官员，均证明安全着陆的消息不属实。

2. 放射状模式

一些有影响力和公信力的媒体或者是相关内部人员、名人明星等发布的消息，可以直接呈现放射状辐射到大量受众。

《人民日报》的官方微博曾在3月8日13时34分发出“越南海军确认飞机坠落”的消息，微博内容称：“《人民日报》记者杨晔消息，越南海军第五军区政治处主任窦凯还大校称，飞机坠落在坚将省土珠岛153海里处，是越南马来领海交界处。越南救援队已出发。祈祷！！！”这则消息，有《人民日报》的名头、有记者名字，还有具名的消息来源，似乎可信度很高，然而两个小时之后就被路透社辟谣。根据统计，从这条微博发布之后的短短十分钟内，评论就有大约2 200条，也就是说，这种传统官方媒体的重要信息一经发布，就会在极短的时间内，以井喷式的速度迅速广泛地扩散放射。

一些从信源处开始就是虚假信息的谣言，更是直接呈放射状向世界各地扩散开来。3月9日，马来西亚交通部长在新闻发布会上确定，4人持假护照登机。这个消息是直接向世界媒体发布的，在《人民日报》的官方微博上，这则消息达到了42 068次的转发量。

在这次国际性的突发公共事件中，出现了大量所谓援引国外媒体传播的谣言。众多谣言宣称援引国外官方新闻机构或是通讯社的报道，使得信息的可信性进一步增加。而事实上，所谓的援引外媒报道的信息，大多没有原文的真正链接出处。CNN这样公信力、影响力较强的国际化媒体，在此次的报道过程中常被诬陷传播失实信息。

3月8日12时，网传CNN报道称马航MH370航班失联飞机已经确定在越南境内胡志明市以北的100公里内山区坠毁。《羊城晚报》等多家媒体微博发布消息，而CNN官网上并未发现有相同报道，谣言不攻自破。3月13日，网络疯传一篇据称来自CNN吉隆坡特派记者ONEJOYO的一则报道：失联客机系8日凌晨被马来西亚军方击落。对此信息，多天来一直在吉隆坡采访的CNN资深主持人Jim Clancy回应称："我们没有报道这样的消息，这里也没有名叫ONEJOYO的本台记者。"除此之外，有传闻称："越南通讯社3月8日19时32分快讯：马来西亚航空公司飞往北京的MH370航班在失联17个小时后……被正在执行搜救任务的菲律宾海事船发现……人员伤亡程度远远低于此前的预期。"而对此，越通社进行辟谣。越通社记者黎勇称，越通社未刊发此篇报道，越通社网站也没有相关报道。

3. 裂变传播的圈层模式

逐渐开放和发展成熟的自媒体平台使得信息传播的方式和速度以及可能产生的影响又有了一种革命性的改变。以微博、微信为代表的网络自媒体是一个基于用户关系的信息分享、传播以及获取平台。在微博或者微信上，一些信息可以以超乎以往任何一种媒介的传播速度向一个一个层级间呈几何指数扩散开来，这主要在于它具有"核裂变"式的传播能量。微博或微信的传播是多中心的一对多式，只要接受某个内容的用户认为这条内容有转发价值和分享意义，就会一键转发，形成面向其粉丝的"次级传播"。如此这般，一条被认为有分享价值的信息便在层层转发中产生"核裂变"式的传播效应。

这种影响广泛的裂变式的传播是基于人际网络的信任链之上的，在这种交叉复合的复杂传播中，人际圈层始终作为其中最为核心的力量在发挥作用。人际之间的“关注”与“被关注”是实现这种裂变传播的前提，也是其中最重要的推动力量，很多信息都是在粉丝与关注者的互动转发中才形成新的一轮又一轮、一圈又一圈的类似漩涡式的传播，产生广泛的影响。

在微博、微信朋友圈等谣言容易滋生的社交网络中，每个人都有自己的好友圈层。近段时间以来，不少谣言有从微博转移向微信的趋势，这与媒体特性有关。微博经过多年的发展日渐成熟，有了逐渐成熟的辟谣机制。一方面，微博“一对多”的传播方式有利于谣言相关人士发布辟谣信息，实现谣言的自我净化；另一方面，微博辟谣平台、政务微博以及各类官博的开展为监管谣言提供了便利，更使得权威意见能够更好地传播，辟除谣言能够“防微杜渐”“防患于未然”。而对于日益发展的微信朋友圈来说，其相对于微博平台是一个比较封闭的圈层，其中的每个人处于自己交际圈中的一环，发布的每一个消息，都可以在这个圈中得到传播，并且只能看到这个圈子中的内容。而由于朋友圈层的交叉重叠等，朋友圈中的信息传播在表现为在某一圈层中传播的同时，也出现了各种交叉传播的复杂方式。

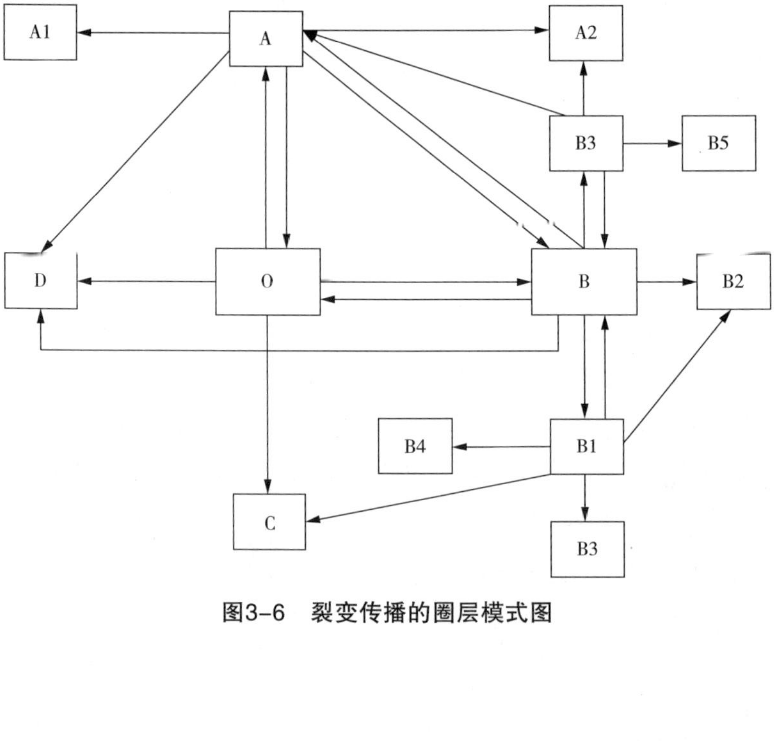

图3-6 裂变传播的圈层模式图

如图3-6所示，图3-6简略呈现了一则信息在微信朋友圈中传播的基本态势。假如信息源O有一则具有一定重要性并且符合逻辑、看似有价值的信息，他在朋友圈中的分享，使得他的朋友A、B、C、D都可以接受到相关信息。其中A、B信以为真，并认为有价值，所以进行了二次传播，在转发的同时，一方面O会再次接受这个信息，同时A、B会把这则消息传播给自己朋友圈中的其他人——A1、A2、B1、B2、B3等，同时由于朋友圈中朋友关系的重叠和交叉，这样的消息可能再次传播到C、D那里。A、B朋友圈中的一些人可能会接受并传播该消息，这则消息也同样扩散到他们自己的朋友圈中，并且可能再次作用于已经得到这则消息的人。对于那些已经相信该信息的人来说，重复地在自己的朋友中接受同样的消息，会坚定其对信息可信度和可靠性的肯定；而对于之前对该则信息存有质疑或是忽视该消息的人来说，当其不断接受同样的信息时，可能会使其再度注意并审视这则消息，并很有可能迫于压力对这则信息产生认同。总之，在微信朋友圈中，互动者可以形成一个个圈层，信息也会在圈层中进行传播。谣言能够由最初的圈层蔓延到其他圈层之中，只要不同圈层中有一个联结者关注即可。同时，这种由中间圈层向外扩散的信息传播力度不一定是逐渐减弱的，而有可能是平行甚至是增加的。

4. 社交媒体中的“人际传播”模式

由上面的分析可知，突发公共事件的谣言大多是在以社交媒体为代表的新媒体上得到广泛流传的。社交媒体一方面具有新媒体传播速度快、门槛低、范围广、互动频繁等特点，同时具有传统“人际传播”的一些特征。在社交网络中，成员与成员之间通过现实的人际交往连接，经过人际关系网络传播，保证了传播的有效性。社交媒体是人们现实中社会网络在新媒体上的一个延伸。人们在社交媒体上的朋友大多是人们现实交往的，有共同利益、志趣和特征的人群，或者是自己相信或者喜欢的人。在互联网环境中，人们更有条件去寻找自己的同伴，过滤掉那些不在乎或不喜欢的信息。

前面已经分析过，随着微信朋友圈这一网络平台的兴起和流行，微信朋友圈成为突发公共事件发生之后谣言滋生的场所。尤其在2014年8月3日发生鲁甸地震之后，不少有影响力、传播范围广泛的谣言就是在微信中滋生发展的。地震后，在朋友圈中兴起“微信‘实名’祈福”——“我叫 × ×，我是第 × × 位为灾区祈福的人”。之后，有大量传言称转发该链接后会被搜集个人信息，导致个人信息泄露，后来该传言被公安部治安管理局官方微博“@公安部打四黑除四害”辟谣，称该链接恶意收集用户信息进行诈骗的消息不实。谣言在以微博、微信等社交网络上的传播比在一般网络上更有生命力和影响力，其主要原因在于：

首先，在人际关系基础上可信度会增加。上文在分析谣言传播的社会心理时，提到一种重要的“社会流瀑”现象。桑斯坦说：“如果我们认识的大多数人都相信一则谣言，我们也就很容易会相信那则谣言。”也就是说，个人容易受到外界人群行为的影响，尤其是受到自己认识的、自己社会网络中的人们的意见的影响。传统的网络社区中，成员多以共同的话题聚集，互不相识互相独立，对谣言可以自由地表态，哪怕与论坛的主流观点大相径庭也不用担心负担人情和关系的压力。而在社交网络当中，关系网络是固定的，好友的观点会无形中影响到自己的判断。对于相熟的人传播的内容我们总是抱有特别的情感。在心理学中，有一种心理现象被称为“自己人心理”，尤其是和自己相熟的亲戚、朋友，因为我们把他们当成“自己人”，信任他们，比较确信他们不会对自己说假话，所以也就对这些人传播的信息投以更多的关注，施以更多的信任。

其次，传统媒体“社交化”之后成为谣言放大器。传统媒体经过长期的发展已经在内容制造方面、公信力方面形成一定的优势，而在面对突发公共事件时，由于对时效性的追求，面对信息真空下人们好奇心和求知欲的压力，不少传统媒体社交账号的内容发布把关一再降低，而这些传统媒体由于长期以来形成的公信力和影响力使得其社交账号也有众多的关注度和影响力。因此，社交化的传统媒体上流传的谣言杀伤力进一步增大，成为谣言放大器。

再次，高频率互动媒介成为谣言加速器。社交媒介的发展使越来越多的网民卷入新的传播体系，谣言也因此依附于新传播体系，不断扩大影响范围。社交类应用的用户规模扩大，意味着参与谣言传播的中介数量更多，影响范围更广。在参与、互动频率大增的媒介环境中，任何一条谣言的影响范围都是无法估量的。越来越多的用户愿意在独立页面上与好友分享消息，与同事谈论话题。但有关谣言的讨论有时候非但不能使真相显露，反而会令混乱加重，惶恐加剧。

除此之外，社交媒体的信息传播由于联系着现实中的人际关系，所以线上的谣言传播也可能成为人们线下谈话与行动的一部分。也就是说谣言在实际生活中的有效传播有赖于现实中的人际关系，这些消息在现实生活中也可以依赖于人际传播而得以进一步的传播。

四、谣言传播过程中的传播失真与变形机制

20世纪40年代，奥尔波特提出了“削平”（leveling）“锐化”（sharpening）以及“同化”（assimilation）的信息传播失真机制。20世纪50年代，里维尔项目中关于咖啡广告语在人际传播中的失真研究再次印证了这三种经典的信息传播失真模式。但是，这种信息失真机制并没有对到底是信息本身在传播过程中失真还是解释所产生的变形现象进行明确的区分，而实质上这些机制可能在信息本身的失真与解释的变形这两种不同的状况中分别起着不同的作用。在实际的谣言生成过程中，存在至少两种可能性：一是信息本身在传播过程中失真；二是对于信息形成了歪曲的、不正确的解释，造成了谣言的生成。

1. 信息传播的失真

信息本身在传播过程中的失真，更多地发生在人际传播之间，在正常情况下信息传递的级数越多，与最初原始信息的差别就越大。信息失真至少存在着两种情况：一种是原始信息是真实的，但是在传播过程中因为各种因素的影响逐渐变成为含有虚假成分的谣言；二是信息的虚假程度有所变化，或者是虚假的成分有所变化。一个事件往往有多个信息要素，比如人物要素A，时间要素B，地点要素C，本来可能A错误，B、C正确，但是在传播扩散过程中也有可能转变为B错误，A、C正确等。

奥尔波特等提出的“削平”（leveling）“锐化”（sharpening）以及“同化”（assimilation）信息失真机制都是影响信息本身在传播过程中失真的重要因素。“削平”指在信息传播过程中，人们会把接收到的信息中的某些似乎不合理或看似不重要的细节省略，使得信息更加集中和简明。这种“削

平”中省略的细节使得信息表达的意思更加明确也更加单一，甚至会省略一些具有重要意义的细节信息，从而使得信息表达有所偏颇。有的甚至因为一些细节的省略，会导致信息发生变化。在谣言传播过程中，这种信息的削平使得信息的准确性进一步降低。

新闻直播间栏目在3月8日14时播报失联MH370客机的相关消息称，“飞机在富国岛以南大约245公里处海域坠毁”的消息虽然在播报最后有说明，该消息暂时未被越方、马方官方证实，但是这个未被官方证实的具体细节可能在传播中被人们直接忽视。3月15日9时援引CNN称，情报显示：客机可能坠入孟加拉湾或印度洋，并且也强调这则消息并没有得到官方的印证。但是措辞中的关键词“可能”“或”以及没有得到印证的细节在传播过程中，可能会因为信息的“削平”而使这些本不确定、未得到证实的消息被理所当然地当成已确定的真实消息。不可忽视的是，在突发公共事件之后，常常有大量信息都是不确定的、充满变化和疑惑的，新闻措辞中常常会伴随着“有可能”“或许”以及消息后所补充的“未被证实”等大量细节的、看起来不重要的描述，而一旦被人们的用语习惯省略，最后被“削平”的消息就可能成为谣言。人际传播中的无意识口误和习惯用语等使得信息的“削平”表现得更为明显。

同时，“磨尖”也是影响信息本身传播失真的不可忽视的要素，“磨尖”或者“锐化”就是强化突出的意思，也就是人们会在传播时突显某些符合自己口味和想法的内容。谣言形成中常常出现的“断章取义”很大程度上就是因为人们在传播或接受信息时，只是突出了符合自己口味和想法的内容。

许多流传的谣言都是断章取义的结果。2014年2月一则消息在网络上被广泛传播，并为大众嬉笑怒骂。消息称，我国军事专家张召忠称雾霾是对美国激光武器的最好防御。这一番言论随着当时雾霾天的持续加重，被网友再度翻出热炒，微博已有上万次的转发和评论，网友各种吐槽并炮轰。而这番雾霾言论，最终被证实是对张召忠谈话的断章取义的结果。在张召忠接受央视《海峡两岸》采访时，主持人提出“激光武器是否有劣势或短板”，张召忠回答说：“激光武器有劣势，雾霾就是对付激光武器很好的一个防御，激光武器最怕的就是雾霾，雾霾是什么东西，我看了一下雾霾的构成，里面有微小的金属颗粒，这个金属颗粒，你把它放大以后就是一个一个小钢球在空气里头弥漫着，那激光能穿透它吗？”张召忠只是在客观回答主持人的问题，讲解激光武器存在的劣势，他举这样的例子时也并不是生活在雾霾天气里，而是提前录制的备期，同时这个例子是张召忠认为最浅显易懂也最科学的例子。而人们在解读中或出于自己所倾向的戏谑口味，或出于中国民众在近些年对于“专家”这一角色的强烈质疑与不信任，只是突出了符合自己口味和想法的内容而对信息进行了选择性的强化突出，形成了偏颇的谣言。

还有一个典型的案例，在台湾专家称大陆人买不起茶叶蛋之后，“大陆人买不起电脑，更爱手机上网”的专家言论，在网络广泛流传并且引起热议，后经台媒澄清实则系断章取义。实际情况是，主持人询问了“为什么大陆会比较习惯用手机上网，跟台湾不太一样？”郑纬筌回答说：“这个牵涉到大陆的用户他们的结构。比方说台湾这边因为上网一直很成熟，普及率一直都是九十几。但是大陆这边因为他们的贫富差距，有一些蓝领阶级他以前可能买不起电脑，所以他就用手机，当然以前没有智慧型手机就用一般的手机。所以他们很习惯用一个小手机然后再看电子书，看一些小说等等。那现在进入到这个智慧型手机的时代，他们可以一样就切换过去，所以他们在手机上的商机会更大，他们使用的也更普遍。”针对这个回答如果认真看待前因后果以及专家具体完整的解释的话是不无道理的，但是由网友断章取义后的话语结果看起来则是完全的无稽之谈。

“同化”这一变异机制常常是与“削平”“锐化”连在一起的。“同化”是指人们根据个人经验对信息进行二次加工，信息在传递时会随着传话者的兴趣、态度、文化和形象的期望而出现歪曲。例如，传话者往往会添加一些符合自己习惯的字词，这被称为“语言化同化”；或是将口语用熟悉的语句代替或合并，这被称作“概念化同化”。传话者可能出于自身的用词习惯，用熟悉的语句等来代替原来的语句信息，这一同化过程造成的结果可能就是信息内容的“削平”和“锐化”，也就是一些内容的省略或者其他内容的强调。同时，“削平”“锐化”和“同化”都依赖于人们接受信息的个人习惯和以往的经验认知，人们都是根据自己的个人习惯、兴趣和以往的认知经验来对信息进行加工的。

2. 信息解释的变形

对于最为普遍的信息来说，不管是新闻信息还是谣言信息，其扩散和传播的过程都不只是信息本身的简单重复，更是一种评论和解释的过程。正如对于新闻事实来说，最为重要的并不是事实本身，而是对于事实的意见和诠释，对于谣言来说亦是如此。谣言的传播和扩散过程，也不只是信息本身的失真和演变，更多的是人们在信息的基础上给予了自己所认同的解释，这种解释在主观认识的作用下，可能因为有所偏颇而形成新的谣言。

相对于人际传播过程中信息本身的失真，在新媒体渠道上，信息的传播方式更多的是转发或直接粘贴，所以信息本身的失真是较为罕见的，在新媒体平台上，不少谣言都是由于曲解造成的。

突发公共事件之后常常甚嚣尘上的阴谋论就是典型的对于不明信息的一种主观的解释。人们会根据信息的蛛丝马迹和以往的认知经验，对信息做出自己的解释。在马航MH370客机失联事件中，大量阴谋论的谣言涌现出来。由于最初搜救区域毗邻南海争议海域，阴谋论多指向美国，认为美国是借此“探明中国在南海的军事实力”。而搜索区域扩大到马六甲海峡后，印度又成了阴谋论的主角，认为美印合谋把飞机藏在安达曼群岛的某个军事基地以此要挟中国的阴谋论又成了主流。这些大行其道的阴谋论所指向的美国、印度，恰恰是符合不少中国人长期以来的认知所产生的逻辑推理，在不少中国人潜意识的心理认知和生活经验中，把美国认为是霸道而强劲的敌人和对手，而印度近些年来与中国的争端和冲突也接连不断。

8·12天津港爆炸之后也出现了不少阴谋论言论，同马航之后的阴谋论相似，这些阴谋论谣言也都指向符合人们心理认知的对象。我们对阴谋论谣言部分案例进行了统计：

表3–8　阴谋论谣言部分案例统计

阴谋论谣言	真实情况
“爆炸企业负责人是副市长之子”	天津公安14日下午发布消息，称此文为谣言。副市长只升华的好友和其老家村民也对记者称，只升华只有一个女儿，没有儿子。天津市委宣传部副部长龚建生15日进一步辟谣说：“只升华只有一个女儿，只峰与其无任何关系。”
瑞海国际与中化集团多有交集	中化集团发表声明称：“称瑞海国际与中化集团及所属企业无任何关系。经查，瑞海国际确有员工过去曾经在中化集团所属企业工作过，但均早已与中化集团所属企业解除劳动关系。”

续表

阴谋论谣言	真实情况
近日一则题为《网曝天津爆炸公司总裁背景果然这么深厚》的文章在网上疯传。	天津网警经过调查核实，此信息系肆意编造的谣言，天津网警正在就此做进一步调查，查处情况，将随时发布。
网络流传一则题为“CNN记者现场直播，强制被删”的视频，称有外籍记者在天津爆炸现场采访时遭遇官员阻拦并强删视频。	CNN在“推特”上就此传言进行澄清，表示直播中断是由于在爆炸中受伤、死亡的受害者的朋友与亲属所致。并非外界臆断的“遭遇行政人员阻拦”。

人们对于信息的解释是符合自身的认知和心理结构的，当然，并非所有的歪曲解释都能够形成影响广泛的谣言，当这种解释形成某种一致的意见，进而成为一种公众舆论时，就能更进一步地对人们的社会生活以及事件的处理等产生影响。信息的歪曲解释之所以能够赢得广泛的认同和传播，也表明其在一定程度上符合人们的普遍心理认知，并且抓住了人们的兴趣。无论是马航事件还是天津港爆炸阴谋论，所指向的对象除了符合人们的心理认知之外，同时也符合人们的兴趣。阴谋论只推测不证明，强调动机，它的逻辑是“谁获益，谁操纵”。根据获益方反推某人或者某组织当年是幕后黑手，所有一切都是因为那些人处心积虑。这种简单直接的、偏重于动机的阴谋论，很容易激起人们情感的共鸣，激发人们的兴趣。出于对于幕后黑手的痛恨，再加上民众的“悲愤”情绪，很容易就能引发共鸣，也让愤怒有了出口，使得人们更愿意传播阴谋论。除此之外，随着社交媒体的发展，阴谋论者可以找到越来越多的共同的“兴趣爱好者”，在与他们的讨论中得到大量“佐证”，进一步巩固受到误导的观念，强化阴谋论者的信念。

当下新兴的新媒体传播平台对于信息解释下的谣言生产起到了一种加强作用，其有助于加强信息解释的可能性和解释的多元化。新媒体对于信息解释下谣言的生成和加强功能主要体现在两个方面：

一方面在于新媒体的自媒体平台为每个人提供了信息转发与诠释的平台，很多人不再只是进行简单的转发，他们会在转发的同时，根据个人的经验和认知，附上评论和解释，这也使得信息的诠释倾向于多元化并且难以控制。即便是原本真实的信息，在经过过多的添油加醋之后，也可能面目全非。而当一个人的解释出现了歪曲，很可能影响到关注他的信息受众对于真实信息的接受。另一方面是大众的无意识支持。这主要是指对于在网络上接受信息的普通大众来说，除了有明确否定或抵抗态度的人，即便是未加评论的信息，也会被默认为是对信息的支持性和肯定性解释。当我们在朋友圈或微博当中看到朋友转发的未加任何评论的“侵华日军改造小龙虾基因”或是“喝绿豆汤养生治病”这样的信息内容时，我们会理所当然地认为，这就是传播者所要传递的消息，所肯定的内容。也就是说，当我们在朋友圈或微博中看到某个朋友的转发消息，即便没有任何评论，也不会质疑其是虚假的，而默认为其是当事人认为有价值的和重要的信息，正如我们只转发我们自己认为有价值的和重要的信息一样，这种就是一种无意识支持的诠释。

当然，无论是信息本身的失真还是信息解释的变形都与人们已有的经验和认知结构密切相关，无意识重构与人获取信念的方式息息相关，人总是相信那些他们愿意相信的东西。末日谣言的接受者在接触谣言材料的同时也在积极寻找自己生活经历、知识储备中能够解释末日谣言的部分，从而无意识地为谣言提供了复合、变异和重构的机会。2012末日谣言在世界范围内发展出六种不同的版本，部分就是传播者模仿者无意识重构的结果。尤其是在突发公共事件的背景之下，信息模糊、情况不明朗以及公众心理的危机感，都使得信息传播变异的可能性不断增加，随着传播级数的增加、传播范围的扩大，信息也会处于不断变形的过程中。谣言正是在传播中逐渐失真、变形并增强了生命力。

五、从谣言到行动的生成逻辑

谣言最重要的影响在于它不只是停留在信息的传播阶段，且有可能直接影响到我们采取的行动，这种行动一方面表现在现实中的实际行动，另一方面表现为在这个数字化时代中不能被忽视的线上行动，当然许多线上行动的影响是直接作用在现实中的。

1. 从谣言到实际行动的生成逻辑

谣言对于人们实际行动的影响一直备受人们的关注。本书认为，谣言对于实际行动的影响主要在于两个方面：一个是造成突发的群体性事件和公共危机事件，这种影响可能持续时间较短，但是行为往往过激，强度较大，破坏性也较大，对于人们正常的生产生活都有一定的损害影响；另一种影响在于人们日常生活中的具体行动，如消费选择、饮食习惯等，这种影响则是潜移默化且长期的。

就前者来说，谣言带来的群体性事件或是公共危机事件，往往是发生在突发公共事件之后，人们的安全、健康受到一定的威胁，在极大的不安全感之下，群体的恐慌焦虑情绪较大，由此产生一种情绪作用下的群体过激行为。从非典时期的“抢醋”“抢板蓝根”到2011年日本大地震之后的“抢盐”事件，再到2012年末日谣言时期的“抢蜡烛”“抢火柴”事件，这些群体性的哄抢事件无一不是人们在极大的不安全感之中基于本能的自我保护而做出的一种行为。

造成这些行为的具体原因是多种多样的，除了在接收到相关信息后，出于恐慌直接诉诸行动，更多的人是在群体或者是说周围人的影响之下加入这一行动的，邻里、亲戚的选择对于个人的行为影响深远，如若周围的人都在不断强调买盐的重要性，并付诸具体的行动，对于个体来说在群体情绪的感染、暗示和带领作用下，很可能出于以防万一或者和大家一样的从众心理而采取一致的行为以在群体中实现某种安全感的满足。对于另外一些看似因从众而加入行动的个人来说，他们可能不是简简单单地非理性从众，而是在经过了理性思考之后才有所行动。他们不相信盐可以抵抗核辐射，也不认为2012年冬至会有连续三天三夜的黑夜，但是群体的哄抢行为，影响到了他们的日常生活和需求，比如盐如果真的被抢光了，作为炒菜必需品也会对自己的日常生活带来不便。这种理性思考之后的结果建立在对他人行为的判断上，也就是说认为大多数的其他人会因为谣言而做出这种不正确的行为。这种效应在传播学中被称为“第三人效应”，具体来说，就是人们会认为大众传播信息对于其他人比对于自己有更大的效果，其他人会对于信息采取更多的各种行为。而这种“高估自己、低估别人”的心理做出的理性判断，最终造成的也只是更多的人参与到这个不理性的群体行动中。

实质上，谣言对于人们行动的影响最为普遍地表现在日常行为中，这种影响如此普遍以至于人们往往会忽视这种影响，大量流行的生活谣言就是这样对人们的行为产生了重要的作用。例如，有谣言称，一些常见的食物，比如柿子和蟹、虾和水果、果汁和海鲜混在一起吃会相克，轻则导致身体不适，重则使人中毒，危及生命安全；再例如，关于孕妇需要穿防辐射服保护胎儿的谣言，认为日常生活中手机、微波炉、电脑等各种电器产生大量有害的辐射会增加孕妇的流产率，因此孕妇最好穿戴防辐射服，而实质上，研究证实日常接触的各种电磁辐射并不会影响孕妇和胎儿的健康，但这类谣言毫无疑问会影响孕妇及其家人的购买和穿着行动。实质上，我们在日常行为中的购买行为和选择行动都受到这些普遍存在的生活谣言以及商家刻意制造的广告谣言的影响。

谣言的传播与人们的行动往往是密切联系、相互交织的。在突发事件中，常常是谣言一边传播，人们一边行动，在行动中继续传播谣言并且增强了谣言的可信度，从而对谣言的传播产生了推动作用；同样地，在日常生活的行动中，我们做出某个具体的选择行为时，可能也是受到某一谣言的影响，而每做一次相同的行动，这则谣言就在我们的脑海里加深一次。也就是说，伴随着人们在谣言作用下的行为，谣言本身在传播广度、可信度以及印象深度上都是不断加强的。

2. 从谣言到网络行动的生成逻辑

在当下的数字环境中，我们实则面临着两个世界、两种文明：一是现实文明空间，二是数字文明空间。人类所创造的数字文明空间，并非是对前者的简单模仿和记录，虽然二者有着相互作用的效果，但是后者还是有其自身运行的规律和逻辑，从谣言到行动都是在两个文明空间中以不同的逻辑运行的。目前，学者们大多数关注的是从谣言到实际生活中现实行动的生成逻辑，忽略了从谣言到数字空间中的网络行动的运行逻辑。

所谓网络行动，是社会行动在网络上的延伸。不同于一般意义上的诸如搜寻信息、娱乐、发布消息等线上行为，这种基于互联网的行动是“作为网络主体的‘网民’有意识、有目的地引发和实践的一种技术、思想、情感、仪式等因素相结合的过程”[①]。网络行动常常是在一个由网民组成的群体中，为了实现诉求表达、政治反抗、抵制等特定的目的而共同参与的网络实践活动。据大多数传播学者的认定，发生在20世纪90年代中期的墨西哥的“萨帕塔人民运动”是第一次具有跨国影响力的草根网络行动，其中各种“电子抗

① 冯鹏志. 网络行动的规定与特征［J］. 学术界，2001(2)：74-84.

议剧场”、网络静坐、有计划地攻击政府网站等基于互联网的行动都在这场运动中起到了重要的作用。网络行动也不同于网络动员，网络动员强调的是宣传、发动和组织的过程，旨在形成共同的观念与情感，获得认同和支持，当然网络动员可能是网络行动的前期准备。

虽然并非所有的谣言都可以给人们带来行动的结果，但是一些能够引发大众共同的强烈情绪的谣言则可能诱导民众的行动，例如“盐慌”所带来的恐慌情绪、虐待幼女所带来的愤慨情绪以及一些能引发同情心理的谣言都可能从实质上推动人们的行动。

谣言过后，人们基于愤慨或者对于被害人的同情等心理所展开的人肉搜索与网络审判行为就是很好的例证，2006年的“铜须门事件”、2007年的“史上最毒后妈”、2008年的“李铭佳事件”以及2013年的“女高中生事件”等影响广泛的人肉搜索事件都是在一些未被证实的虚假信息的作用下，网友出于愤怒或为维护正义，通过有目的的人肉搜索这种行为给当事人造成了损害。

以2013年的“女高中生事件”为例，2013年12月3日晚，在连续发出“第一次面对河水不那么惧怕”“坐稳了”两条微博后，广东陆丰18岁女高中生琪琪跳入河中自杀身亡。前一天，她曾到一家服装店购物，店主怀疑她偷衣服，于是将视频截图发到微博上求“人肉”。这则“人肉偷衣服女生”的信息引起了热烈反响，众多网友纷纷参与“人肉搜索”，搜寻当事人的真实信息。很快，琪琪的个人信息曝光，被同学朋友指指点点，网上也是一片辱骂之声。琪琪的父亲认为此举致使女儿自寻短见。琪琪的姐姐在微博上公开指责涉事服装店店主系“诬陷”，参与“人肉搜索”的网友的行为导致“一个花季少女无奈走上绝路”。

相对于现实生活中社会形态的直接变动，网络行动似乎更加容易动员也更加容易实行。当人们在接受相关信息并参与讨论时，就已经在受到鼓动和动员，在群体力量的支持下，个人的情绪会很快形成并得到加强，他们不必走出门参与到现实的社会行动中就可以得到情绪的释放，例如为维持所谓的“正义”进行的人肉搜索。他们把当事人的真实信息和“丑事”广而告之，达到惩罚当事人的实际效果，也完成了自身情绪的释放及维持正义的自我肯定和充实。

很显然，网络行动与现实行动相比更容易付诸实践。这样导致的结果是复杂的。一方面，只需坐在那里足不出户，就可以通过电脑或手机参与行动，让行动变得更加便捷，进而增加人们进行网络行动的可能性。对于受灾同胞尽管饱含同情与难过之情，但是要让人们真的走出家门，为死者点蜡烛、送花圈哀悼也是很难实现的，而参与到网络哀悼和祭祀行为中，点蜡烛、写悼词则是最简单不过的；面对失踪的航班，参与实际的救援寻找行动也是不可能的，而不少网友却能够利用谷歌地图去搜寻失联飞机的线索；面对一些受害者对于某些人的网络申诉，以前的人们或许无能为力，现在却可以通过“人肉搜索”等手段来惩罚当事人，维护正义。另一方面，既然可以通过网络行动来释放情绪，达到人们的目的，那么除了必要的实际行动，网络行动也从一定程度上取代了某些实际行动。比如可能有些人本来打算去哀悼现场点上一支蜡烛哀悼，但发现网络上也可以实现同样的行为，可能就会选择在网上行动。从总体上说，网络使人们的社会行动扩大化了，但这种扩大化可能只限于在数字空间上，对于现实中的实际行动或许还有压制的作用。

群体的力量不管在实际行动和网络行动中都是至关重要的。就实际行动来说，以“谣盐”事件为例，不少人是看到周围的人参与该行动后，担心自己的需求和利益受损才参与进去；对于网络行动来说，一个人的行为难以形成网络行动，网络行动一定是在一定的群体之中形成的，彼此交流互动、互相支持，抱持同样的目的，为共同的结果一起行动。而基于谣言信息的行动，无论是实际行动还是网络行动，都可以反过来再次促进该谣言的进一步传播。

第四章
突发公共事件中谣言公共治理之主导——政府

伴随着突发公共事件产生的谣言，往往与社会大众的切身利益关系密切。谣言一旦爆发和蔓延，就会影响社会的正常运转，甚至造成严重的经济损失或威胁群众的人身安全。政府作为人民的服务者，有责任、有义务做好突发事件中的谣言处理工作，减少社会损失。在谣言治理过程中，政府主要从两个方面着手：一是针对已爆发的谣言进行紧急辟谣，也就是所谓的“应急处理措施”；二是根据谣言的发生规律，制定完善的日常管理制度，提高政府应对突发公共事件和谣言的能力，也就是所谓的“常态制度建设”。这两个方面相互配合、相互补充，缺一不可。其中，前者是谣言爆发时的紧急应对之策，后者则有助于从根本上减少谣言。

第一节　谣言止于信息公开

根据谣言的生成机制，在突发公共事件发生时，相关信息的确定性程度越高，谣言产生的可能性就越低，反之，则容易形成谣言“遍地开花”的状况。研究者纷纷指出，政府信息的公开、透明和准确、及时，是遏止谣言传播的重要保障，也就是所谓的谣言止于“信息公开”。

一、突发公共事件中我国的信息公开现状

准确、及时地进行信息公开，确保政府信息透明化，是政府的责任。

《中华人民共和国政府信息公开条例》第一章第六条规定：“行政机关应当及时、准确地公开政府信息。行政机关发现影响或者可能影响社会稳定、扰乱社会管理秩序的虚假或者不完整信息时，应当在其职责范围内发布准确的政府信息予以澄清。”分析近年来的谣言案例可以发现，在政府封闭消息、信息公开反应迟钝的情况下，谣言往往容易大量滋生，而积极公开信息，则能够从一定程度上改善这种状况。

在2003年“非典”疫情和2013年H7N9禽流感疫情的应对中，政府不同的信息公开态度形成了鲜明的对比。两起事件具有许多共同点，如同属于卫生疾病类的突发公共事件，两个事件所涉及的病毒都具有传播性强、会对个人生命安全造成威胁、治疗和预防措施尚不明确等特点。但是，相似的两起事件中，谣言的传播规模及其所造成的社会影响却有着很大差别，这是由于政府采取了不同的信息公开措施。早在2002年12月，广东就已出现“非典”病例，但当时官方并没有及时通报，而是严密控制信息，并禁止媒体报道。于是，各种小道消息经由网络、短信等渠道开始飞速传播，广东市场上迅速掀起了抢购板蓝根、白醋的热潮，谣言愈演愈烈，社会恐慌蔓延。直到2003年2月11日，人民网上才出现《广州非典型肺炎已得到有效控制》的报道，但是此时，新闻仍是以正面报道为主，在疫情较为严重的北京，人们从官方渠道得到的信息仍然是“安全”。官方这种封闭消息的做法，带来的并不是事件的悄然结束，而是小道消息的蔓延，社会恐慌的扩大和民众不信任感的增强，给谣言增加了助力。最终，谣言扩散至全国，不但给民众的正常生活带来困扰，也给政府的正常运行和辟谣工作带来难题。

吸取“非典”事件的教训，在2013年爆发的H7N9禽流感事件中，政府积极配合媒体的跟踪报道，第一时间出面发布相关信息，包括各地区的疫情传播情况、治疗方案的研究进展、病菌的传播途径及预防方法等，一系列信息公开化、透明化的行为起到了安定民心的作用，避免了谣言的大规模传播现象。美国《大西洋》月刊的一篇评论指出：“中国政府应对当前H7N9疫情的表现显示，它变得比10年前透明，虽然公众质疑为何卫生部门3周后才公布首批病例，但看来这更多地与实验室和流行病学分析难度有关而非故意隐瞒，一切走向公开和透明的举措都应受到称赞。”①

目前，我国政府常用的信息发布途径有：传统媒体报道、政府新闻发布会、政府网站、政务微博或微信等。2013年10月1日，国务院办公厅发布《国务院办公厅关于进一步加强政府信息公开、回应社会关切、提升政府公信力的意见》（以下简称《意见》），《意见》指出，“与公众期望相比，当前一些地方和部门仍然存在政府信息公开不主动、不及时，面对公众关切不回应、不发声等问题，易使公众产生误解或质疑，给政府形象和公信力造成不良影响”。面对这种境况，《意见》提出了以下几种信息公开措施：第一，在信息发布平台建设方面，要加强新闻发言人建设，发挥政府网站在信息公开中的平台作用，建设基于新媒体的政务信息发布和与公众互动交流的新渠道，加强政府热线电话的建设和管理；第二，在机制建设方面，要健全舆情收集和回应机制，完善信息的主动发布机制，建立专家解读机制和沟通协调机制；第三，在保障措施方面，需进一步完善、加强组织领导、业务培训和督查领导。上述这些措施，在近年来的谣言研究文献中都曾被学者高频提到，但是，虽然政府已经发布了相对完善的改革措施，但谣言爆发的情况并未明显好转。究其原因，一方面是由于政府机构的改革需要较长时间；另一方面，在现代社会的新媒介环境中，谣言瞬息万变，政府的措施似乎总是无法跟上谣言变化的步伐，政府信息和谣言在信息传播过程中的博弈也愈发艰难。

二、政府信息和谣言的博弈过程及问题

政府信息公开并不必然意味着谣言的熄灭，谣言和政府信息在社会传播中有一个争夺事实的博弈过程。这个过程持续越长，爆发的谣言越多，就越容易诱发其他的社会突发事件，影响社会稳定，给群众和社会带来损失。结合“3·1”昆明火车站恐怖袭击事件（以下简称“昆明暴恐事件”），对比其他谣言案例，我们归纳出了突发公共事件中政府信息与谣言的博弈对抗图：

① 王建华，许晓青，张祎．从SARS到H7N9：中国政府信息及时公开透明之变［Z/OL］．［2013-04-09］．http://news.xinhuanet.com/politics/2013-04/09/c_115326254.htm.

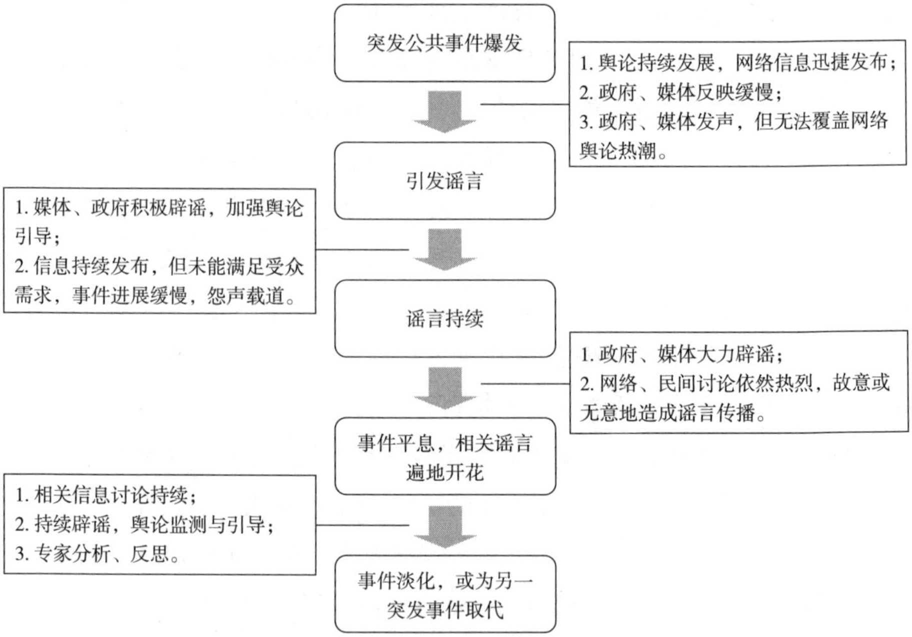

图4-1 突发公共事件中政府信息与谣言博弈图

根据上图，可看出政府在和谣言博弈过程中仍然存在一些缺陷。

一是反应时间过长。突发公共事件谣言爆发后，政府的信息公布总是存在着较长的时间差。昆明暴恐事件在3月1日晚21时20分左右发生，5分钟后，现场目击者、新浪微博网友“@我要存钱买药”发布了第一条关于该事件的微博，接着，现场目击者、新浪微博网友“@乔雨诺_sky”等陆续发布微博，网上出现了一些求证事件的信息。相比之下，媒体和政府的反应则稍显缓慢。至22时01分，《春城晚报》官方微博率先发出消息，称网友爆料昆明火车站发生恐怖袭击，此时据事件发生已有40分钟。接着，22时30分，《人民日报》官方微博发布了相关信息，各新闻媒体的微博纷纷开始关注此事。而云南警方的官方微博，直到次日凌晨3时07分才发布第一条关于此事的信息，称“孟建柱午夜赴昆明指导暴力恐怖袭击案件处置工作”，却没有无任何有关火车站治安情况及救援、抓捕进展情况的回应。时间差的产生，一方面是由于事件过于复杂，政府难以在短时间内获得准确、详细的信息；另一方面则是由于相关部门信息监测机制和发布意识落后。然而，在信息爆炸的时代，这种信息迟滞足以促发谣言的大范围传播。

二是传播能力弱。作为权威信息的发布机构，尽管政府和媒体不断有声音传出，但收效微弱，其声音往往被各种社会舆论掩盖。在昆明暴恐事件中，由于事件发生初期线索有限，警方案件侦破也需要一定时间，因此信息发布较少。而此时的群众却正被恐慌情绪笼罩，处于信息饥渴状态，信息发布与信息渴求失衡，谣言随之而生。有人认为要理解警方和媒体，如新浪微博网友“@陆加宠物”说：“请大家不要再在微博里抱怨官方不报道昆明事件反而详细地报道乌克兰事件，大家要知道还有6个恐怖分子在逃，就隐匿在昆明老百姓身边，太过具体的现场报道会给当地社会带来恐慌，也给在逃恐怖分子提供了抓捕方向，方便逃逸，所以媒体的处理方式没错，大家一定要理解！”对此，有网友反驳说：“貌似不报道才会让人更恐慌吧。”“在逃为什么不告诉民众，让民众有所防范，如果以上是真的，这样不负责任的态度真让我愤怒。”当然也有人表示支持，认为“这才是理智的声音”。虽然舆论反应不一，但这至少能够说明，政府和媒体在处理事件时存在一定问题，正如广大网友质疑的，事发后12小时之内，信息竟然如此之少，如果政府果真有所顾虑和困难，至少应当给受众一个合理的解释。

在这一方面，2013年的美国波士顿爆炸事件后，政府的应对态度和措施十分值得借鉴。美国波士顿爆炸事件发生后，波士顿警察局随即在Twitter上发布了相关消息，包括逃生和救援指导等方面的内容，在短短90分钟内推送了10条信息，在案发至破案的五天内，共推送信息148条，并及时澄清了一些社交媒体流传的谣言以及美联社、CNN等权威媒体报道的不实信息。[①]反观我国的官方机构和媒体，在昆明暴恐案件发生后几分钟内，新浪微博网友“@上官曌”第一个“@”了《新华视点》和CCTV，然而，二者均无回应。如果说，在前几分钟，媒体和政府的沉默是在核实信息，那么至当晚10时，事件已经传开，警方也已经出动，五名歹徒在9时33分即已被击毙或抓获，何以10时01分《春城晚报》微博才发出相关信息？其他媒体的信息何以迟到如此之久？政府方面更何以毫无信息回应？这恐怕与政府和媒体面对突发公共事件的反应能力、信息发布意识有关。

三是事件的后期处理措施不到位。突发公共事件一旦爆发，必然会给社

① 财新网．昆明警方微博与波士顿警方Tweets有何不同［OL］．［2014-03-03］．http://international.caixin.com/2014-03-03/100646137.html．

会民众带来人身、财产方面的损失，精神上的伤害更是难以弥补。昆明暴恐事件发生后的几天里，各地区关于砍人、恐怖袭击的谣言遍地开花，专家称之为“咕咚效应”[①]。例如，2014年3月14日下午，成都市春熙路爆发群体性逃亡事件，起因是一则“暴力砍人事件”的谣言，这不禁让人想起2011年江苏响水化工厂爆炸谣言引发居民出逃的事件，这都说明了政府与民众缺乏有效沟通，导致个人内心缺乏安全感，使谣言乘虚而入。昆明暴恐事件发生后，担忧个人安全的不安气氛在网上蔓延，微信、微博上“近期不要去人群拥挤的地方”之类的提醒流传不断。然而，政府安抚群众情绪的善后工作却略显不足，后期报道中，对恐怖分子的谴责成为主流，但对于其他信息则几乎未见，如地方安全工作是否得到了加强，事件反映了社会安全体系怎样的疏漏，以及这些疏漏是否弥补等没有受到足够重视。直到3月中下旬，随着各地恐慌事件频繁爆发，国际恐怖袭击危机上升，阿富汗、土耳其以及马航事件等事件陆续发生，关于防范恐怖袭击的手册和指南才开始陆续见诸报端。

三、政府采取应急辟谣措施应注意的问题

本书总结分析了政府信息与谣言博弈过程中出现的问题，为了弥补政府在该过程中展露的缺陷，这里归纳了在采取应急辟谣措施时政府需注意的几个方面：

1. 抢占第一时间发布信息

根据危机公关的观点，事发后12小时之内，是信息发布的最佳时机。抢在第一时间发布信息，有利于政府占领舆情主场，把握舆论主动权。在当今信息爆炸的时代，突发事件一旦发生，信息往往会很快经由各种渠道流出，在信息市场上相互交换、融合、流通。试想，如果在信息市场已经形成后，政府再发声，那么就很容易被各种声音湮没；而如果政府能在第一时间发声，许多猜测性的信息就会不攻自破，不会再产生价值，自然也就无法在信息市场上占有一席之地。较为清净的舆论环境更有助于民众作出理性判断，有效遏止谣言的传播。

---

① 中国网．春熙路“暴力砍人事件”谣．教授称为“咕咚”效应［OL］．［2014-03-14］．http://news.china.com.cn/rollnews/news/live/2014-03/14/content_25504239.htm．

2. 公开、准确的信息披露

根据谣言公式，信息的模糊程度是形成谣言的一大因素，模糊性程度越高，越容易爆发谣言。模糊的信息往往会引发更多的猜测和误解，民众的猜测不仅关乎事件真相，还涉及政府是否有意隐瞒真相，而谣言往往就是在相互交流猜测的过程中产生的。因此，在辟谣过程中，信息发布应保证准确、清晰，对于暂时无法解释和澄清的现象，也应加以详细说明，解释原因，并以合适的口吻，呼吁民众勿信谣言。

3. 各部门之间应相互配合

一起突发公共事件往往牵涉众多政府和社会部门，倘若这些部门自说自话、各自为政，会造成信息疏漏，同时由于辟谣重点不突出，容易分散受众的精力，使受众在理解多种信息的过程中产生误解，造成谣言的传播。因此，众多部门在进行辟谣行动的时候，应注意相互之间的配合，形成合力，以同一种声音进行传播，一方面互通有无，协调行动，另一方面有利于消除受众的误解，有效增强传播效力，达事半功倍之效。

4. 持续不断的信息发布

为了最大限度地让民众获知真相，及时传递最新进展情况，在事件处理过程中，政府要持续关注事件，不断发布信息。持续不断的信息发布，能够起到突出强调的作用，尤其是在信息芜杂、真假难辨的复杂情况下，这种“刷屏”式的信息发布形式能够加深受众的记忆。谣言的传播猖獗，往往是靠着强大的信息量和网络社交媒体上的病毒式传播。持续不断地发布辟谣信息能够以其人之道还治其人之身，以强大的信息量，对抗谣言的病毒式传播。

四、政府谣言治理本质上是一种政府传播行为

政府谣言治理本质上是一种政府传播行为，是以政府为传播者进行的传播活动。不过，“政府传播既是一种传播行为，也是一种管理行为，传播行为是管理行为的延伸，是管理行为落到实处的必要步骤”[①]，换言之，政府

① 程曼丽. 政府传播机理初探［J］. 北京大学学报：哲社版，2004(2)：133-139.

的传播行为实际上是要达到一定行政目的的。政府通过传播能够达到的行政目的很多，比如在日常和突发公共事件中监测和引导舆论、倡导公众公共行为、塑造和改善政府及国家领导人形象等。

1. 政府传播的特点

首先，从其传播主体来看，政府传播具有明显的主体权威性。政府传播，顾名思义，是以政府为传播者或主导的传播活动。政府作为国家权力和国家意志的集中体现，“是国家的权威性的表现形式”，有着先天的绝对权威性；其次，政府作为管理者、组织者和服务者，也使其主体的权威性得以确认，尤其是对于公共信息的传播来说，与其他非政府组织或是一些传媒机构以及个人比较起来，政府对信息有着更为直接和全面的掌握，进而能够提供具有可信度和权威性的信息；最后，其他大众传媒或者非政府组织的大多数信息内容都是以政府作为最为根本的来源。尤其是在重大政治、经济和文化活动或突发公共事件中，政府传播的主体权威性可以得到进一步加强。例如，在2014年马航MH370客机失联事件以及突发自然灾害鲁甸地震发生之后，在面对大量模糊信息以及流言的情况下，政府作为传播主体的权威性就进一步突出，成为人们了解真实情况，把握信息确定性的重要依靠。就与文化相关的信息来说，文化信息也是公共信息的重要组成部分。政府的权威性主要在于大多重要的文化活动都是由政府主导或参与组织的，其作为活动本身的组织者，也作为传播者进行相关信息的传播，就具有一种权威性。

其次，从传播内容来看，政府在传播内容方面的特点突出地表现在两个方面，一是传播内容以公共信息为主，政府作为具有社会公共服务和社会管理等社会职能的机构，传播内容主要涉及国家公共事务方面的信息，诸如社会、政治、经济、文化发展方面的信息，这些都是社会公众为参与和管理国家事务所需要了解的公共信息。文化信息就是公共信息的重要组成部分，相关的教育、科技、文化、卫生、体育等议题也都是最为重要的内容。另一方面，政府的传播内容具有信息独占性的特点。就我国的情况来说，政府基本上全面参与到社会的各个层次和各个方面，各种通知、公告、重大事宜的发布都是由政府相关部门发布的。这种信息内容的独占性作为一种突出的特点，可以成为一种优势，但同时利用不当也会成为公众诟病的对象。很显然，对某些内容的独占性优势使得其可以自然而然地获得关注度和影响力，而从另一方面来说，如果占有了这种内容传播权，却又不进行有效的传播，或者对公众进行虚假的传播或是刻意的隐瞒，则会遭到公众对于其透明度的质疑，甚至引发人们的反抗式解读。

再次，从传播方式来看，政府传播与人内传播、人际传播、群体传播、大众传播等传播方式相比，最大的不同点在于，政府传播具有明显的组织性，政府传播主要是为了实现政府机构的公共管理目标而进行的公共信息传播。政府在传播公共信息时，通过政府公报，或者通过大众媒介公布政府机构和政府事务的相关信息。同时，政府传播依赖于其政府组织体系进行信息的传递，从政府的组织体系来看，政府机构具有整体性，它由执行不同职能的机关按照一定的原则和程序结成严密的系统，彼此之间各有分工，各司其职，各负其责。有些信息是通过政府这种严密的组织方式进行一种具有层级性的严密传播，例如，一档由文化部牵头组织的活动的相关信息，会从文化部传到各省、直辖市的文化厅局，再传播至各个地级市的文化局，一直到各镇、各县的文化部门直至区甚至各村的相关部门。这种组织化程度极高的系统化的传播，能使信息的传播具有一定的可控性，更加确保了信息的真实性和权威性，但同时也可能导致信息的传播始终被局限在一个狭小的系统之中，难以得到广泛的传播。

最后，从政府与媒体之间的关系来说，媒体常常处于被动状态，且常常作为政府的宣传工具。政府传播借助媒体主要有两种方式，第一种是直接的政府信息平台，例如政府机关的相关网站、微博、微信或是政府直接办的政府公报等，这种政府信息平台自然而然地直接受到相关部门的领导。但是，在更多的情况下，政府需要通过大众媒体，例如借助《人民日报》、新华社、《新闻联播》或者地方的日报、电视新闻等来公布和传播一些政府事务和公共信息。虽然在西方社会中，人们在认识理念上把媒体称为一种与立法、行政、司法机关构成并立的第四权力，并对这三种政治权力起制衡作用，但在现实生活中这一理论有许多的局限性，并受到多种争议。尤其是在当前的国情之下，我国的众多媒体是在党的领导之下进行传播工作，政府首先可以对信息源进行管理，一方面禁止某些内容传播，另一方面使一些内容广为传播；其次，政府可以对传播内容进行管理；再次，政府可以对传媒机构的负责人进行法治，我国众多传统媒体的负责人都是经过相关机关任命的。

2. 政府传播的优势

政府传播的优势主要与其传播主体，也就是政府本身的性质分不开，政府作为国家权力机关的执行机关，是国家公共行政权力的象征、承载体和实际行为体，是国家的权威性的表现形式。政府掌握的公共权力，以及要承担履行国家政治、经济、文化和服务等职能的责任使其具有一定的资源优势，这种优势也延伸到政府信息传播的层面，主要表现为政府传播的资源优势：

第一，内容资源优势。本书认为内容资源优势主要表现在以下三个方面：首先，政府作为众多事务的组织者、参与者以及监督者，本身就是一个巨大的信息源（例如，有关于曹雪芹文化节的相关活动内容，政府部门作为组织策划者，在各个具体的活动流程、参与嘉宾、活动的重点亮点、持续时间、想要达到的效果等方方面面，都有着全面的策划和把握）；其次，政府拥有大量的独享性资源，许多涉及各个方面、较为宏观和重大的问题，也只有政府才能够提供全面的真实情况，包括各种数据、统计分析，以及各种政务消息、突发信息等；再次，一些重大的国际事件或是涉及涉外事宜的事务，国内媒体有限的国际影响力可能使其获得信息的途径受阻，而政府途径则可能是获得相关内容信息的有效途径。

第二，渠道资源优势。主要在于政府可以有效利用各种媒体资源来进行传播。一方面，政府可以建立自己的政府信息传播平台，通过网站、官方微博、微信或是政府公报甚至公告栏等多样化的平台进行内容的传播；另一方面，政府可以运用其领导之下的包括报纸、杂志、广播、电视等在内的大众传播媒体，来进行广泛而有效的传播；再者，政府还可以利用其组织上的系统性和严密性进行一种自上而下、由点到面的传播，例如，由国家团委组织部发布的相关文化信息，可以层层传递到各省直辖市的团委部门，再到各市、各县、各乡镇的团委部门，甚至到达地方各个中学、大学的团委部门，直至传播到各个师生那里。

第三，人才资源优势。人才资源优势也主要体现在三个方面：首先是政府可以吸引并培养各种传播人才来做传播研究和具体的传播工作，使自己的信息传播更具影响力和广泛性，提高传播效果；其次是政府可以充分利用外部的相关人才，使外部优秀的、有影响力的民间传播机构来做一些诸如文化、科教等方面的传播工作，而自己则进行有效的检查和监督；再次，政府的权威性和特殊地位也可以使其邀请一些具有广泛影响力和认可度的意见领袖来助力其传播和宣传。

3. 政府传播的劣势

相对于其他传播途径和传播方式，政府传播也存在着一定的劣势。

（1）政府的传播常常是一种单向传播

政府作为掌握着绝大多数信息资源的机构，承担着与媒体、公众进行有效沟通的责任。在传统的政府传播中，我国自上而下的行政在灌输与命令中得到了有效的单向传播，而必要的信息反馈与信息回流通路不仅稀缺而且几乎被全部阻塞。可见，过去的政府信息传播具有明显的单向性。在新媒体时代，互动性成为当下一个最重要的特点，这种交互性使得越来越多的公众开始通过网络自媒体等平台表达自己的意见和思想，普通的公众地位在传播活动中得到加强。政府也可以通过门户网站、微博、微信等来向公众和媒体传播信息、提供服务，并通过公众的评论和解读等来得到一定的回应和反馈。而这种民意的表达，往往得不到政府的重视，政府的反应迟缓和回避，最终会重创相关政府部门的公信力。

（2）一些政府传播的传播内容不适应社会价值重构

我国当下正处于社会转型期，也是文化转型、多元价值碰撞交融的时期，这些都深刻地影响并改变了当下年轻人的学习、工作、生活方式，包括价值观和精神世界的重构。在全球化文化影响下的当代大学生更有着崇尚自由、包容、开放、多元的文化价值观。传统文化业面临着现代转型的问题，而当下政府传播的内容大多老套、固定、主题乏味，从内容到表达方式都“严肃有余，活泼不足”，因而被人们笑称为“新华体”。在辟谣信息的传播中，如果仍然运用这种老套、古板的写作手法和思维，将很难吸引到受众的注意，发挥出应有的影响力。

（3）缺乏传播渠道整合能力

政府传播虽然有一套较为高效、准确和畅通的组织内部的组织传播机制，同时可以调动起大众传媒的力量来进行信息的发布。但是，在这个受众细分的新媒体时代，仅仅借助组织内部的传播和报纸、电视、杂志等传统官方媒体的力量，对于当代大学生来说仍然难以达到最好的传播效果。政府传播相对于许多民间的商业传播，由于缺乏利益的驱动和压力，对传播效果缺乏重视，同时也很少能够以受众为中心，积极调动起意见领袖的力量，来把传播效果做到最大。当下的政府传播虽然从表面上看，借助了传统的报刊、广播电视媒体和互联网、手机等数字技术工具的复合化传播方式，但并没有形成一种真正的传播渠道整合，而只是通过最常规的手段对于信息进行同时宣传罢了，这种常规手段是放之四海皆准的，并不是针对目标受众信息接触渠道的一种有效整合。

（4）主体不对等带来的传播障碍

在前面论述政府传播的特点时已经提到，由于政府传播是以政府为主体的活动，有着天然的权威性。程曼丽说："政府传播不仅是一种传播行为，也是一种管理行为，传播行为是管理行为的延伸，是管理行为落到实处的必要步骤。"[①] 政府传播这种管理行为的性质，以及政府本身作为国家权威的代表，使其在传播中倾向于站在一种主导者、控制者的地位，尽管近些年来随着新媒体的不断发展，公众有了越来越多的渠道和自由来进行各种信息的传播，但是相对于政府掌握的各种传播内容、渠道以及话语资源优势，公民个人仍然是处于一种弱势地位。人们都有反抗心理，而当带有管理性质的政府传播以一种忽视受众需求的高位态势进行信息的传播，受众的自主性被忽视或受到妨碍时，人们的反抗心理就会起作用，想要达到的传播效果自然不能实现。近些年来，为了给领导挡负面消息，常常发生"官方辟谣反成谣"的现象，每当出现有关官员的负面消息时，不少政府机构就会以官方姿态出面"辟谣"，称是"传言"。例如，2012年12月6日，网友罗昌平以个人名义连发三条微博，实名举报当时的国家能源局局长刘铁男学历造假、有经济方面等问题时，国家能源局新闻发言人曾亚川当天回应媒体称，罗昌平的举报信息"纯属污蔑造谣"。但辟谣过后仅几个月的时间，刘铁男就被宣布开除党籍，并移送司法机关处理。这种"官谣"近些年屡见不鲜，也损害了政府的公信

① 程曼丽. 国际化环境中我国政府传播角色的认定［M］//李希光. 全球传媒报告(1)——战争与传媒. 上海：复旦大学出版社，2005.

力，当再有类似事件发生时，人们可能会以反抗式的方式来解读政府所传播的信息内容。

（5）信息传播的封闭性

信息传播的封闭性主要体现在两个方面：第一是政府传播的严密组织性和系统性，虽然能够沿着政府组织形式使某一信息从上到下得到一层层的、有效且准确的传播，但是这种传播却只是在系统内部，而不是走向外部、广而告之。尤其是当传播活动更多的是依赖一种行政管理的方式进行传播时，常常会使信息的传播变形为命令的下达，因而局限在组织内部。另一方面是一种更为普遍和严重的问题，就是政府信息公开的问题。中国的政府传播向来有报喜不报忧的传统，而当下政府信息公开已经是世界各国的共同发展趋势，许多西方国家已经建立比较完善的政府信息公开制度。2008年5月1日，我国也颁布实施了《中华人民共和国政府信息公开条例》，确立了我国的政府信息公开制度，虽然近些年来政府信息公开数量比过去有所增加，推动了政府运作透明度的提高，但是很显然，我国政府信息公开的程度仍然较低，尤其是在面对突发公共事件的时候，政府传播还是会隐瞒信息，或是传播片面甚至是虚假的信息。2011年发生的“7·23”动车事故震动全国，事故发生之后，尽管网络舆论一片哗然，要求公布真相，并有大量谣言流出，有关部门却没能够及时地公布相关信息，面对网络负面舆情不闻不问，这样的信息处理方式，给受害者家属、公众以及政府工作和政府的公信力等都带来了更加恶劣的影响。

第二节　谣言治理机制中政府协调、主导地位的确立

突发公共事件中的谣言的爆发往往扰乱正常的社会秩序，造成一定时期内的社会无序状态，有些人会因焦虑情绪而采取非理智行为，这种非理智行为一旦规模化发展，即成为形成社会危机的先导。我们应当认识到，这不仅仅是对政府的考验，也是对公民及其他社会组织的考验。面对谣言，政府不是唯一的责任主体，媒体、公众以及非政府组织都有责任维护健康的舆论环

境。根据公共治理理念，突发公共事件中的谣言治理，应在多元主体共同参与的基础上，形成一个完善、合理的治理机制。其中，政府的角色是协调各主体之间的合作关系，在治理机制中发挥协调和主导作用。

一、政府发挥协调、主导作用原因探析

谣言牵涉的主体十分广泛。首先，谣言往往关涉社会热点，是媒体竞相报道的内容；其次，谣言涉及社会大众的切身利益；再次，有些谣言会对企业等社会组织造成影响，即使并未产生直接影响，谣言所造成的社会秩序混乱甚至经济动荡，也会或多或少地对社会组织的良好运行造成一定影响。因此，谣言治理也需要众多主体形成合力，共同治理，这将大大提高谣言治理的效率。其他社会组织和个人，无论本着维护自身利益的原则，还是本着协助政府回馈社会的思想，都应当自觉参与到谣言治理的行动中来。

然而，多主体的共同参与，并不等同于无序参与。为了避免引发不必要的混乱，提高谣言治理效率，对各个主体进行引导和协调是必要的。那么，这个引导者和协调者的角色应当由谁来承担呢？自然非政府莫属。熊德平教授总结了协调发展理论，将“协调”一词定义为：“在尊重客观规律，把握系统相互关系原理的基础上，为实现系统演进的总体目标，通过建立有效的运行机制，综合运用各种手段、方法和力量，依靠科学的组织和管理，使系统间的相互关系达成理想状态的过程。”[①] 由政府承担协调者和引导者角色，这是由政府职能和政府能力两个因素决定的：第一，政府有义务承担此责任，这是由我国政府“为人民服务”的宗旨决定的，是政府的职能所在；第二，政府主导着社会资源的分配，并以强制性的行政、法律手段作为后盾，具有各种政策制定和实施的合法权利，其专业化的组织体系更使其能够在突发事件发生时，以最快的速度搜集信息和采取行动。政府掌握和运用这些社会资源的优势是其他社会组织无法比拟的，因此，只有政府才有能力承担这个角色。

例如，2014年马航飞机失踪事件引起了公众、媒体、各社会组织和专家的极大关注，各路人士纷纷参与事件真相的推测，并进行热烈讨论。随之，

① 熊德平. 农村金融与农村经济协调发展研究［M］. 北京：社会科学文献出版社，2009：86.

关于马航的各种谣言泛滥开来。面对这种信息混乱的境况，只有政府才有能力调动各种社会资源，沟通他国政府，与国际各组织、与媒体、与社会组织打交道，集合多种力量，相互配合，发掘真相和发布权威信息，以免引起不必要的社会动荡和恐慌。

二、政府应如何发挥协调和主导作用

协调是处理系统间各个部分相互关系的过程。在突发公共事件引发的谣言事件中，这种协调作用需要在两个阶段发挥作用：在谣言未爆发时，积极防范，降低谣言爆发的几率；在谣言已经爆发时，尽快澄清谣言，尽量减少谣言所带来的损失。为了达到这个目标，政府在发挥协调作用时，至少需要注意四个方面的内容：

第一，综合利用多种手段和方法，集合能集合的所有资源和力量，目标一致地共同迈进，这是合力作用得以形成的基础，也是公共治理的核心精髓。

第二，把握政府与公众、媒体、非政府组织各个主体之间的相互关系。政府需要了解各个主体的特征，尤其是各主体在谣言事件中所表现出的特征，总体把握各个主体之间的相互关系，这样才能在综合治理的过程中，充分利用各个主体的长处，相互合作形成合力，避免引发新的冲突或矛盾。

第三，以科学的组织和管理，建立合理的权责结构、监督机制，通过协调内部和外部系统、横向和纵向层面，使内部结构最优化，参与的多元化主体都能被积极动员并发挥优势，形成一个高效运作的联动系统。

第四，通过以上手段，建立一个具有联动性的长效机制，这个机制需以政府为主导，并在实践中不断优化。这种制度体系的形成有利于保障政府在面对突发事件时能顺利运作，提高谣言治理的效率。同时，这个体系必须由政府来领导，其他组织起监督和协助作用，在实践过程中不断修正和优化，以保证思路正确和操作高效。

政府的这种协调作用和主导地位可以概括为“元治理”作用，这是公共治理的必然要求。政府的元治理作用应当贯穿于整个谣言治理体系，也就是说，不论是应急处理措施，还是常态制度建设，在各项谣言治理政策和措施中，都应充分体现这种元治理作用，这样有利于形成一个完善的机制，使政府和各谣言治理主体都能在治理过程中发挥应有的作用。

第三节 适度的应急处理措施是辟谣捷径

政府关于谣言的应急处理措施与前面所提到的运动式治谣有一些相似之处，它也具有暴风骤雨式的特点，一般指在谣言已经爆发并开始蔓延的时期，政府集中力量针对某一谣言进行治理。应急处理措施的主要目的是，对已被确定为虚假的信息进行澄清，对尚难以明确的信息进行合理解释，并给予民众一定的引导，避免谣言传播引发不良的社会后果。"谣言止于公开"是应急处理首先应当遵循的原则，政府积极、及时公开信息的具体方法有：利用新媒体迅速辟谣；寻求媒体合作，扩大信息影响力；适时地介入人际传播，配合大众传播方式，保证信息公开的有效性。在这个过程中，还要注意充分发挥政府的协调和主导作用，调动一切可调动的力量，以"公共治理"的理念应对谣言。

一、利用新媒体迅速辟谣

通过近年来的谣言案例分析，我们可以发现，面对突发公共事件，新媒体的反应速度往往是最快的，突发公共事件以及由此引发的谣言常常占据新媒体用户的话题热点。从近年来的谣言案例中我们可以看出，谣言传播几乎都遵循这样的规律：首先是事件被网民在微博、微信、网络论坛等网络平台曝光；随后新闻媒体大量报道，这之后政府开始注意事件并采取应对措施。随着信息时代的到来，传统的信息传播方式显然已经无法满足受众的需求，尤其对于年轻一代来说，具有互动性和及时性的网络往往是其寻求信息的第一媒介。因此，利用新媒体进行信息发布是保证信息及时公开的有效途径。

1. 新媒体概念范畴的确定

新媒体的概念至今仍未统一。目前业界和学术界存在着"相对论""网络媒体论"和"数字媒体论"等多种观点。"相对论"是指将新媒体之"新"

看作一个历史发展的过程，"新"是相对于"旧"而言的，如电视相对于广播就是新媒体，那么网络相对于电视也是新媒体。这种观点虽然道理明晰，但却缺乏指向性，在具体研究中不免陷入困局。"网络媒体论"一般是将新媒体直接等同于网络媒体，我们今天也称之为"第四媒体"，这是联合国教科文组织和联合国新闻委员会主张的说法，[①]至今仍有较大影响。也有一些人将手机等新兴媒体称为新媒体，这使新媒体的概念变得更为复杂。2008年时，学者廖祥忠指出，被称为"第五媒体"的手机和网络媒体没有本质区别，认为当时讨论"第五媒体"为时过早。[②]当今时代，另外一种对新媒体的认识，认为新媒体"以数字媒体为核心"，很多学者也比较倾向于此种认知。为了方便研究，本书便采取"以数字媒体为核心"的说法，将"第四媒体"和"第五媒体"均看作新媒体，它们具有交互性、迅速性、覆盖面广等明显的网络特征。

2. 以彼之道还施彼身：海量信息战术

在微博、微信、论坛等网络媒介中，信息以病毒式裂变的方式传播，这使网络谣言展现出强大的传播能力，可以说，新媒体技术的飞速发展为谣言提供了温床。首先，网络带来了信息量的飞速增长，尤其是进入Web 2.0时代后，互动成为网络技术的根本逻辑，传统信息传受双方的界限消融，每个网民都可以有选择地进行信息的生产、发布、接收和再生产，公民的信息权力大大提升；其次，传统的信息传播者的权威被不断消解，互联网的娱乐化和碎片化特征不断解构传统权威，人们不满足于保持被动接受的姿态，而期望在信息上"当家做主"，以时下大热的微博、微信为例，其显著特征和吸引力就在于它打破了传统社会地位的藩篱，用户和用户之间可以平等、自由的交流；最后，网络信息传播的操作具有便捷性，简单的"复制—粘贴"或"转发"行为简化了谣言的传播过程，提高了网络谣言的生命力，而网络的匿名性则形成了"法不责众"的心理效应，使得传谣行为在网络上更加肆无忌惮。

网络的这些特征扩大了"三人成虎"效应。当一个人周围充斥着某一信

① 田小川．应对新媒体的挑战［J］．中国科技期刊研究，2002(13)：14．廖祥忠．何为新媒体［J］．现代传播，2008(5)：124.

② 廖祥忠．何为新媒体［J］．现代传播，2008(5)：123.

息时，即使他起初对这个信息完全不相信，但后来往往会发生动摇。新媒体增加了个人所能接触到的信息量，使得一段时期内某一信息在某个人视野中出现的频率大大增加，因而也就扩大了这种“三人成虎”效应。那么，反过来，以这种信息传播方式来传播辟谣信息时，辟谣信息在理论上也应当具有同等的效能。因此，以海量的信息战术与谣言形成对抗，利用谣言的裂变式传播方式传播真实信息，这种以彼之道还施彼身的做法充分利用了网络的特性，是遏止谣言传播的重要途径。

3. 鸡蛋不应放在一个篮子里：综合治理战术

事实上，在近年来的谣言治理实践中，政府开始采用新媒体手段，如在谣言帖后跟帖澄清，通过官方微博、微信等发布真实信息抵制谣言等。但是，在采取上文所说的新媒体海量信息战术时，政府并非每次都能收到良好的效果。很多时候，谣言和真实信息并不具有同等的传播效力、受众范围和可信度。这首先受到信息内容的影响，相对于一些谣言信息的耸人听闻和哗众取宠，真实信息大多是理性且平实的，难以吸引普通大众；其次，新媒体时代人们的注意力转瞬即逝，人们在接受了谣言信息之后，往往在辟谣信息还没有到来之前，就已经转移了注意力；再次，随着近些年来政府公信力不断受损，人们对于政府的官方信息常常抱持着怀疑甚至反抗的态度，也削弱了辟谣信息的影响力。

在辟谣过程中，辟谣方或是没有考虑到受众群的特征，采用单一手段辟谣，或是信息发布官方化、语焉不详，或是没有详细的应对措施和解决方案，降低了辟谣信息的可信度……种种原因削弱了其通过新媒体所发布的信息辟谣效果，错过了辟谣的最佳时期。在谣言已经爆发的时候，官方本就处于被动地位，真实信息的数量一时之间无法和早已四散的谣言相抗衡，加之其他一些客观因素，如谣言具有较强的刺激性和迷惑性等，官方信息很难在新媒体中与谣言形成同等的传播效力。因此，将新媒体当成唯一的救命稻草并不明智，面对谣言，也需综合考虑新媒体的特征、受众群的特征、谣言事件本身的特殊性等诸多问题，对症下药，多管齐下，综合治理，才能达到预想的效果。

二、寻求媒体合作，扩大信息影响力

这里所说的媒体指的是大众媒体。大众媒体是职业传播者的平台，在信息传播方面具有独特的优势。大众媒体的传播方式主要是大众传播，传播者是从事信息生产和传播的专业化媒介组织，拥有先进的传播技术和产业化手段，可以大量地生产、复制和传播信息，[①]这些特征决定了大众传播媒介所具有的强大的信息传播能力，其传播优势在于："大众传播有组织、有规范、有把关，传播内容更加客观，而且它的中间环节比人际传播少，所以信息中的失真程度也较小"，且其"拥有强大的技术手段和硬件设施，能够保证大众传播的速度优于人际传播的速度，因此大众传播在辟谣方面有很显著的效果"。[②]寻求媒体合作，能够使政府和媒体形成互补互助的关系，充分发挥各自的优势，达到迅速辟谣的目的。

另外，随着互联网技术的发展，一些网络上的新闻平台逐渐建立起来，广义上来讲，这些平台也应当被纳入大众媒体的范畴，其中，包括传统媒体的网络平台和门户网站的新闻平台。无论是网络新闻媒体，还是传统媒体，突发公共事件及由此引发的谣言都是热点事件。网络新闻媒体和传统媒体具有不同的特点，在寻求媒体合作时，应充分考虑二者的不同，相互配合，完善谣言治理。

1. 以传统媒体引导舆论

虽然网络发展势态迅猛，传统媒体"末日论"也被几度宣扬，但到目前为止，传统媒体的影响力依然巨大。尤其是电视媒体，不但受众广泛，而且其发布的信息具有较高的权威性。首先，传统媒体具有一定的社会公信力，普遍受到民众的信任。很多时候，在获知某一突发公共事件时，人们习惯于从电视、报纸等大众媒体寻求信息。政府通过传统媒体进行信息发布，有利于保证信息的权威性，增强辟谣效果。

新闻媒体的功能不仅仅体现为报道新闻事件、发布关于政府决策的信息，更重要的是，它能够起到沟通政府和民众的作用，协调双方的行动和认

① 郭庆光. 传播学教程［M］. 北京：中国人民大学出版社，2007：111-112.

② 谢越. 谣言中的人际传播与大众传播——以"谣盐"事件实证研究为例［J］. 新闻爱好者，2012(01)：8.

知，以期达到意识上和行动上的统一，从而提高整体效能，减少社会及个人的损失；能够通过日常宣传起到教育功能，提高公众的风险意识和应急能力。另外，媒体的正确报道可以形成正面的舆论力量，安抚社会情绪，一方面引导民众配合政府行动，另一方面通过倒逼真相等方式，帮助政府选择更加理性的应对方法。

政府利用传统媒体的这些优势，迅速扩大信息的覆盖范围和影响力，从而和谣言形成对抗局势，也可作为以上所说“信息海量战术”的重要组成部分。

2. 网络新闻媒体平台的合作

这里特别强调“网络新闻媒体”，是为了区别于上文提到的“网络媒体”，强调其大众媒体属性。关于网络媒体，学界和业界并没有统一的定义，一些学者认为网络媒体是指“通过计算机网络传播信息（包括新闻、知识等信息）的文化载体”[①]，也有学者认为网络媒体是“按照新闻媒体传播流程运作的（有专业人员对新闻和信息进行采集、整理、加工和发布）、具有公信力的、能够产生巨大的社会影响力并迅速形成社会舆论的网络传播平台”[②]。微博在当今被称为“自媒体”，相较于微博，网络上的新闻媒体更具有大众媒体的特征。为了有所区分，本书将网络上具有大众传媒传播特征的媒体与其他网络媒体区分开来，这里称作“网络新闻媒体”。

网络新闻媒体具有传统新闻媒体的议程设置功能。李贞芳等在《网络媒体的舆论功能研究》一文中，通过对百度指数提供的331家网络媒体的媒体关注度和受众关注度进行对比分析，发现其呈显著的正相关关系，说明了网络媒体具有议程设置功能，[③]网络新闻媒体具有明显的网络优势，如信息速度快、数量多、及时性强、互动性强等，因此，在寻求媒体合作时，网络新闻媒体在当今是不应被忽略的一环。

同时需注意的是，网络新闻媒体也不可避免地带有网络媒体所固有的一些缺陷，如真实性问题。为了抢时间，争取更高的关注度，有些网络新闻媒体在对真实情况了解不甚翔实的情况下，便急于将道听途说的信息率先

① 匡文波. 网络媒体概论［M］. 北京：清华大学出版社，2001：1.
② 闵大洪. 数字传媒纲要［M］. 上海：复旦大学出版社，2003：73.
③ 李贞芳，古涵，杨孟丹. 网络媒体的舆论功能研究［J］. 国际新闻界，2008(10)：60.

发布，这是对受众极其不负责任的做法，很多所谓的“媒谣”便是由此产生的。虽然目前看来，网络舆论只是被少数网民所信任，迄今为止还不构成主流舆论，[①]但随着网络逐渐深入生活，网络舆论的影响力究竟能达到何种程度仍是未知数。因此，网络新闻媒体不可小觑。在寻求媒体合作时，应当充分考虑传统媒体和网络新闻媒体各自的优缺点，发挥政府的主导和协调作用，使两种媒体相互配合，以期达到更好的治理效果。

3. 召开新闻发布会

新闻发布会，又称记者招待会，《现代领导百科全书》给出的解释是：政府机关、社会团体、企业等组织向公众发布有关政策、法令、意向，披露重要情节，宣布重大事项及新闻，以增强本组织的工作透明度与知名度，对公众进行宣传教育，取得公众的理解、信任和支持。[②]召开新闻发布会，是政府进行信息公开的重要途径之一。具体说来，新闻发布会具有三个方面的优势：从信息发布角度来看，政府召开新闻发布会，可以通过媒体向民众传递权威信息，使民众对事件真相有一个更为正确的认知，使谣言再无立足之地；从应对态度的角度来看，政府召开新闻发布会，展现的是一种积极应对态度，这种积极的姿态能够增强民众对政府的信心，提高政府的公信力；从互动关系来看，新闻发布会上政府与媒体、记者的互动性较强，能够直接对民众最关心的问题给予回应，澄清认识误区，增加工作的透明度。

新闻发布会本是政府在突发公共事件之后辟谣的重要途径，但如果运用不当，也可能会造成新的谣言和误区。尤其是在重大突发公共事件之后的新闻发布会，在出席人员、与记者互动、传播方式方面都应该谨慎专业，否则则会造成舆论的次生灾害。

“天津港‘8·12’瑞海公司危险品仓库特别重大火灾爆炸事故”发生之后，天津官方接连召开了多次新闻发布会，截至8月16日中午，天津就该事故已经召开六次新闻发布会，但是却收到信息不透明的舆论批评，引发人们的怀疑与不满。表4-1是人民网舆情监测室对于天津爆炸事故前6次新闻发布会及其产生的次生舆情的梳理分析。

① 李贞芳，古涵，杨孟丹. 网络媒体的舆论功能研究［J］. 国际新闻界，2008(10)：60.
② 刘海藩. 现代领导百科全书·领导科学与领导艺术卷［M］. 北京：中共中央党校出版社，2008：490.

表4-1 天津市“8·12”爆炸事故新闻发布会舆情概览[①]

发布会	是否准时	正向回应	次生舆情	出席发布会人员
第一次发布会	是	1.公布安置情况。 2.公布环境监测情况，公布刺激性气味来源。	1.分管安全副市长未出席、安监部门未有官员出席。 2.危险品爆炸物居民区距离“还是蛮远的”（张勇）。 3.有没有氰化物未回应。 4.具体起火爆炸原因不清楚。 5.经济损失未回应。 6.发布会直播至记者提问环节中断。	天津市公安消防局局长周天。 滨海新区区委副书记、区长张勇。 天津市卫计委副主任王建存。 天津市环保局局长温武瑞。
第二次发布会	延迟10分钟	1.通报伤亡情况，一名幸存者获救。 2.首次通报救援中爆炸情况。 3.通报环境情况。	1.中转仓库，无法给出危险化品详细信息。 2.消防具体处置方法目前不清楚。 3.安全评估报告需向交通运输部门沟通。 4.发布会直播至记者提问环节中断。 5.发布会结束时，现场多名记者大喊：“只峰是谁？”	天津市委宣传部副部长、市政府新闻办主任龚建生。 天津市公安消防局局长周天。 卫计委主任王建存。 安监局副局长高怀友。 南开大学环境科学与工程学院教授冯银厂。
第三次发布会	是	1.救援进展，明火扑灭。 2.安置情况通报。 3.伤亡情况通报。	1.回应中使用：“这个情况不了解，需要下来问一下。”“这个情况我需要找同事核实一下。” 2.发布会直播至记者提问时中断。	天津市委宣传部副部长、市政府新闻办主任龚建生。 天津市公安消防局局长周天。 滨海新区常务副区长张锐刚。 滨海新区民政局局长郭志寅。 滨海新区卫生局局长尹占春。
第四次发布会	是	1.伤亡通报。 2.初步确认危化品种类及危害。 3.通报环境监测情况。 4.可部分公开安评报告。 5.辟谣只峰谣言。	1.安评情况系交通部门掌握。 2.记者们要求港口部门出现发声。 3.发布会直播至记者提问环节中断。 4.消防员家属冲击发布会现场。 5.回应中多次使用不掌握、不了解、无法回答等否定性词语。	天津市委宣传部副部长、市政府新闻办主任龚建生。 安监局副局长高怀友。 市环保局总工程师包景岭。

① 人民网舆情监测．舆情回顾：天津火灾爆炸事故中本地媒体的表现［OL］．［2015-08-17］．http://yuqing.people.com.cn/n/2015/0817/c354318-27472324.html．

续表

发布会	是否准时	正向回应	次生舆情	出席发布会人员
第五次发布会	是	1.伤亡通报。 2.救援进展、心理干预与卫生防疫工作。 3.青年志愿者参与救援情况。	1.爆炸是否确定源头回应不清楚。 2.危险品与小区建设距离问题回应：不是我的职责。 3.编外消防员谁统计未获回应。 4.伤亡具体数据回答“不掌握。” 5.发布会直播至记者提问环节中断。	天津市委宣传部副部长、市政府新闻办主任龚建生。 天津市公安消防局局长周天。 市卫计委主任王建存。 共青团天津市委书记徐岗。 天津蓝天救援队行政队长李怡爽。
第六次发布会	延迟20分钟	1.伤亡通报。 2.通报救援进展。 3.确认现场存在上百吨氰化物。	1.发布会延迟。 2.记者提问谁指挥负责救灾回应“尽快了解”。 3.发布会人员：“大家好，很高兴和大家在这里见面。” 4.发布会直播至记者提问环节中断。	天津市委宣传部副部长、市政府新闻办主任龚建生。 北京军区参谋长史鲁泽少将。 市环保局总工程师包景岭。

首先，从出席发布会的官员来看，前六次新闻发布会参会人员均有变化，新闻发布会信源不统一，官方回应层级不统一。首场新闻发布会未见分管主政官员出席，也没有安监部门出席，因此备受诟病。此后的新闻发布会上，虽然安监部门有所回应，但按照应急管理应该出席的分管市领导却迟迟未见露面。网上质疑“副市长哪去了”的声音更趋强势。也因出席人员不断变化，发布会上“相关单位没参加这场发布会”的搪塞以及“这不是我的职责”的推诿，招致外界诸多批评。

其次，从发布会内容来看，天津新闻发布会中频频出现的“统筹混乱”“‘不清楚’‘不知道’‘不明白’”成关键词，引发民众的猜测和不满。在8月16日第六次新闻发布会上，有记者提问谁负责统筹指挥救援，官员回应“将尽快了解情况”引爆舆论批评。信息的不准确、不权威造成大量次生舆情的出现，也使得相关谣言不断发酵。

再次，从发布会传播方式上来看，不断出现的“直播中断”等方式被人们认为是全媒体传播的“掩耳盗铃”。在13日首次新闻发布会的记者提问环节，央视、天津卫视均切回主持人画面，央视称直播暂停，天津卫视则播放了几首歌曲，然后开始播放连续剧，这一情况让公众大跌眼镜。而此后的几次新闻发布会上，记者提问环节均被中断，这不仅增加外界公众的质疑，更为谣言的产生创造了发酵空间。

新闻发布会作为政府面向公众的直接回应途径，有着重要的影响力和传播力，这样重大的影响也使得其既可以发挥积极的辟谣作用，也可以产生巨大的反作用。因此，新闻发布会只有做到及时、准确、真实、公开、透明才能达到良好的辟谣作用。

三、适当介入人际传播

在政府辟谣的实际行动中，除大众传播方式外，常常还需介入人际传播。人际传播能够保证信息以更直接、更有效的方式传递给受众，并且双向性强，能够得到及时的反馈。随着信息化社会的发展，人际传播更是依靠现代技术打破了空间界限，使信息传播速度更快、范围更广。在辟谣过程中，政府通过电话、网络进行答疑，在事故现场安排人员进行及时疏导，深入宣传，都是确保信息准确、及时传递给受众的有效方式。这里，可以借鉴一下徐闻食品总公司在面对“猪肉生虫”的谣言时所采取的积极的人际传播方式。在此次治谣中，徐闻食品总公司的积极态度与政府的拖延、缓慢反应形成了鲜明的对比。

2014年8月和9月，一些地区流传出“猪肉生虫”的谣言，徐闻食品总公司在得知消息后，首先成立了专门的调查组，到各个乡镇农贸市场进行调查，并走访消费者，同时与政府展开合作，通过徐闻食品药品监督管理局和徐闻县畜牧局的技术人员，对猪肉进行抽样检验，并最终确定流传的“猪肉生虫”的说法系谣言。接着，徐闻食品总公司通过当地报纸、电视等媒体进行辟谣，并在全县各农贸市场和比较显眼的路口贴出了150份放大的告示，拉出120多条横幅，发放了近20 000份传单，除此之外，该公司还出动了6台宣传车，以207国道为界分成东西两组，两边乡镇各3台车，7天里不间断地进行辟谣。

虽然该信息在网络上也流传广泛，但由于个人的网络使用习惯存在差异，单纯的网络辟谣并不一定能够全面覆盖谣言的受众，尤其是到市场购买猪肉的消费者多为家庭主妇，谣言流传地区涉及地方乡镇，其网络覆盖水平和使用水平不如城市。所以，徐闻食品总公司一方面通过媒体发布信息澄清谣言，另一方面注重采取介入人际传播的方式，有针对性地在农贸市场以及乡镇进行宣传，不仅保证了谣言接受者的覆盖率，还能够及时得到反馈，使辟谣效果更加显著。在受谣言影响的徐闻、雷州等地区，县委政府的做法大同小异，均是先成立调查组，针对谣言所反映的问题进行实地调查，而后请专家教授给市民科学释疑，消除顾虑。徐闻县委县政府的主要领导还走进市场买猪肉送给市民，雷州市从事寄生虫研究工作30多年的教授李明伟和该市卫生执法人员也深入农村市场进行巡查辟谣……不久后，各地猪肉销量逐步回升。这次辟谣行动中，谣言得以迅速清除，人际传播的辟谣方式功不可没，这是充分考虑了受众群特征的结果。

另外，该事件共持续了两个多月，但在谣言苗头初现的7、8月份，并未见政府采取有效行动，谣言流传期间还出现了多种变种，并蔓延到其他地区，出现了多个类似的版本。在8月份，一些地区政府开始采取行动治理谣言，但其行动的迅速性、组织性均未达到应有的效果，因此，谣言才断断续续反复出现，并开始向其他地区蔓延。直到9月初，谣言才引起了相关部门的重视，政府随即加大了辟谣力度，收效良好。这说明，只要政府能够端正态度，采取合适的治理方式，谣言治理将不再是一个无解的难题。

第四节　完善常态制度建设是健全舆论环境的根本途径

以上所述属于应急处理措施的范围，主要用于突发公共事件中谣言爆发之后的辟谣行动。然而，谣言一旦爆发，都会或多或少地给社会和个人造成一定的损失，因此，最好的做法是完善日常的制度建设工作，提高政府和社会各组织应对突发事件的能力，使其在面对突发公共事件时能有条不紊地处理各种问题，尽可能减少谣言的产生，将个人和社会的损失降到最低。

一、完善应急预案建设是谣言治理的重要环节

关于应急预案，《突发事件应对法》第二章第十八条中有如下规定：“应

急预案应当根据本法和其他有关法律、法规的规定，针对突发事件的性质、特点和可能造成的社会危害，具体规定突发事件应急管理工作的组织指挥体系与职责和突发事件的预防与预警机制、处置程序、应急保障措施以及事后恢复与重建措施等内容。”可见，应急预案的主要功能就是对可能发生的突发公共事件有一个具体的、全面的应对措施，以保证在事件发生时，各部门能够更迅速地、有条不紊地、相互配合地做好应对工作，尽量减少社会和个人的损失，这与建设谣言应对机制的目的是一致的。

1. 将谣言治理写入应急预案的可行性与必要性

据报道，早在2001年，云南省就针对地震谣言拟定了我国第一个地震谣言应急预案，分析了地震谣传[①]的定义、成因，将其分为五类，并针对这五类谣传制定了具体的应对措施；2011年，宁夏银川市地震局制定出台了《银川市应对地震谣传处置方案》，该方案依据事态的严重性程度，将地震谣言分为普通级和严重级两个级别，并分别制定了具体的应对措施；2012年，山西省地震局印发了《山西省地震局地震谣言处置预案（暂行）》，同样对地震谣言进行了分级，并对具体的处置措施和责任部门做出了明确规定。[②]经过对比研究可以发现，这几个预案都是以地震谣言为中心，对突发公共事件引发的其他内容的谣言并不具有很强的适用性。目前为止，我国政府并没有形成一个完善的谣言治理的应急预案体系，许多地区政府对预案建设并不十分重视。2011年“世界末日”谣言爆发后，有关媒体发出呼吁，要求政府建设应急预案，以应对日益猖獗的谣言。[③]

将突发事件中应对谣言传播的措施写入应急预案，具有一定的可行性和必要性。首先，在可行性上，谣言虽然复杂多变，但是，其产生和传播都有相似的机制和模式，有一定规律可循，也就是说，谣言在某种程度上是可以预测和把握的。那么，根据谣言产生和传播的规律，制定相应的防治对策，并将其写入紧急预案作为指导性方针，也就具有可行性。

---

① 人民网．云南拟定中国第一个地震谣传应急预案［OL］．［2011-10-31］．http://www.people.com.cn/GB/shizheng/19/20011031/594177.html．

② 山西省地震局．山西省地震局地震谣言处置预案（暂行）［OL］．［2012-07-13］．http://www.sxeq.com.cn/n16/n1115/n100584/385596.html．

③ 邓海建．末日谣言呼唤应急预案［N/OL］．［2012-12-07］．http://informationtimes.dayoo.com/html/2012-12/07/content_2054182.htm．

其次，将谣言治理写入应急预案具有必要性。目前，我国政府在应对突发公共事件谣言等社会问题时，表现并不尽如人意。各级政府或各行其是、缺乏相互配合，或采取传统的信息封堵方式进行处理，结果往往是适得其反，使谣言愈加猖獗。突发公共事件谣言分为不同类型，具有不同的传播特点。因此，有必要针对具体问题，制定不同的、具有实际指导意义的处理方针。目前，针对谣言的治理方针基本处于空白状态，这种情况亟待改变。将谣言治理写入应急预案中，并将防治谣言的措施具体化，有助于有关部门在处理突发公共事件和谣言时更加有条不紊。尤其是对于一些没有经验的地方政府来说，应急预案可以为其工作提供指导，在一定程度上降低谣言爆发的可能性，并使其在谣言爆发后，能够尽快平息谣言，减小损失。

2. 我国谣言应急预案存在的问题及对策

目前，我国的应急预案系统仍存在一些现实问题尚需解决。首先，应急预案的针对性不强，许多地方和部门的预案千篇一律，没有考虑具体的地域特征，也没有充分研究各种不同的、具体的事件类型；其次，应急预案在突发公共事件发生时发挥总指挥作用，措施应尽可能详细、具体，而我国现今的预案则大都内容简单，概念性、指挥性、原则性的内容多，具体的、具有实际指导意义的内容少；再次，突发公共事件是一个动态变化的过程，这就更要求应急预案具有可操作性，而现今的预案往往纸上谈兵居多，不够实际，缺乏可操作性；最后，在突发公共事件的处理过程中，各部门各地区之间的协调和配合不够理想，没有形成一个合理高效的联动机制，各部门各自为战不仅造成了大量的人力和财物资源浪费，而且也会使传播效果大打折扣。[①]针对我国应急预案存在的这些缺点，在将谣言治理写入应急预案时，应将治理措施形成一个具体、详细、具有可操作性的方案，以期在突发公共事件发生时，能够对政府起到指导作用，及时且有针对性地应对谣言，降低谣言传播所带来的社会损失。

经过"末日谣言"事件后，有关媒体反思，针对谣言的应急预案至少应体现三个层面的内容：一是科普引导；二是打击恶意造谣者、稳定市场秩

① 詹承豫. 动态情景下突发事件应急预案的完善路径研究［J］. 行政法学研究，2011(01)：52-53.

序；三是贮备好应对突发事件的资源与能力。[①]结合该说法，综合以上研究，为保证谣言治理措施的针对性和有效性，应急预案首先应对突发公共事件中的谣言进行分类和分级，要针对各类型谣言的不同的传播机制和各级别谣言的不同危害程度制定相应的措施。其次，紧急预案在体现政府“元治理”主导地位的同时，应发挥公共治理理念，体现多主体共同参与的治理思路。再次，紧急预案中应体现“依法治谣”的理念，启用法律武器打击恶意造谣的现象。最后，应在措施中加入对谣言引发的多种突发事件、群体性事件的应对机制，防止谣言引发的事件对社会造成二次伤害。

二、完善日常舆情监测、分析与预警机制

2014年两会期间，北京市陆续公布了提交人大审议的98个部门预算，其中，有一项出现频率较高的开支是“舆情监测”，包括北京市高院“舆情监测系统”预算70万元，市旅游委“微博微信及新闻监测”90万元，市人社局“舆情监控”89万元，市文物局“舆情监控、微博工作专项”10万元，市红十字会“舆情监测系统”50万元，市政市容委“网络宣传及舆情应对”20万元，市住建委“舆情监测”31万元，“网络发言人及政务微博运营费”12.5万元……[②]舆情一词正逐渐走入政府治理的视野，得到重视，这是政府工作人员工作质量提高的表现，也是近年来舆情危机事件频发所推动的结果。那么，究竟什么是舆情？舆情和谣言之间又有怎样的关系？

1. 合理监测、引导舆情的必要性

舆情是指“某一群体或阶层对自己关心或与自身利益紧密相关的各种公共事务，尤其是某些热点、焦点问题所持有的以情绪、意见和态度等形式表现出来的或隐或显的民意。它是客观存在的、无法抹杀的社会集体意识，带有一定的利益诉求和价值观念”[③]。由此可见，舆情作为一种社会集体意识，反映的是社会上的个人意见的汇总和综合。也就是说，舆情是一种个人表达

① 邓海建. 末日谣言呼唤应急预案［N/OL］.［2012-12-07］. http://informationtimes.dayoo.com/html/2012-12/07/content_2054182.htm.

② 刘畅. “舆情监测”的钱应该怎样花［N/OL］.［2014-03-20］. http://zqb.cyol.com/html/2014-03/20/nw.D110000zgqnb_20140320_1-11.htm.

③ 常启云. 群体性事件中网络舆情与舆论的形成与转化［J］. 重庆工商大学学报，2014(02)：79-84.

的集合。那么，既然限于种种主客观因素，个人所表达的不一定是真实的信息，舆情也就不能被定性为社会真实，它只是一种社会意见。

不可否认，舆情在一定程度上代表了社会大众的关注方向和承受限度，例如，对民生热点的关注展现了民众的关注焦点，而对社会道德失范现象的批判则展现了民众的道德底线。由于诸多非理性因素的存在，个人的意见并不一定正确，个人所提供的信息也并非尽然真实。在现实生活中，这种非真实信息若成为舆论，就很可能左右真实事件的发展，并有可能将事件导向非理性的方向，滋生谣言。例如在“老外撞大妈”的事件中，此前社会中因长期充斥着扶老人被讹诈、碰瓷等社会新闻，网民由此形成了思维定势，在看到该消息后立刻群情奋起地批判“中国大妈”，却并未核对细节。最后，“老外无照驾驶撞倒大妈还骂街”的真相得到还原，舆论开始出现反向。作为社会集体意识的反映和表达，舆论无疑有着巨大的社会力量。政府需要重视舆论，合理地监测和引导舆论，才能减少舆论危机事件的发生。

2. 舆情分析机制是谣言预警的重要途径

舆情监测和分析机制是发现并及时化解谣言危机的重要途径。一个完善的日常舆情监测机制应当包括舆情的监测、分析和预警三个部分：监测环节主要是对信息进行搜集跟踪，呈报社会舆情的最新动态；在分析环节，工作人员需以敏锐的洞察力和专业化的分析手段对所搜集的舆情信息进行分析和研判，密切关注可能引发谣言的信息，以便需要时及时启动预警机制；在预警过程中，需具体判断舆论的风险等级和走向，并决定采取何种应对措施。

日常舆情的监测、分析和预警形成系列环节，构成谣言的联动预警机制，这一机制可以帮助政府达成以下目标：

第一，在应对谣言时化被动为主动。政府不再是被动地等谣言爆发后再采取措施辟谣，而是赶在谣言爆发的前面，主动对可能引发谣言的舆论和信息进行密切关注，澄清虚假信息，适时进行舆论引导。

第二，完善民意表达机制和群众沟通机制。舆情反映的是民众最关心的问题，是重要的民意参照，舆情监测和分析可以帮助政府了解民众的思想动向和关注热点，在日常执政过程中及时地发现问题、解决问题，提高执政和服务的质量，化解潜在的舆论危机。

3. 建设完善舆情分析机制的关键点

舆情监测应当被纳入日常信息服务体系。舆情监测的意义在于提前发现舆论危机，从源头处将谣言消灭，从而在突发事件发生时处于主动地位。一方面，作为社会服务者，政府有责任关注和引导舆论，及时化解社会危机；另一方面，作为多种社会资源的所有者，政府有能力建立一个较为完善的日常舆情监测系统。这个监测系统要想得以正常运行，需要大量的投入和多方面的支持。

第一，一个完善的日常舆情监测机制的建立，要求优秀的人才条件和过硬的技术条件，这是舆情监测功能得以发挥的基础，也是舆情监测质量的保障。人才建设有两种途径：一是通过培训等方式，提高政府工作人员的新闻素养和信息敏感度，确保其在工作中能够实现对舆情信息的准确把握和判断；二是引进人才，充实政府的人才队伍，保证舆情监测机制的正常运转和不断完善。随着技术突飞猛进地发展，人们对“信息社会”的概念已不陌生。信息社会的一大特征就是信息量巨大，这在网络上表现得尤为明显。近年来流行的“大数据”时代概念，更是强调了当今时代信息量庞大的特征。面对这样的社会现状，如何才能有效地搜集和分析数据？这就要求更先进的技术条件，通过科技创新提高信息搜集、分析能力，缩短信息过滤时间，精确分析舆情。

第二，加强与相关部门和组织的合作，建立良好的沟通合作机制，发动民众，调动一切可整合利用的社会资源，建立一个具有联动性的、灵活的舆情监测机制。鉴于网络强大的扩音器功能，网络舆情越来越成为社会舆情的重要组成部分，影响着社会舆情的走向。但是，在当今信息渠道复杂的社会中，纵使有先进的技术，舆情监测也难以做到毫无疏漏。因此，需要在组织联合方面加强与新媒体的合作，建立网络舆情分析系统，加强与传统媒体及其他组织和部门的合作，互通信息，加强与民众的沟通，建立重大事件的及时上报制度，并建设具有可行性的多样化的反馈渠道，以“全民参与”的方式进行舆情监测，促进舆情监测机制的完善。

第三，舆论同谣言一样，宜疏不宜堵，古代“防民之口，甚于防川”的典故早已阐明了这个问题。因此，对于政府来说，首先应当摆正态度，以积极的姿态去应对舆论，而非一味逃避、封堵，要将舆论作为窥探民意的武器，通过舆论所反映出的问题，反思工作纰漏，分析社会矛盾，从而更有效地发现并解决社会问题，从根本上缩小谣言的生存空间。另外，专门的舆情监测机构、健全的新闻发言人和网络发言人制度，将为政府在舆情方面的工作提供便利，通过这些专门的机构和人员设置，政府一方面可以摆正姿态，让民众看到自己的作为和决心，另一方面也能提高自身工作的专业性和工作效率，完善信息服务体系。

三、提高政府公信力，树立主体权威性

政府公信力是政府依赖于社会成员对普遍性的行为规范和网络的认可而赋予的信任，并由此形成的社会秩序。公信力是政府的影响力与号召力，它是政府行政能力的客观结果。

政府公信力的重要性是显而易见的，政府公信力的高低，直接影响到政府的形象和权威，良好的政府公信力是树立主体权威性，赢得人民群众的信任、拥护和支持的重要基础。信息发布主体的权威性则深刻影响着公众对于信息的信任程度。

就谣言传播来说，一方面，政府公信力的提高是政府有效辟谣的重要前提和基础，在政府公信力缺失的情况下，公众往往会以一种习惯性怀疑甚至反抗的态度来理解政府发布的信息，这个时候政府的辟谣不仅不会产生积极作用，甚至会起到相反的作用；另一方面，政府公信力的高低，直接关系到社会信誉体系的建立和完善，政府信用是社会信用的基础和源头。一旦政府不守信用，那么其对整个社会信用的损害将是致命的，从企业到个人可能都会受此影响，出现信用缺失的问题。谣言的大肆泛滥正是社会信用缺失的表现之一。当下，我国包括政府信用在内的社会信誉体系正面临着巨大的挑战，这也正是当下亟须提高政府公信力的必然性。

1. 提高政府公信力的必要性

2005年，《小康》杂志发布第一个“中国信用小康指数”才刚刚及格，仅为60.2，被调查者普遍反映：中国的社会诚信度比较低，对此他们很不满

意。其中，政府公信力指数为60.5，也仅仅刚达到及格线。2006年，“中国信用小康指数”调查进一步发现，“官员信用危机”是最严重的信用问题，在当年《小康》联合新浪网所进行的“信用度最低的职业群体”调查中，政府官员被选为第一位。

2014年，《小康》再次进行了“2014中国信用小康指数”调查。经过对调查结果进行加权处理，并参照国家有关部门的监测数据和大量社会信息，得出2013~2014年度中国信用小康指数为70.5，其中，政府公信力指数为74.1，虽然政府公信力指数处于不断上升的态势，但近几年的“中国信用小康指数”之“最让人担忧的信用问题”排行榜显示，排在第一位的仍是政府信用，57%的受访者表示了对政府信用的担忧。[①]而根据调查显示，政府应对突发公共事件的公信力却在不断下降。

2015年“8·12”天津港爆炸事件发生之后，人民论坛问卷调查中心的调查对比了近年来发生在我国的几大突发公共事件之后政府应对的对比，其中显示了政府公信力的变化趋势。从2013年的北京“7·21”暴雨到2015年的天津爆炸事故，政府的公信力逐渐降低，从4变为3，最终在天津爆炸事故中落入最低点——2.5。

表4-2 天津市“8·12”爆炸事故及近年突发事故政府应对对比[②]

事　件	官方响应速度	信息透明	动态反应	网络技巧	政府公信力	总分
天津爆炸事故	3	2.5	2	2	2.5	12
天津蓟县大火	2.5	1.5	0	1	3	8
上海静安区大火	3.5	3.5	3	2	4	16
北京“7·21”暴雨	3.5	4	3	4	4	18.5

（表注：官方响应，一般包括官方对突发事件的响应速度、应对态度、响应层级。信息透明，即新闻发布会的透明度、官方媒体报道情况、互联网和移动通信管理以及对外媒体的态度等。动态反应，是指官方随着舆情的发酵，矛盾的激化或转移、迅速调整立场、更换手法。网络技巧，指很好地运用网络等新媒体进行信息发布和意见沟通以及舆论引导技巧。）

① 东方财富网．2013~2014中国信用小康指数：70.5［OL］．［2014-09-02］．http://finance.eastmoney.com/news/1350,20140902419244918.html．

② 人民网舆情监测．舆情回顾：天津火灾爆炸事故中本地媒体的表现［OL］．［2015-08-17］．http://yuqing.people.com.cn/n/2015/0817/c354318-27472324.html．

2. 提高政府公信力的制度关键点

目前我国的政府公信力正面临着严峻的挑战，尤其是在处理突发公共事件上，而公信力的建设是一个长期的过程，只有从制度上加以保障，才能从根本上提高政府和政府工作人员的公信力。

第一是建立政府行政人员考核评议制度。对政府行政人员进行考核评议是监督政府工作的重要途径。依照有关法律、法规、规章的规定，构建一套针对政府及政府工作人员的考核评议制度，将群众满意测评和民意调查等方式方法引入考核机制，让普通群众对于行政人员拥有一定的话语权，使政府工作人员时时严格要求自己，尤其是公开的言行举止，重视公众意见，才能使政府工作真正向群众满意的目标迈进。

第二是完善相关的行政追责制度。在很多官方谣言中，由于谣言的制造者是政府的发言人，是政府代表，在发布过不实信息之后，即便产生了不良的社会影响，也并无任何相关的追责制度，如杭州“限牌令”、刘铁男等事件发生之后，行政部门所发布的不实言论不了了之，没有任何追责行为。除此之外，公众面对强势的行政部门，要追究政府失信责任需要付出巨大的物质和心理成本，从而导致政府失信行为不能得到及时制止和纠正，政府公信力也会不断下降。

第三是完善民意表达制度和信息反馈制度。提高政府公信力，必须让公民自由地表达民意，反映民情。由于在民意表达和政府信息收集——信息反馈上缺乏规范的制度约束，使其在施政过程中成了可有可无的内容，得不到政府的真正重视。例如，2007年的华南虎事件，在媒体介入进行广泛的报道之前，已经有不少网友质疑照片的真实性，但是当地相关政府部门陕西省林业厅并没有及时地对这些信息进行回应和反馈，直到各大媒体纷纷报道，在全社会形成了广泛的影响力之后，才迟迟回应，最终重创了相关政府部门的公信力。因此，政府施政过程中必须认真关注民意表达制度和信息反馈制度。

除此之外，还要完善信息公开制度，信息公开是提高政府公信力的最重要途径之一，政府信息公开的规范化、制度化对于保障公民知情权具有重要的意义。

四、尊重民众知情权，完善日常信息公开制度

谣言止于信息公开的道理前文已经提到，但是不同于应急处理措施中的信息公开，作为政府工作的常态的信息公开，要求将“信息公开”这一工作制度化，成为政府日常工作的一部分，以保障政府信息的透明度，促进政府和民众的高效沟通，建立政府和民众之间的相互信任。

1. 政府信息公开的概念、意义及现状

根据我国的《中华人民共和国政府信息公开条例》（以下简称《公开条例》），可总结出“政府信息公开”的基本概念，即“保障公民、法人和其他组织依法获取政府信息，提高政府工作的透明度，促进依法行政，充分发挥政府信息对人民群众生产、生活和经济社会活动的服务作用”（第一条），政府应当通过适当的方式公开那些“行政机关在履行职责过程中制作或者获取的，以一定形式记录、保存的信息”（第二条），这些信息“不得危及国家安全、公共安全、经济安全和社会稳定”（第八条）。《公开条例》不但点出了信息公开的内容，还概括性地阐述了信息公开的意义。公民知情权是政府信息公开的法理基础。西方新闻界在20世纪20年代提出了知情权的概念，这源于早期资产阶级革命时期的“人权”和“自由主义”理论。60年代后，知情权成为一种广泛的公民权利，并被作为公民应当享有的一项基本权利。知情权主要是指，民众有权了解政府的工作及各种相关信息，并根据所了解的信息作出判断，进而对政府实行监督；凡政府或新闻媒介有意封锁和扣压消息或有意提供与传播虚假消息的，应被认作侵犯此项权利。[①] 我国虽然还未对知情权作出明确规定，但宪法明确保障人民享有言论、出版、集会、结社、游行、示威的自由，同时明确说明我国“国家的一切权力属于人民”，由此可以认定，该项权利在我国是有宪法基础的。同时，我国还是《国际人权宣言》《公民权利和政治权利国际公约》等的缔约国之一，知情权在我国理应得到承认和保护。政府信息公开是尊重公民知情权的保障，是民主开放原则的表现形式。

信息公开不仅保障了人民监督制度，也是政府倾听民意、提高公信力的有效途径。政府信息公开制度的建设，能够为政府和民众的良好沟通建立一

---

① 《中国新闻实用大辞典》编委会．中国新闻实用大辞典［M］．北京：新华出版社，1996：33.

个更为高效的平台，通过这个平台，政府不仅可以发布信息，还可以和民众相互沟通，倾听民意，并及时修正自己的错误，使其为人民服务的功能发挥得更加充分。

我国的政府信息公开条例自2008年起开始实施，至今（2018年）已有10年，近年来发生的多起重大谣言事件，也使政府深刻地认识到信息公开的重要性。但是，目前我国的信息公开制度仍有待完善。《人民日报》2013年曾撰文指出我国目前政府信息公开过程中的几点不足，非常具有概括性，具体摘录如下：形式公开多，实质公开少；结果公开多，过程公开少；原则方面公开多，具体内容公开少；公众被动接受的多，主动申请获得的少；公开“正面”信息多，“负面”信息少。同时，文章指出，信息公开意识不够还是主要问题所在。[①]除此之外，政府信息公开的渠道建设还不够完善，法律法规模糊性强、弹性大、要求不够具体，导致地方政府屡钻空子等，也是现实存在的问题。今天，就具体谣言治理案例来看，这些问题虽得到部分改进，但总体情况依然不容乐观。

2. 完善我国日常信息公开机制

拉斯韦尔的“5W原则”可以构建出一个完善的信息传播框架。那么，一个完善的信息公开制度，也至少需要考虑这五个要素：

第一，是“Who”。政府应当有确定的责任人或责任部门承担信息公开的工作，以保证工作的专业性。

第二，是“Says What”，即信息发布的内容。由于政府工作中的有些信息具有保密性，因此在信息发布时，可发布信息的范围成为发布者的一个考量。我国信息公开的相关法律法规虽然做出了一些规定，但规定比较模糊性，弹性大，这就要求地方根据具体情况制定详细的规定，以便在突发公共事件发生时具备可操作性。

第三，是“In Which Channel”，即通过怎样的渠道、方式来进行政府信息发布。在新媒体高速发展的信息社会里，不同的信息发布渠道所带来的传播效果是不同的。传统的信息发布方式显然已经无法适应新的信息环境形势，因此，及时关注社会信息传播方式的变化，选择合适的渠道进行信息传

---

① 黄庆畅，盖群．信息公开“五多五少”待突围［N］．人民日报，2013-06-05．

播，形成一个多渠道的信息传播联合机制是十分必要的。

第四，是“To Whom”，即信息传播的对象。同一则信息对于不同的人具有不同的意义，由于立场视角、文化知识等的差异，不同群体对同一信息的解读也会产生差异，因此，根据传播对象的不同，需采取不同的信息传播方式。如针对民众的信息要平易近人、简洁易懂，避免采用公文式的冷冰冰的表达方式。

第五，是“With What Effect”，即传播效果的测量。除了社会舆论反馈，专业性测量手段也是了解传播效果所必需的。这就需要引进技术和人才，以保证测量结果的准确性，从而总结得失，更好地提高工作质量。在事件结束后，还需引入问责机制，这可以增强政府工作人员的责任感，同时也是对民众负责的表现，是获取民众信任的一种途径。

此外，需注意的是，在这一过程中，仅仅要求政府进行信息公开是不够的。民众信息接受和分析能力也是重要的一环。只有民众处理信息的能力得以提高，政府公布信息的价值才能真正得以体现。

谣言的传播纵然有着诸多的客观原因，主观上的因素也不容忽视。除了上面提到的四点制度建设以外，建设一个理性的社会文化氛围时，如果每个人都能理性地对待所获信息，在传播信息时多几分谨慎，谣言的传播就能在一定程度上得到控制。治理谣言，政府和社会的共同参与也是十分必要的，通过文化教育管理等方面的制度来积极培养公民媒介素养和公民意识，培养公众的媒介素养迫在眉睫。美国媒介素养中心认为，媒介素养使人们具有接触、分析、评价和创制从印刷到影像再到网络等各种空间形式信息的能力，媒介素养是构建民主社会公民的基本探究技能、必要的自我表达和对社会媒介感悟的能力。[①] 媒介素养的提高，可以增强公众的信息甄别能力，使公民个体不轻信谣言，营造理性的信息环境，这对于以信息过载为特征的互联网时代来说尤其重要。

① 李晓培．美国中小学生的媒介素养教育［J/OL］．［2013-06-26］．http://media.people.com.cn/n/2013/0626/c365742-21979503.html.

第五章

突发公共事件中谣言治理的法律途径

随着互联网的发展和普及，尤其是微博的出现，网络谣言呈现出愈演愈烈的趋势。2010年被称为“微博元年”，恰好是在这一年，网络谣言开始大肆爆发，并借助微博获得广泛传播，成为影响社会舆论的重要变量。近几年来，一些谣言本身就是社会舆论的焦点，如2010年的“金庸去世”“千年极寒”等谣言，2011年“日本地震核辐射”“抢盐”等谣言，2012年“7·21”特大暴雨死亡人数谣言和“军车进京”等谣言。谣言所引发的社会关注越来越多，其产生的社会影响也越来越大。在转型期的中国，本来就很剧烈的社会矛盾极易被谣言激化，谣言甚至成为一些群体性事件的导火索。谣言治理迫在眉睫，这已经成为社会多数人的共识。

第一节　依法治谣的必要性和现状

所谓“制度性治谣”，可以理解为通过完善相关的法律、法规、规章、制度来治理谣言。由于以宪法为核心的法律体系具有公开性、确定性和稳定性的特点，一方面公权力机关在治谣的过程中有法可依，执法更具客观性；另一方面，普通公民也可以依据法律维护自己的合法权益。另外，依法治谣还可以增加法律的权威性和政府的公信力，同时保持对造谣、传谣者的威慑力。由此可见，法律是制度性治理的重要手段，在谣言治理机制中，法律规制也处于核心地位。

一、行政治理谣言的必要性及现状

尽管中国已经出现了一些民间辟谣组织，但不可否认的是，治理谣言的主要力量还是包括政府、检察院、法院、公安机关等在内的公权力机关。公权力机关治理谣言的手段主要是“行政手段”和“法律手段”。所谓“行政手段”，是指国家通过行政机构，带强制性的行政命令、行政指标、行政规章制度和条例等措施，来调节和管理社会生活的手段。所谓“法律手段”，是指国家通过立法和司法、依靠法律的强制力量来规范社会活动。行政手段运用广泛，相对比较灵活。法律手段相对稳定性，更为客观。我国公权力机关治理网络谣言的主要特点是行政手段与法律手段相结合。

网络谣言具有起源的隐蔽性、传播的迅捷性、无法彻底辟谣等新特点。尤其是在突发事件中，谣言历来是突发事件的伴生物，对个人、组织、政府和社会都可能产生一定程度的负面影响或危害性。突发事件的突然性、不确定性、复杂性和牵连性会导致社会信息积聚、阻断和不对称，公众在信息饥渴效应的作用下，谣言传播速度会加快，也可能会产生更大的后续影响。在转型期的中国，突发事件常发，随之产生的谣言也不绝如缕，这种情况下，谣言传播的复杂性、迅速性，使得法律治理手段不能及时发挥作用。因为法律本身具有稳定性、抽象性、滞后性。相较于法律手段来说，行政手段因为具有及时性、灵活性、综合性等特征，对谣言的治理反应更为灵敏，成效更为显著。因此，通过行政手段进行谣言治理是非常必要的。

当谣言发生时，行政机关可以通过多种手段进行辟谣。

第一，行政机关可以通过信息公开，让公众获得权威、及时的信息，从而抵制小道消息。行政机关作为权威信息源，可以组织专业机构、技术专家、主流媒体传递真实信息，可以通过新闻发言人发出权威的信息。权威资讯的有无、多少、强弱、快慢直接制约着谣言的数量、传播速度与持续时间。政府缺位和媒体失语往往是谣言的一个成因。但是，权威资讯必须及时、准确、全面，否则会丧失其权威性，成为新谣言的源头。

第二，充分利用新媒体及时辟谣。互联网、手机的普及使当今社会进入了扁平化传播的信息时代，任何人在任何时间和地点都能够即时、自由、大量地传播信息。任何一个网站、一部电话都可能是一个独立的信息源。突发事件的谣言大多数源自网络、手机等新媒体。借助网络放射状和旋涡型的传播方式，谣言迅速取得“众人渲染”的效果，甚至引发社会盲动行为，可能造成一定的社会危害。行政机关可以通过加强公共舆论监测制度建设，监测、跟踪、评估并作出及时、有效的应对。另外，政府还可以充分利用网络、手机进行辟谣工作，在网站开办辟谣专栏，用手机短信及时向市民发布辟谣信息，切实搞好网络公关。

第三，行政机关可以建立辟谣的层级与联动机制。突发事件中谣言的控制，不仅涉及纵向部门的传递与沟通，而且涉及横向部门的协调与合作。传播过程中介环节越多，意味着不同层级政治区域利益发生冲突的概率越大；信息传播所经受的利益筛选次数越多，信息失真的频率和幅度也就越高。因此，要注重建立重大突发事件中的层级传播机制，一是传播环节简化，使信息畅通无阻；二是借助新媒体，在政府与公众之间架起直接沟通的桥梁，保证权威信息第一时间发布，让谣言止于公开和及时。另外，辟谣中还要注重部门联动、社会参与。这种联动一方面表现在辟谣主体众多，如政府、专业机构、媒体、专家等；另一方面表现在同一个谣言的辟谣中，往往多个声音、多种方式同时出现，包括媒体发布、现场宣传、新闻发布会、告市民书、传单、网页专栏、短信通知等多种方式或形式，从而在最广泛的范围内动员最大数量的社会公众参与到辟谣的工作中，实现对谣言的全方位控制。

为了适应谣言治理的新形势，公权力机关多次开展治理谣言的专项行动。2012年3月，国家互联网信息办公室会同通信、公安等部门开展清理网络谣言的系列行动，依法拘留了在网上编造、传播所谓“军车进京、北京出事”等谣言的6人并关闭了多家造谣传谣网站，并在全社会发起抵制谣言的倡议书，舆论环境一时得到清正。[①] 2013年6月，公安部部署了集中打击网络有组织制造传播谣言等违法犯罪专项行动，包括“秦火火、立二拆四、薛蛮子”在内的一批制造传播谣言的网络“大V”相继被刑拘，全国各地公安机关查处了一批网络造谣典型案件。这些专项行动具有共同的特点，即往往由几个政府公权力部门联合组织、发起，在一个持续性的时段内，集中对某些影响恶劣的谣言制造者、传播者进行打击。

① 互联网信息办．依法关闭42家涉及网络谣言网站［N］．人民日报（海外版），2012-04-13．

近几年来，我国政府对谣言的行政治理手段具有一些共同的特点。首先，由多个部门联合发动，涉及国家互联网信息办公室、公安部、工业与信息化部等多个部门。其次，针对某些突发性事件或国内重大的久拖不决的社会疑难问题进行谣言治理，如“军车进京”以及通过传播网络谣言牟利等造成严重社会影响的事件。再次，治理方式是自上而下的、有组织、有目的、规模较大的群众参与重点治理。最后，持续时间较为集中，暴风骤雨式的治理之后，社会舆论环境好转。

通过这种集中式的行政治谣手段，能够在较短时间内集中执法人力、设备、资源，从重、从快地进行声势浩大的行政检查、执法处罚行动，成效显著。还能对其他造谣者产生威慑力，起到了“杀一儆百”的效果。但是也有人心存疑虑。首先，综合式治理成本较高，不能持久，如果出现扩大化的倾向，可能会使一些良性言论受到挫伤，导致风声鹤唳、人人自危，影响社会舆论的多元化，伤害公民参与政治的热情；其次，还有一些慢性反应的谣言，使得行政治理手段战线拉长，消耗行政资源，需要采取更为稳定的治理手段。时间集中的综合式行政治理手段不能从根本上改变谣言产生的社会环境，因而也就不能彻底有效地治理谣言。因此，有必要完善与行政治谣相对应的法律治谣。

二、我国依法治谣的必要性及现状

本书在“中国法律法规信息系统”[①]中，以“谣”为关键词在“法律法规司法解释”选项中检索，可以获得涉及“谣言”“造谣”的法律法规共计63条。通过剔除失效法律法规以及“通知”“预案”“指示”等形式的行政法规，获得与“谣言”相关的法律、法规共计50条。分析这50条法律、法规可以发现，我国防治谣言所依据的法律分为四个层次，即法律、法规、规章和司法解释。由人民代表大会颁布的相关法律、最高人民法院和最高人民检察院颁布的相关法释、国务院颁布的相关法规以及各部委颁布的相关规章共同组成了我国谣言防治的法律体系。

网络上散布谣言需要承担的法律责任主要分为三种：一是民事责任，即

① 中国法律法规信息系统网站：http://law.npc.gov.cn/home/begin1.cbs。

如果散布的谣言侵犯了公民个人的名誉权或者侵犯了法人的商誉，依据我国民法通则的规定，要承担停止侵害、恢复名誉、消除影响、赔礼道歉及赔偿损失的责任；二是行政责任，即如果散布谣言，谎报险情、疫情、警情或者以其他方法故意扰乱公共秩序的，或者公然侮辱他人或者捏造信息诽谤他人的，尚不构成犯罪的，要依据《治安管理处罚法》等规定给予拘留、罚款等行政处罚；三是刑事责任，即如果散布谣言并构成犯罪，要依据《刑法》的规定追究刑事责任。

谣言在我国法律中并非单独入罪，而是作为某种特定罪名的伴随条件或者实施某种罪名的行为手段被载入法律条文。可以根据谣言针对的客体对象及社会影响程度来划分与谣言相关的特定罪名。针对公民的谣言可能涉及的罪名有侮辱罪、诽谤罪，针对商业组织或企业法人的谣言可能涉及的罪名有损害商业信誉、商品声誉罪，针对不特定群体，扰乱社会秩序的谣言可能涉及的罪名有编造、故意传播虚假恐怖信息罪，针对国家政权的谣言可能涉及的罪名有煽动分裂国家罪或煽动颠覆国家政权罪。2013年9月“两高”（中华人民共和国最高人民法院和最高人民检查院）新出台的《关于办理利用信息网络实施诽谤等刑事案件适用法律若干问题的解释》中，又将捏造和传播谣言与寻衅滋事罪、敲诈勒索罪、非法经营罪联系在一起。针对谣言的法律规范由此得到进一步明确。

具体分析谣言相关法规的表述，可以发现许多条款大同小异，往往采用“严格禁止”“不得传播散布谣言”等表述方式，并没有明确的惩治措施，缺乏可操作性。如国务院颁布的《突发公共卫生事件应急条例》《破坏性地震应急条例》《核电厂核事故应急管理条例》《重大动物疫情应急条例》中，涉及谣言治理的内容基本一致，即“散布谣言、哄抬物价、欺骗消费者，扰乱社会秩序、市场秩序的，由公安机关或者工商行政管理部门依法给予行政处罚；构成犯罪的，依法追究刑事责任”。在《互联网信息服务管理办法》《中华人民共和国电信条例》《中华人民共和国邮政法》《互联网上网服务营业场所管理条例》中也只是笼统地规定“不得制作、复制、发布、传播散布谣言，扰乱社会秩序，破坏社会稳定的信息”。并没有说明惩罚标准和措施。各部委颁布的规章中涉及谣言治理的部分仅仅以“不得含有散布谣言，扰乱社会秩序，破坏社会稳定的内容”一笔带过。

这些相对笼统的法律法规在实际操作过程中弹性较大，较多依赖于行政裁决，必然会影响到谣言治理的效果。例如，2012年，针对新浪和腾讯微博、博客网站集中出现谣言，违反国家有关法律法规，造成恶劣影响的问题，北京市和广东省互联网信息管理部门分别对两个网站提出严肃批评，新浪微博和腾讯微博于3月31日上午8时至4月3日上午8时暂停微博、博客评论功能，清理后系统再开放。这显然是在法律手段无法奏效后不得已而采用的行政手段。王璐对2011年网上出现的微博谣言进行了实证分析，发现我国目前对微博谣言的法律规制存在着不合法、不合理的双重倾向。主要体现在“谣言处罚”以“行为”而非“内容”、以选择“限制”而非“保护”、以“举动”而非“目的”进行认定。[①]

总的来说，我国法律法规对谣言的防治以治安管理处罚法为基础，以行政处罚为常见手段，兼顾刑事惩罚和民事惩罚。在实际操作中，谣言的复杂性，法律本身的稳定性、抽象性、滞后性，以及谣言传播手段的飞速发展，使得依法治理谣言面临困境。法律不是万能的，在依法治理谣言的过程中，学界对于谣言的法律界定、谣言的入罪标准、谣言案件的诉讼程序仍存在很多争议。如何实现依法治理谣言与保护言论自由之间的平衡成为争议的焦点问题。

三、我国法律对谣言的判定标准

作为日常生活中的常用语，谣言具有约定俗成的含义。在中文语境中，它带有负面的感情色彩，先入为主地具有一种价值判断，即没有事实根据的传闻或凭空捏造的消息。这一含义，乃是基于事后的判断，传播谣言者大多不知真假或不具备判别真假的能力。谣言与谎言最主要的不同在于谣言可能是真实的，而谎言总是虚假的。不能用是否真实来判定谣言的原因在于谣言始终处于发展之中，有些谣言被查实后就变性了，脱离了谣言成为真实。

因而在学术研究中，西方学者往往避开对谣言先入为主的价值判断，对谣言的界定更多地集中在谣言的不确定性上。奥尔波特和波斯特曼认为“谣言是一个与当时事件相关联的命令，是为了使人相信，一般以口语媒介的方

① 王璐．合法性与合理性：关于微博谣言法律规制问题的实证研究［J］．河北法学，2013(4)：124–125.

式在人们之间流传，但是缺乏具体资料以证实其确切性”[①]。卡普费雷认为谣言“是在社会中出现并流传的、未经官方公开证实或者已经被官方所辟谣的信息”。彼得森和吉斯特对谣言的定义是：“在人们之间私下流传的、对公众感兴趣的事物、事件或问题的未经证实的阐述或诠释。”西布塔尼认为谣言是一群人议论过程中产生的即兴新闻，总是起源于一桩重要而扑朔迷离的事件，它是“一群人智慧的汇总，以求对事件找到一个满意的答案”[②]。在新旧世纪交替之际，谣言研究领域的集大成者迪方佐和波迪亚指出：“谣言是在模糊或危险情境下产生的未经证实却正在流传的工具性的说法，它能够帮助人们弄清事实并控制风险。”[③]

在法律范畴内，对谣言的界定既不同于日常生活，也跟学术研究存在较大差异。谣言作为一种信息形式，它所涉及的内容范围十分广泛，但并非所有的谣言都能进入到法律的考察视野，比如一些生活类的八卦或者无关痛痒的流言就无需法律出手。谣言的法律控制是典型的事后控制，往往通过制裁、惩罚及相应的法律责任承担来实现，这就要触及当事人的实体和程序上的权利及责任。法律意义上的谣言不同于社会意义及行政意义上的谣言。[④]那么什么样的谣言定义才能适用于我国法律呢？

首先，我国关于谣言治理的法律法规中没有对谣言进行详细、明确的界定。我们只能从含有“谣言”的法律条文或相似的法律条文中总结谣言的基本判定条件。在我国法律和行政法规中，关于谣言的规定，以《中华人民共和国刑法》（第105条）和《治安管理处罚法》适用频次较高，综合这两条法律条文及其司法解释，我们可以看出，我国法律界定的“谣言”首先是虚假信息。《治安管理处罚法》中的“谣言”，是指捏造并散布没有事实根据的谎言；《中华人民共和国刑法》中的“造谣”是“捏造虚假信息”，或“虚构信息”。这在本质上认定“谣言”是缺乏事实依据的、虚假的信息。尽管有些法律规定中没有直接出现“谣言”二字，但是仍存在相类似的说法，比如“捏造信息”“传播虚假信息”等。“两高”《关于办理利用信息网络实施诽谤

---

① 奥尔波特，波斯特曼.谣言心理学［M］. 刘水平，梁元元，黄鹏，译. 沈阳：辽宁教育出版社，2003：2.

② 卡普费雷. 谣言：世界上最古老的传媒［M］. 郑若麟，译. 上海：上海人民出版社，2008：15.

③ 周裕琼. 当代中国社会的网络谣言研究［M］. 北京：商务印书馆，2012.

④ 潘东文. 突发事件中谣言的行政控制与法律控制［J］. 中国井冈山干部学院学报，2010(5)：70.

等刑事案件适用法律若干问题的解释》（以下简称《解释》）第一条对刑法第246条中“捏造事实诽谤他人”的规定进行了类型化和具体化：第一，捏造损害他人名誉的事实，在信息网络上散布，或者组织、指使人员在信息网络上散布；第二，将信息网络上涉及他人的原始信息内容篡改为损害他人名誉的事实，在信息网络上散布，或者组织、指使人员在信息网络上散布。只要符合《解释》规定的上述两种情形之一，即可认定为“捏造事实诽谤他人”。

其次，我国法律界定的“谣言”要有特定的侵害客体。总结散见于各类法规中的谣言相关条目，可知我国谣言的侵害客体主要分为六大类：第一，国家安全类，主要包括煽动颠覆国家政权罪、煽动分裂国家罪；第二，社会主义市场经济秩序类，主要包括编造并传播证券、期货交易虚假信息罪（金融管理秩序）、损害商业信誉、商品声誉罪（市场秩序）；第三，公民人身权利、民主权利类，主要包括诽谤罪（人身权利）、煽动民族仇恨、民族歧视罪（民主权利）；第四，社会管理秩序类（扰乱公共秩序），具体包括编造、故意传播虚假恐怖信息罪、组织、煽动暴力抗拒法律实施罪、利用会道门、邪教组织、利用迷信破坏法律实施罪、利用迷信致人死亡罪；第五，国防利益类，包括战时造谣扰乱军心罪；第六，国家的军事利益类，包括战时造谣惑众罪。

再次，我国法律界定的“谣言”要造成一定程度的社会影响。即谣言必须产生“扰乱公共秩序”或“诽谤、诬告陷害他人”的严重后果。其中“扰乱公共秩序”在执法和司法中是一个典型的弹性条款，一直以来引发广泛争议。2013年9月，“两高”新出台的司法解释第三条明确了“严重危害社会秩序和国家利益”的认定问题，即具有下列情形之一的，应当认定为刑法第246条第2款规定的“严重危害社会秩序和国家利益”：第一，引发群体性事件的；第二，引发公共秩序混乱的；第三，引发民族、宗教冲突的；第四，诽谤多人，造成恶劣社会影响的；第五，损害国家形象，严重危害国家利益的；第六，造成恶劣国际影响的；第七，其他严重危害社会秩序和国家利益的情形。这是目前对“危害社会秩序和国家利益”最具体翔实的规定。

最后，我国法律界定的“谣言”的制造者或传播者须具备主观故意态度。根据刑法第14条第1款的规定，犯罪故意，是指明知自己的行为会发生危害社会的结果，却希望或者放任这种结果发生的心理态度。犯罪故意由两个因素构成：一是认识因素，即明知自己的行为会发生危害社会的结果；二是意志因素，即希望或者放任这种结果发生。主观故意又分为直接故意和间接故意。直接故意是指明知自己的行为可能发生危害社会的结果，却希望这种结果发生的心理态度。间接故意是指明知自己的行为可能发生危害社会的结果，却放任这种结果发生的心理态度。在法律上界定"谣言"的重要条件之一就是当事人有"扰乱及破坏公共秩序"或者"损害他人名誉"的主观意图。行为人的目的与动机、主观恶意程度要经得起推理和分析，依据现实和常理的推测与质疑不能认定为主观故意。如果不能证明行为人主观故意，就无法适用于法律条文。《治安管理处罚法》在规定"传播谣言"含义的同时，也为"谣言传播"行为规定了免责条件，即"如果行为人主观上不是出于故意"，如"对道听途说信以为真或者由于认识判断上的失误而出于责任心向有关部门报错了险情、疫情、警情的，不能视为违反治安管理"。《刑法》中"行为人主观上必须出于煽动不特定人或多数人实施颠覆国家政权、推翻社会主义制度的故意"，"对一些因个人问题没有得到解决而发泄不满情绪、发表过激言词、进行错误评论的行为，不应以本罪论处"。这里也可以看出，散播"谣言"的免责条件，主要是基于对行为人目的的考量。

综上而言，我国依法治理"谣言"的适用标准是："缺乏事实依据""具备特定侵害客体""造成法律规定程度的社会影响""行为人主观故意"。

第二节 我国依法治谣存在的争议

上文总结了法律范畴内谣言判定的四个条件，实际上在上述四个条件细化的过程中，始终存在诸多争议，这些争议主要的焦点在于如何保证依法治理谣言和保护言论自由之间的平衡。

一、关于区分谣言与自由言论的争议

我国《宪法》第35条规定，公民有言论的自由。在互联网时代，公民通过即时通信工具和微博等平台发表文字、图片等信息，是表达自己对社会、

事物和他人的观点的新方式。按照《牛津法律大辞典》的定义，言论自由是指公民在任何问题上都有以口头、书面、出版、广播或其他方式发表意见或看法的自由，但受尊重公共利益、他人利益的限制。我国宪法学界主流的观点也认为，言论自由的宪法基本权利，属于政治权利的范畴。

谣言和自由言论本质上都是一种信息，如何区分谣言和自由言论，成为依法治谣过程中一个非常重要的争议点。周伟认为，谣言是捏造的虚假事实，是无事实根据的传言，不存在对基于事实提出个人看法的基础，可见，制造、传播谣言的行为，在法律上不属于行使言论自由。这也是世界各国都对网络谣言依法予以惩处的法理学基础。①

这种看法背后的假设是，每一个人的言论要么绝对真实，要么绝对虚假。但我们知道由于人的认识能力的有限性，绝对真实和绝对虚假的观点都是不存在的。我们的言论只能做到部分的真实，也即和事实大致相符。那么到底我们的言论与事实在多大程度上相符才能获得言论自由的保护，在多大程度上不相符就会被判定为谣言呢？是否存在一个言论接近事实的百分比可以界定谣言和自由言论呢？

当一个信息开始传播时，人们不能立刻确定其真实性，往往会产生很多质疑和推测，这些质疑和推测是否也可以被认定为是谣言？微博上经常出现的转发求证、求辟谣的帖子是否也算谣言传播行为？人们在转发谣言的过程中对谣言是否真实不置可否，而仅仅是发表自己的评论是否也算谣言传播行为呢？在区分谣言和自由言论的过程中，信息虚假的程度、信息虚假与质疑推测的区别、讨论与传播的区别及范围的认定至关重要。②

一条待证实的信息传播后，会引发三种结果：第一种是经求证后被证伪；第二种是经求证后，被证实；第三种是目前仍未被证实的信息。法律作为事后性的控制手段，只可能对第一种信息发挥作用，而无法对第三种信息发挥作用。同时还有可能在事件发展的初期，错误地将第二种信息判断为谣言，进而采用强制性手段损害信息发布者的合法权益。这样的案例是存在的。比如2009年，河南灵宝青年王帅因在网上发帖举报家乡违规征地遭遇跨

① 周伟. 谣言传播不是言论自由［OL］.［2012-04-20］. http://opinion.china.com.cn/opinion_6_40206.html.

② 潘东文. 突发事件中谣言的行政控制与法律控制［J］. 中国井冈山干部学院学报，2010(5)：70.

省追捕并被囚八天，当地警方以“诽谤”罪拘捕王帅，在网民的关注和媒体的报道下，王帅最终被释放，并获得国家赔偿。[①]

西方对言论自由的保障是基于“观点的自由市场”理论，这一理论认为言论自由这项基本权利的核心在于其目的是保障每个人能够说出自己的声音，保障个性和思想的差异性，而不是保障每个人能够或者必须说出完全的真相或真理。在信息交流和碰撞中，误解和错误将被揭穿，真相或真理最后一定会占据上风。言论自由显然包括说错话的自由，尤其是质疑权威的自由。如果把凡是与事实不符合或者未经证实的话都定性成“谣言”治罪，那么几乎每一个人都可能被抓起来坐牢，因为谁也不敢保证所说的完全是真相或者真理。

杨支柱认为，谣言如果不足以“故意扰乱公共秩序”或“严重扰乱社会秩序”，则不应受到处罚。是否已经或足以扰乱公共秩序或严重扰乱社会秩序，而不是所散布的信息的真假，才是处理谣言案件的出发点。所以言论自由的边界，只能是他人的权利或公共秩序，与言论所承载的信息的真假无关。[②]尽管这只是一家之言，但是也启示我们，在区分谣言和自由言论时，不能将是否符合事实作为唯一的评判标准，还应当结合谣言的其他三个法律界定标准，只有全部符合才能用法律手段予以治理。另外，要将事实与意见区分开来，如果用“是否真实”的标准来要求“是否正当”的言论表达，让评论者证明言论本身的“真实性”，这与宪法保护言论自由的精神相违背，容易出现“寒蝉效应”，伤害言论自由。

二、关于诽谤罪“情节严重”认定的争议

我国刑法规定的诽谤罪的一个显著特点是，只有“情节严重的”诽谤行为才构成诽谤罪，而一般的诽谤行为只能作为民事侵权或行政违法行为处理。长期以来，何谓“情节严重”一直是诽谤罪认定中的一大难题。新的司法解释对情节严重予以明确规定，即利用信息网络诽谤他人，达到以下四项标准之一的，行为人必须承担相应刑事责任：第一，同一诽谤信息实际被点

① 人民网．河南灵宝网民发帖被囚八日：诽谤罪?合法批评权?［OL］．［2009-04-15］．http://politics.people.com.cn/GB/1025/9132055.html．

② 杨支柱．处理谣言案件需要明确的几个法律问题［N］．南方周末，2007-8-23．

击、浏览次数达到五千次以上，或者被转发次数达到五百次以上的；第二，造成被害人或者其近亲属精神失常、自残、自杀等严重后果的；第三，两年内曾因诽谤受过行政处罚，又诽谤他人的；第四，其他情节严重的情形。

新的司法解释在一定程度上明确了“情节严重”的判定标准，但是围绕着新的标准，争议仍然存在。以上四项标准中，最具争议的是第一条的两个数字。“两高”宣称，设置转发量是考虑到转发信息会造成多人浏览该转发信息的后果，对于数字的确定，是经过实证研究和专业论证确定的。有人认为根据简单的信息转发次数来定罪，扩大了“情节严重”的规定，反而模糊了诽谤与言论自由之间的边界。根据信息转发次数来定罪，那无疑会把量刑权力放在第三者手里，不排除有人钻法律空子的情况。如果被诽谤人雇佣他人转发、点击、浏览，故意置举报者或者诽谤者于刑罚，该怎样处理？洪道德认为，转发的转发，也应该计算在“转发”的范围之内。[①]否则，就成了引导造谣者避罪了。如果转发的转发不算在内，造谣者就会看自己的信息，一看快要转发五百次了，就赶紧删了。游云庭认为，这个司法解释规定的转发量和浏览量标准太低，如果起刑点太低，将使很多不应该入罪的行为被以刑法打击，还会造成网民因为怕被追究责任而不敢在网上发言；转发浏览数不成比例，让法律的科学性和严肃性大减。[②]除虚假点击、恶意转发外，微博的“僵尸粉”也常自动对微博内容进行转发，因此网友在网络发言的转发、点击浏览次数并不能作为一个客观的判定标准。若确定将采用该标准作为审核条件，则应参考有效的点击、浏览次数；另一方面，《解释》设定的构成网络诽谤的数据门槛较低，五百次转发及五千次点击、浏览次数是否合理还有待观察。

三、关于扰乱公共秩序判断原则的争议

在法律范畴内，只有那些造成了法律规定程度的社会影响的谣言才适用于依法治理。这里所谓的“法律规定的社会影响”主要包括两方面：针对特定个人、商业单位、商品的谣言产生的影响和针对不特定个人、单位的谣言

---

① 洪道德．“这不是网上所说的简单打压”[N]．京华时报，2013-09-10.

② 游云庭：打击网络谣言司法解释存在的四大问题[OL]．[2013-9-10]．http://www.bianews.com/news/72/n-420572.html.

产生的影响。前者衡量谣言客观影响的标准是“情节严重”，后者衡量谣言客观影响的标准是“扰乱公共秩序”。个人或法人的诽谤罪如果“严重危害社会秩序和国家利益”，也会成为公诉的对象。关于这一点，法律界历来争议较多。新的司法解释明确了利用信息网络实施诽谤犯罪适用公诉程序的条件，即“严重危害社会秩序和国家利益”的认定问题。针对网络谣言，本次《解释》共列举了含引发群体性事件，引发公共秩序混乱，引发名族、宗教冲突，诽谤多人、造成恶劣社会影响，损害国家形象，造成恶劣国际影响以及严重危害社会秩序和国家利益在内的七种情形。

对此，赵占领认为，除引发公共秩序混乱外，其他几种情形都具有较为客观的标准。但对于引发公共秩序混乱这一概念的解读则较为“弹性”。首先，对于如何定义引发公共秩序混乱，《解释》并未说明；其次，转发力度较大的诽谤都将被纳入该条标准，导致了打击网络谣言范围扩大。① 也有人认为这其中的情形存在可被滥用的“口袋罪”条款。如“损害国家形象”就弹性十足。何谓国家形象？《解释》并未作出具体说明。

基于保护言论自由的需要，判断一种言论是否扰乱公共秩序，应该采用“明显而即刻的危险”标准。“明显而即刻的危险”(clear and present danger)是美国保护或限制言论自由的重要原则。美国最高法院法官霍姆斯在一次判决中指出，在剧院高呼起火而引起恐慌的言论，会引发“明显而即刻的危险”，这种情况下才不受宪法保护。如果允许政府因不明显的危险阻止或惩罚言论，将使言论者发表任何言论都胆战心惊，而非紧迫的危险是政府有时间采取措施避免的。新司法解释虽然规定了严重危害社会秩序和国家利益的七种情形，但是在司法实践的过程中，可以适当考虑“明显而即刻的危险”的原则，审慎判断言论所造成的影响。同时还要看造谣行为或谣言是否造成了直接损害。这是断定其言论是否有罪的最重要的标准。如发帖行为没有对他人或社会造成直接损害，就不存在“危害”之说。②

---

① 余维维. 法律专家解读网络谣言司法解释：细则仍有待完善［OL］.［2013-9-10］. http://www.donews.com/net/201309/1628021.shtm.

② 潘祥辉. 网络造谣与言论自由的边界［J］. 浙江传媒学院学报，2009，16(5)：35-36.

四、关于侵害客体的争议

我国法律对谣言的侵害客体主要可以分为针对特定公民、法人和针对非特定人群两种，并没有对普通公民和公众人物进行区分，这在实现司法公正上存在缺陷。潘祥辉认为，法律是站在普通人的立场上来制定和实施的。批评政府是公民的权利，我国宪法也有相关规定。由于信息上的不对称，这种批评可能出错或言过其实，却并非意味着不受法律保护。法律永远是要保护弱者的，面对谣言，普通人与公权力机关或公众人物在媒体接近权与信息渠道掌控上是不平等的。[①]因此有必要分清造谣或诽谤的对象以及客体，区分是公权力机关还是非公权力机关，是公众人物还是普通人。

陈碧认为，对于公众人物的刑法保护应该有所节制，在诉讼法上，应从证明程度上加大难度，体现对言论自由的保障。涉及针对公众人物，尤其是国家工作人员的“谣言”时，即使有不实言论，追究也应慎重。如果不能证明网络上的谣言行为、抹黑行为出于对方的蓄意造假，那就应当推定该抹黑是正当的批评和善意的监督。[②]

在我国的司法实践中，已经体现出区分普通公民和政府官员的审慎态度。2010年8月，最高人民检察院发文指出，不能把对个别领导干部的批评、指责乃至过激的言语当做诽谤犯罪来办。这些规定都表明，我们的司法实践中，对于被害客体是公众人物，尤其是国家工作人员的诽谤案件，在证据规格和定罪标准上已经有了微妙的变化。然而这次新的司法解释没有明确区分针对普通公民的诽谤和针对政府机构、官员的诽谤，留下了遗憾。不过，新解释考虑到广大网民利用信息网络进行“网络反腐”“微博反腐”，对反腐倡廉工作发挥了积极的作用，强调了即使检举、揭发的部分内容失实，只要不是故意捏造事实诽谤他人的，或者不属明知是捏造的损害他人名誉的事实而在信息网络上散布的，就不应以诽谤罪追究刑事责任，这也算是一种进步。

五、关于诽谤行为“自诉”转“公诉”的争议

在我国制裁网络谣言的罪名体系之中，针对特定个人的诽谤罪和侮辱罪

① 潘祥辉. 网络造谣与言论自由的边界［J］. 浙江传媒学院学报，2009，16(5)：35-36.
② 陈碧. 严把入罪主观动机与证据关［N］. 法制日报，2012-2-4(7).

属于亲告罪的范畴，亲告罪在追诉程序上严格遵循“不告不理”的原则。我国刑法第246条第2款规定：“犯侮辱、诽谤罪，告诉的才处理，但是严重危害社会秩序和国家利益的除外。”也就是说，被害人如果没有自行向人民法院提起诉讼，要求追究行为人刑事责任的，人民法院不能对实施诽谤的行为人处以刑罚。但是如果诽谤行为达到“严重危害社会秩序和国家利益”的程度，应由公安机关立案侦查，人民检察院提起公诉。围绕诽谤行为的自诉转公诉标准，法律界也存在一些争议。

理论上，互联网谣言应该通过被害人民事诉讼或者刑事自诉造谣者这样的自力救济方式解决。但在网络时代，科技的发展使得诽谤的行为模式发生了很大变化，发生在陌生人之间的网络谣言案件越来越多，在一般情形下，行为人若想提起诉讼程序必须要收集相关证据，但是网络的匿名性及快速性使证据发现、收集和保全工作成为难题，单靠受害人个人的力量往往难以达到立案标准。此时如果未达到“情节严重”的情形，公权力机关也不能及时介入，这就形成了在追诉上“被害人有权利无能力”“国家司法机关“有能力无权力”的尴尬局面。[①]即使能够立案，诉讼过程也比较繁琐，造谣的证据如果存在于网络中，法院还会要求原告对电子证据的取得进行公证，徒增诉讼成本。[②]政府介入打击谣言有其现实必要性，新的司法解释，明确了利用信息网络实施诽谤犯罪适用公诉程序的条件，即“严重危害社会秩序和国家利益”的认定问题。让原本的自诉案件转化为公诉，方便了公安主动操作，建立了诽谤案件自诉转公诉的衔接机制。

但是，也有人对此持有不同意见。鉴于网络上发生的以言论方式侵权他人名誉权、隐私权等权利的案件为数众多，大多数诽谤案件并不涉及严重危害社会秩序和国家利益的行为，根据《刑法》，警方不应介入这些案件。扩大了公权力机关自行裁决的空间，对言论自由造成威胁。

游云庭提出，中国政府虽然非常强大，但也管不了那么多案件，最有效的遏制网络谣言的路径无疑是由被侵权者通过民事或者刑事自诉的方式起诉侵权者进行自力救济。以网络诽谤行为为例，现行的制度下，被害人因为无从了解匿名发言者的身份而无法维权，建议可以利用《治安管理处罚法》，

---

① 于志刚．亲告罪的司法困境及其解决［J］．法学，2008(5)：63–77．

② 赵阳．网络谣言滋生泛滥源于法律滞后［N］．法制日报，2011–11–11(5)．

将匿名诽谤行为作为治安案件，由被害人到公安机关报案，提供自己的身份信息和侵权网页的初步证据，再由公安机关进行调查，待查到侵权者身份后，就可以进行行政处罚。被害人取得公安机关的处罚决定书后，可以将之作为侵权证据再进行民事侵权诉讼或者刑事自诉。[①]

还有人提出，目前中国政府对互联网的监管手段非常发达，通过目前已经建立的监控系统实际可以锁定绝大部分互联网的发言者的真实身份，如果将这部分系统有条件地向公众开放，建立查询制度，向被害人提供查询网络侵权者身份的通道，将可以大大遏制包括网络谣言在内的各种互联网侵权行为。然而这又涉及另外一个备受争议的话题，即是否要实行网络实名制的问题。

六、关于网络实名制的争议

如上所述，网络上的违法行为与网络的匿名性密切相关。一方面，网络匿名性使部分公民产生了言论不受限制的错觉，发表言论的过程中缺乏责任感；另一方面，网络匿名性提高了网上违法行为调查、取证工作的难度。因此，实行网络实名制的呼声在我国一直存在。

赞同网络实名制的人普遍支持下面几个理由。首先，在网络匿名环境下，权利受到侵犯的一方想要保护自己的合法权利会变得相当困难；其次，网络匿名降低了人们的责任心，使他们不像实名那样必须对自己的行为负法律或道德上的责任，不利于网络言论的净化；最后，互联网匿名助长了犯罪分子的不法行为。随着网络社会与现实社会的联系进一步深化，网络社会成了现实社会的延伸，人们在网络中发布着各种真假难辨的信息，同时造谣者利用网络技术使得追查困难。

反对网络实名制的人普遍持有以下观点。首先，互联网匿名有助于保护隐私，特别是用户通过网络讨论涉及个人隐私、司法机关侵扰等敏感问题时，匿名可以保证用户畅所欲言，还可以有效地保护自己，使自己免受不必要的攻击和伤害。其次，网络匿名是表达自由的一种体现和保证。表达自由虽然写在许多国家的宪法里，但多数情况下仅仅是个摆设。这种情况存在的

---

① 游云庭．打击网络谣言暴露的法律缺陷分析 [OL]．[2013-8-21]．http://www.huxiu.com/article/19383/1.html.

原因很大程度上在于政府对表达工具——传统媒体的控制非常容易，政府不仅可以从法律和制度上对其所不喜欢的言论，特别是敏感的政治言论进行事先审查，还可以通过这些言论所赖以传达的物质载体找到所要惩罚的对象并将之绳之以法。但网上匿名言论的存在和在某些情况下的泛滥，实在是一个让政府和法律执行机关头疼的事情，它可能会改变民众和政府间力量的对比。最后，网络匿名在一定程度上有助于推进民主。尽管言论自由被写入宪法，但是通过互联网批评政府仍是一件非常危险的事情。尤其通过网络来举报政府官员腐败或者其他严重形式的犯罪活动，以匿名的方式保护检举人的身份不被他人知道，特别是不被受到检举的一方知道，是非常重要的。如果不能用一种有效的方式来保证他们以匿名的方式发表自己的意见，或者政府的网络警察不费吹灰之力就可能掌握他们的有关信息，将极大地影响他们在网上的行为，挫伤他们批评政府的积极性，降低公共讨论的质量，对民主构成难以估量的损失。

关于网络实名和匿名的争论，始终难以形成一个统一的意见，其一是因为公众对网络信息的发布、分享、流动机制没有进行理性、深入的分析和认识；其二是政府缺乏网络信息新特征下的创新管理机制以及传统管理手段在网络平台上无法有效适用；其三是因为当前的社会信息流动并不畅通，公众对网络实名制后的网络信息自由心存担忧。[①]

七、关于网络言论是否适用于现行法律的争论

网络产生之初，由于人们对这种新兴媒体的发展趋势缺乏认识，考虑到网络对信息的自由流动的特殊要求，各国并没有针对网络进行专门的立法。司法机关和学者对于既存法律是否同样适用于网络未能达成共识，因此导致了网络实际上处于法律规范之外。但是伴随着互联网发展，诸如网上赌博、色情、暴力、宣扬种族歧视等言论泛滥。各国逐渐认识到网络这个虚拟的空间也需要法律的规范。但是规范网络言论是不可能一蹴而就的。网络立法首先需要解决的一个问题就是，对于网上的言论（或信息），什么样的法律限制才是合宪的。由于网络具有许多不同于传统传媒的特殊性质，如何确定规

① 王四新．网络空间的表达自由［M］．北京：社会科学文献出版社，2007：187．

范网络言论的法律界限成为人们争论的焦点。

本次司法解释中比较重要的一个规定是第五条，将利用信息网络辱骂、恐吓他人，及编造虚假信息，或者明知是编造的虚假信息，却在信息网络上散布，或者组织、指使人员在信息网络上散布的，以寻衅滋事罪定罪处罚。传统的寻衅滋事行为一般发生在非网络空间，在司法解释颁布之前，中国法院和检察院从未将《刑法》规定的寻衅滋事罪适用于网络。通过这一规定，最高法首次确认了网络空间属于公共空间的原则，网络秩序也是社会公共秩序的重要组成部分。

不可否认，互联网是现实世界的延伸，随着信息技术的快速发展，信息网络与人们的现实生活已经融为一体、密不可分。但是互联网具有不同于传统传媒的特殊性质，这些特殊性质使得互联网上的言论与现实生活中的言论存在差异。这种差异首先体现在传播速度上，自媒体传播速度比传统媒体更快、范围更广，经常充斥着各类不真实、不充分的信息，但是也有很多谣言在传播过程中很快被识破、被辟谣。另外，在网络特定氛围里，语言具有即时性和随意性特点，通常在网下可能被认为是不当甚至是名誉侵权的语言，在网络上可能是非常普通的语言，因此对网络语言、网络评论应采取相对宽容的规则。在很多人看来是谣言的信息，原本可能就是一个根据现有信息作出的评论。[①] 最后，互联网具有公共属性，但是同样也有私人属性，其中的界限难以区分，因此在司法实践中也应谨慎，不要侵犯公民的私人领域。

第三节 国外依法治谣的经验

国外的网络谣言治理起步于20世纪90年代。作为全球第一个发布网络成文法的国家，德国在1997年出台了《信息与通信服务法》，为解决经由网络传输的违法内容提供了规范文本。另外，美国、英国、韩国、新加坡等国家也采取了一系列举措治理网络谣言，其中既有经验，也有教训。我国的网络

① 王松苗. 防治网络谣言：法律的张力与效度［N］. 检察日报，2012-3-11(005).

谣言治理可借鉴国外网络谣言治理的经验和教训，探求适合我国网络谣言治理的有效路径。

一、谨慎制定谣言相关的法律法规

不论是英、美等普通法系国家还是德、法等欧洲大陆法系国家，都认为言论的多元化是民主社会的根本要求，言论自由不仅应该保护主流意见和观点，更应该保护少数的、边缘的和非正统的意见。[①]网络是一个可以使言论达到最大程度多样化的空间。如何才能做到既防止不良信息的泛滥，又不破坏这种多样性，就成了各国在制定法律以限制谣言时首先需要考虑的问题。

1996年的美国《通信内容端正法案》（Communications Decency Act，简称CDA）是国会颁布的规范网络的最早法案，它因为宣布通过网络向不满18周岁的未成年人"传播猥亵言论或'不正当'信息"的行为属刑事犯罪而广受争议。根据以往的宪法判例，"不正当言论"与猥亵言论的性质是完全不同的：后者不受第一条修正案保护，"不正当言论"却受到保护。[②]很明显，该法案是国会企图以未成年人保护为突破口，像以往对待广播一样以立法对网络言论实施控制的一个尝试。由于相关条款的界定过于宽泛及模糊，CDA中关于未成年人保护的条款在1997年被美国最高法院在Reno v. ACLU案中认定为不具有合宪性，构成对言论自由的不合理限制。目前，美国与互联网内容监管有关而又未被裁定违宪的联邦法律有三部:《数码千禧年版权法》《儿童网上隐私保护法》和《儿童互联网保护法》。这三部法律分别是关于保护版权、保护儿童隐私以及保护儿童不受网络猥亵内容影响的。由此可见，美国最高法院对于通过制定法律手段规制网络信息是非常谨慎的，一般只有在涉及未成年人的利益的情况下才有可能通过。同样，德国的《多媒体法》在涉及网络言论的法律界限上也主要表现在对青少年的保护上。

新加坡有关网络信息的立法也相对严谨。《新加坡因特网运行准则》第4条"禁止的内容"在前两款详细规定了应受限制的内容之后，又在第3款规

① 侯健．言论自由及其限度［J］．北大法律评论，法律出版社，2000：81-101．另可参见张志铭．欧洲人权法院判例法中的表达自由［J］．外国法译评，2000(4)：38-69．

② 秦前红，陈道英．网络言论自由法律界限初探——美国相关经验之述评［J］．信息网络安全，2006(05):59-61．

定："更进一步的标准是，内容是否具有内在的医学价值、科学价值、艺术价值和教育价值。"在第4款规定："ICP持照人如果对节目内容是否属于被禁止产生怀疑时，应提交广播委员会认定。"这种更为严谨的规定无疑更有利于保护网络言论的多样性。

韩国在规制网络信息方面的力度相对较大，成果却并不明显。2005年10月，韩国政府发布和修改了《促进信息化基本法》《信息通信基本保护法》等法规，为网络实名制提供了法律依据。2008年，韩国女星崔真实因网络谣言自缢事件发生后，韩国政府进一步扩大了实名制的适用范围，试图以此遏制谣言。不过，实名制在抑制网络诽谤和谣言方面并未达到预期的效果。2010年4月，首尔大学一位教授发表《对互联网实名制的实证研究》称，该制度实施后诽谤跟帖数量从13.9%减少到12.2%，仅降低了1.7个百分点。[①] 这样的数据无疑是对网络实名制"抑制谣言和诽谤的初衷"的有力质疑。除了网络谣言和网络暴力没有得到改进之外，韩国网络实名制还经常遭到"钳制言论自由"的抨击。在韩国知名网站大规模泄露个人信息之后，韩国行政安全部表示，出于保护网络用户个人信息安全的考虑，政府拟分阶段逐步取消网络实名制。[②]

二、针对网络特性制定依法治谣原则

目前，世界各国治理网络谣言的法律对策基本上是从两个方面入手的：一是修改现行法律，如对已有的宪法、刑法等进行修改、补充、解释，使之适用于惩罚网络谣言；二是制定新的信息犯罪法规，通过单独立法来集中打击网络信息犯罪活动。无论哪一种对策，都要解决网络谣言是否适用于传统谣言治理的法律体系的问题，也就是说，要针对网络特性制定相对适宜的规制原则。

1997年6月26日，美国最高法院判定CDA违宪，从而拒绝了政府将广播领域中的言论自由的法律界限沿用于网络空间中的企图，并且指出："我们的判例并没有提供允许政府对这种媒介（指网络）进行审查的程度的标

① 柳圣爱. 韩国网络实名制的发展与式微［J］. 行政管理改革，2013(4)：60.
② 陈怡. 韩国拟分阶段取消网络实名制以保护个人信息［OL］.［2011-08-11］. http://news.ifeng.com/world/detail_2011_08/11/8336285_0.shtml?_from_ralated.

准。”[①]这表明网络空间中的言论自由需要有自己的法律界限。在反驳政府关于援用有关广播的宪法判例以说明自己有权对网络这一传媒进行控制的观点时，史蒂文斯法官代表最高法院阐明了网络应该有其独特的适用原则。最后，法院再次表明了对言论自由的价值的重视和捍卫言论自由的决心。这也就意味着，除非有特别充足的理由，否则法院是不会允许国会对网络言论基于其内容而以立法的形式加以限制的。美国联邦通讯委员会1997年公布的报告《数码旋风：网络与电讯传播政策》中提出了两点主张：第一，政府政策应避免不必要的管制，政府不应当轻易介入网络空间；第二，由于互联网与其他传统媒体具有明显不同的特点，管理传统媒体的规范不应当简单地适用于网络管理。

其实，在网络热刚刚兴起的1995年至1997年间，我国台湾学者中就曾有人撰文探讨了将广播、有线电视、邮政、电话、出版业的言论自由的法律界限应用到网络空间中的可能性，其结论是虽然每个领域都看似与网络有着某种相似性，但仔细分析，又存在着许多根本性的区别。这实际上就是指出了网络空间的言论自由必须适用其特殊的法律界限。[②]

三、法律治谣与自律规范相结合

基于网络信息传播的独特属性，各国在法律手段之外，还借助自律规范来规制网络谣言。英国的网络谣言规制实践就集合了强制性的立法介入与劝导性的自律规范两种方法。一方面，英国法律将网络空间的表达行为等同于现实生活中的表达行为，将现有的法规，如刑法、公共秩序法适用于网络空间，凡在网络上散布违反相关规定信息者，使用现行法律对其进行惩罚。另一方面，又呼吁加强行业间的自律。英国网络观察基金会为鼓励业者自律，于1996年9月与网络服务提供协会、伦敦网络协会两大ISP协会共同发表了一份名为《安全网络：分级、检举、责任》的文件，以此作为行业自律的指导原则。

新加坡由媒体发展管理局适时查处谣言，直至以诽谤罪起诉。1996年，

① 秦前红，陈道英．网络言论自由法律界限初探——美国相关经验之述评［J］．信息网络安全，2006(05)：59–61．

② 同上。

新加坡广播管理局被相关法规授权管理网络信息。2003年，根据修改的互联网相关法规，新加坡媒体发展管理局接替广播管理局，履行网络信息管理的职能。该局鼓励网络行业建立自己的评判标准。如果发现网络谣言，该局会适时查处，严重造谣的还会被以诽谤罪起诉。

2005年，日本一些政治人士曾强力推动为打击网络传谣专门立法，但因遇到阻力未能在国会通过。不过，六年后的日本大地震为日本重新开动立法手段制止网络谣言提供了契机。

2011年4月1日，新的网络谣言编造罪和参与编造罪作为宪法补充案的一部分在日本国会被提出。根据新法案，制造网络谣言的人可能被处以3年监禁和30万到50万日元的罚款。而且，警务部门有权要求通信商为其保存60天的通信记录，以进行谣言来源的调查。另外，日本的行业协会组织在抵制谣言方面也发挥着重要作用。2011年日本大地震后，各种谣言在网络上迅速流传。日本总务省发布通知，要求“电气通信事业者相关团体”所管辖的电气通信事业机构在保证报道的同时，采取为大众所知的必要措施，以消除谣言的危害。因此，日本地震期间，与邻国漫天飞舞的谣言和民众恐慌相比，日本国内非灾区的普通民众反而更加平静。

四、依法治谣手段不断提高

在依法治理谣言方面，世界各国都非常注重发挥技术对规范网络谣言的作用。针对法律治理措施单一，落后于互联网形势发展带来的网络谣言确定侵权者、证据链的固定、证明责任的承担、赔偿数额的确定等一系列新难题，各国纷纷通过提高技术水平、建立专门机构的方式来提高依法防治谣言的手段。

美国非常重视技术监控。美国国防部、国土安全部、联邦调查局等部门均设有网络安全监管机构。奥巴马担任总统后，成立了白宫网络安全办公室。美国联邦政府多个部门通过设立社交网络监控中心等措施，对网络论坛、博客、留言板等进行常规监控。美国还通过技术手段对网络谣言进行跟踪。美国Agence Virtuelle 公司推出了一款叫做Rumor Bot（谣言机器人）的软件，该软件可跟踪谣言，并分析和确定谣言的出处。虚拟机器人可以在互联网上扮演网络警察，实时跟踪和分析在线新闻组、聊天室，Rumor Bot通过搜索引擎和数据库在互联网上追踪谣言。[①] 德国内政部调集专业人员和技术力量成立信息和通信技术服务中心，为警方展开调查和采取措施提供技术支持，该中心下设一个类似“网上巡警”的调查机构，并赋予其特殊的调查权限。1996年9月，英国网络观察基金会成立，这是一个由英国网络服务提供商自发成立的半官方组织，在英国贸易和工业部、内政部和英国城市警察署的支持下开展日常工作，主要负责网络管理工作。俄罗斯也在繁复的网络监管中，将网络互动平台作为重点，对网民留言、论坛发帖实行24小时严格监控，并借助技术手段及时甄别，尽可能地把网络谣言的发生与传播消灭在萌芽阶段。

五、依法治谣对言论自由的保护

互联网时代对传统的言论自由保护原理提出了严峻的挑战，各国普遍建立了专门的互联网管理和协调机构，并制定了相关的法律和政策，以实现防治谣言与保护言论自由的平衡。美国宪法第一修正案保障公民言论自由。沙利文案等案例确立了美国言论自由的几条原则：国家有保护街角发言者免受质问者的暴力威胁的宪政职责，以保证“多样且冲突的观点暴露给公众”，支持广泛而多样性的公共辩论；除非言论不但可能导致即刻的危害，而且危害必须相当明显和严重，否则政府不得采取限制言论自由的行动，即霍尔姆斯大法官提出的“明显且即刻危险的标准”；新闻媒体不可因为诽谤了“作为抽象实体”的国家而受到刑事起诉。如果政府机关及公共官员无法证明媒体在报道中存在诽谤的确实恶意，则媒体可以免责（“实质恶意”原则）；不追求用一个定理或公式来笼罩所有有关言论自由的案件，而是逐案依其案情来平衡个人利益与公共利益的争执。

但是美国法律同时也对言论自由做了规制。最高法院认为，“最大的言论自由也不保障任何人在戏院中有诳呼失火造成惊慌奔逃的自由”。没有引发危害公众秩序导致暴乱的言论自由，也没有造谣生非的言论自由。最高法院认为，一个记者无权以主张言论自由及新闻自由权为理由，对他人名誉作伤害性攻击；法院对被控诽谤的新闻业被告，从来没有授予其以新闻编辑的

① 孟鸿，李玉华．基于国际比较的网络谣言治理［J］．广西社会科学，2012(10)：115.

绝对特权的先例；散布虚伪不实的资料本身无资格享受宪法第一条修正案（言论自由及新闻自由）之保障。但值得注意的是，美国近年来对记者等新闻媒体从业人员的标准与普通民众是不同的。美国司法部门一般情况下给予新闻媒体从业人员发布尚未来得及核实的信息的豁免权，但网民没有这样的豁免权，其不实的网上言论常常被定性为造谣诽谤，并受到法律制裁。

在德国的司法实践中，衡量网络言论自由与其他利益的冲突时，更多地体现为对网络言论自由的限制，尤其是在涉及儿童色情及反法西斯复兴等言论内容时，以限制个人权益的形式来实现对公共利益的保护。由于对网络危害性言论采取了积极立法规制的态度，许多评论家将德国称为“在全球传播界对于网络最不友好的国家”。

国外对于网络言论基本奉行自由主义理念，弱化行政干预对网民言论的管控，但对涉及未成年人和公民私权益保护之类的网络谣言则严加规制。规制手段大多是通过自下而上非集中化的方式来完成，比较注重管控措施的开放性和民主性，但是在保护国家核心利益时不排除使用强制、非常规等手段。在规制主体上，实现多元化，发挥市场调节作用，鼓励行业自律，重视通过民间团体和企业、个人的监督作用弥补“观点市场”的失灵。

第四节 谣言治理与言论自由保护的辨析

一、言论自由及其限制原则

“言论自由”的概念源自西方，关于言论自由的最为经典的表述见于美国宪法第一修正案及其相关阐述。然而并非所有的言论都是自由的。在司法实践中，美国最高法院将“言论”分为三类：纯粹言论、象征性言论（symbolic speech）以及附加言论（speech-plus-conduct）。[①] 所谓纯粹言论是指“口语、文字、图画、音像、肢体语言等纯粹用于表达、展现思想、技艺

① 甄树青. 论表达自由［M］. 北京：社会科学文献出版社，2000：23-24.

等而不与外界或他人直接发生物理学意义上冲突的形式、手段”；象征性言论则是指“所有目的在于表达、沟通或传播思想、意见等观念性质的因素的行为”，如焚烧国旗、佩戴黑纱等；附加言论即语言加行动，它是指“在设置纠察线（或警戒）、游行、示威时，言论混合着行动的情况”。根据言论种类的不同，美国法律对言论的限制也不同。纯粹言论被认为应该受到最高的保护，象征性言论被认为“非常近似于‘纯语言’”，而附加性言论则被认为应受到最严厉的限制，因为“它是在没有交流作用的行为环境中的语言表达形式”。网络言论大多属于纯粹言论。根据美国最高法院对待纯粹言论的传统态度以及纯粹言论本身的性质，即使存在以立法限制网络言论的必要也必须非常谨慎。

任何自由都不是绝对的。《公民权利和政治权利国际公约》第19条规定了自由发表意见权力的两项限制：尊重他人的权利或名誉；保障国家安全或公共秩序或公共卫生或道德。①我国台湾地区学者刘清波认为言论自由受到四个方面的限制：为国家安全所设的限制，为社会公益所设的限制，为个人法益所设的限制，为非常时期所设的限制。②学者张宝新认为言论表述自由至少受到两方面的限制，国家的限制：即来自公权的限制，通常包括有关国家安全的法律、国家保密法律、新闻检查法律等；民事主体享有的某些民事权利的限制，即来自私权的限制，主要包括名誉权、隐私权和肖像权。言论自由不能损害包括公民人格权在内的合法民事权利。

二、我国言论自由保护存在缺陷

尽管我国宪法对言论自由作出了规定，但是在法律意识和制度设计上仍存在很多不足。首先，宪法的规定过于简单，限制不够明确。有关表达自由的法律限制必须是明确的，这是表达自由的一般保障原则所要求的，如果限制表达自由的法规有模糊性或过分的宽泛性，不利于对表达自由的保护。我国宪法对公民享有的表达自由的内容、范围、行使的方式等均未作出明确的规定。而这些内容在其他国家的宪法，尤其是国际公约中一般都有涉及。其次，缺乏对表达自由的保护性规定，如美国第一宪法修正案规定“国会

① 郭卫华. 网络中的法律问题及其对策［M］. 北京：法律出版社，2001：193.

② 刘清波. 现代法学思潮［M］. 台湾：台湾地区黎明文化事业公司，1986：163-164.

不得制定剥夺言论自由或出版自由的法律”。最后，表达自由的具体性限制很少。

在宪法之下，我国一方面缺乏关于表达自由的专门立法，不能给表达自由以普通法的保障，另一方面，现有的涉及表达自由的法律法规还不完善，缺乏明确的法律界限，法律规定不明确就给行政、司法自由量裁权留下了过大的空间，不利于保障表达自由。民法对表达自由的保护不够明确。其外延和内涵没有其他民事权利那样明确，对于侵害表达自由的损害赔偿应当如何界定，实践中尚缺乏具体案例。另外，发生表达自由权与其他权利的冲突时，在民事审判实践中没有比较统一的原则和标准可循，这样也不利于表达自由的保护。

中国的宪法虽然也规定了公民享有表达自由的权利，但没有为这种权利的行使规定详细的操作规程，当我们试图讨论诸如言论自由的权利意味着什么的时候，经常会面临不知从何说起的尴尬局面。造成这种现象的原因是多方面的，笔者认为表达领域的问题无法通过司法予以救济，是非常重要的一个方面。西方有谚“无救济既无权利”。参照其他国家的成功经验，建立中国的言论问题救济机制，已经迫在眉睫。

三、平衡依法治谣和言论自由保护的原则

保证依法治谣和保护言论自由之间的平衡，需要遵循“保护”优先于“限制”的原则。言论自由是宪法上的基本权利和自由，不受民法的调整和保护，其内涵和外延不像民事权利那样明确。用公权力惩罚公民言论，特别是处以剥夺公民人身自由的刑罚，本应慎之又慎，必须根据行为的性质、情节以及社会危害性来决定是否构成犯罪以及所处刑罚的轻重。在“用民法来限制自由”的同时，更要看到“用宪法来宣示自由”的价值。公民言论自由作为一种宪法权利以及“一切权利之母”，法律管控的张力必须掌握在合理的幅度内。[①]在保护表达自由时，保护是常态，限制或禁止是例外。

保证依法治谣和保护言论自由之间的平衡，需要遵循合法性的原则。对表达自由的限制必须有法律作出明确的规定，对滥用表达自由的行为的处

---

① 王松苗．防治网络谣言：法律的张力与效度［N］．检察日报，2012-3-11(005).

罚，必须依照已经公布的法律。这里的法律指的是由享有立法权的机关制定的抽象的具有普遍约束力的基本法律。依据中国《立法法》第8条第5款，对表达自由的剥夺只能制定法律，也就是说只有全国人大及其常委制定的法律才能成为剥夺表达自由的依据。[①]我国《刑法》第三条“罪刑法定原则”指出，法律明文规定为犯罪行为的，依照法律定罪处刑；法律没有明文规定为犯罪行为的，不得定罪处刑。依据这一原则，除法律明令禁止传播的内容外，人们应当有权传播其他法律没有明令禁止的内容。但在我国谣言相关的法律、法规、司法解释中，却有数个条款使用了没有具体含义的“其他”型规定，如“其他情节严重的情形”“其他严重危害社会秩序和国家利益的情形”等。这种开放式的禁止，只是简单指出了禁止通过互联网传播的内容的种类，而没有给出各类禁载内容的具体标准，扩大了禁止的范围，不仅表达者在表达时难以掌握表达的界限，有关部门实施这些规定的时候，也容易无所适从。实践中容易被相关部门或官员滥用，从而对表达自由和信息的自由流动造成不应有的伤害。

保证依法治谣和保护言论自由之间的平衡，需要遵循合目的性原则。政府限制表达自由的行为满足上述合法性的要求，并不一定意味着限制就具有了正当性，因为法律首先存在因分布上不断变化的形势而变得僵化的问题。还应当从合目的性上来考察。合目的性的“目的”大致分为三类：公共利益、私人利益及维护司法的公正和权威的利益。公共利益包括国家安全、公共安全、公共卫生和公共道德，私人利益主要指自然人和法人的利益，包括维护他人荣誉和利益，防止涉及个人隐私和商业秘密的信息披露。维护司法公正和权威包括法院可以不公开审理并禁止媒体接触或报道涉及个人隐私、商业秘密和国家机密的案件，同时允许媒体和一般民众旁听依法应当公开审理的案件。

我国法律法规在规定互联网上禁止传播的内容时基本没有考虑互联网这种传播媒体与其他媒介的不同之处和其物理介质方面所具有的特点，互联网上禁止传播的内容与平面媒体和其他电子媒体所禁的内容基本相同。考虑到网络的发展还存在着许多不确定性，新制定的规章尽量不局限于开列细则，

---

① 王四新. 网络空间的表达自由［M］. 北京：社会科学文献出版社，2007.

而重在确立基本原则，制定出法律的框架，这就为多媒体法适应未来技术的发展留下了可供回旋的空间。

第五节 我国依法治谣的对策

一、修订、完善现行谣言规制法律体系

梳理现有谣言规制的法律、法规、部门规章和规定办法等，进行合理整合及分类发现，彼此相抵触、与实践不相适应等情形的，应及时开展解释、修订、补充、废止等工作，并根据互联网发展形势，针对谣言规制中出现的新情况、新问题，如管辖权责任主体、权利救济、新罪名确立、舆情引导反制等问题，要做到与时俱进，制定新的法律法规使执法部门的工作始终能够有法可依，同时为提高管控的效力和权威，并为其他谣言规制的法律法规提供有效支撑。要加快推进网络基本法的制定，当然制定网络基本法要由中央统一立法，要综合考虑国情，制定过程要严谨，论证要充分，内容要具体实践、要可行，从而最终逐渐形成由基本法、行政法规、司法解释等相融合的网络舆情管控法律体系。

二、明确谣言治理规范、标准和流程

谣言的法律控制是典型的事后控制，往往通过制裁、惩罚及相应的法律责任承担来实现，这就要触及当事人的实体和程序上的权利及责任。法律意义上的谣言不同于社会意义及行政意义上的谣言。由于涉及“因言获罚”或者“因言获罪”的问题，所以除了符合法律规定的要求，还要通过严格的程序来认定谣言违法或者犯罪。谣言的法律控制是多个部门法复合作用的结果，必须在宪法、宪法性法律、民法、刑法以及行政法等多个法律框架内行事。执法部门要事先把谣言治理原则、依据、权限、程序、范围和惩处措施以及侵权后的救济机制等对公众公布，让公众全面知晓相关法律的内容、适用范围、适用方式、适用条件、法律责任和法律后果等。执法部门不能任意

扩大谣言治理的范围，不能侵犯正当的言论自由。在确保安全的前提下，在国家利益用户个人利益和行业利益之间寻求合理的平衡，并正确把握知情权与隐私权、政务公开与党政机密、社会监督与造谣诽谤、言论自由与人身攻击之间的规制程度，力争把对管控谣言的负面影响限制在合理的、必要的最低程度之内，从而保证舆情的民主属性和法律维度。

三、促进法律手段与法外手段相配合

谣言的控制是个系统工程，仅仅依靠法律手段是不行的，必须结合行政手段、道德约束和技术手段，完善谣言治理方法，健全谣言治理机制。必须在法治框架内，在充分尊重公民言论自由、保障公民的知情权、放松信息规制、切实做到行政公开的前提下，合理运用行政手段来预防和控制谣言。一旦谣言形成并造成社会危害，就应该使用法律杠杆来控制谣言。应将事前预警、事中监测应急评估、事后责任追究结合起来，建立分级管理与属地管理相结合、政府管理与行业自律相结合、网上监控与网下管理相结合等多种工作机制，构建各部门分工负责、齐抓共管的谣言规制格局。同时以信息的及时、充分公开为关键，建立完善的信息发布机制。成立辟谣专门机构，充分利用各种渠道即时发布信息。以网络技术创新为抓手，提升技术监管的能力和水平。

四、平衡谣言防治与言论自由

各国宪法和其他法律对言论自由的行使采取了相应的限制条款。司法裁判中采取多种法律方法对言论自由的合理保护与限制进行分析推理。美国对言论自由的违宪审查，根据不同的界定标准，司法保护程度并不一致。在被誉为保护言论自由的宪法第一修正案当中，霍姆斯大法官阐明了对政治言论的限制必须是存在“清楚与现存危险”，司法的保护力度最大而限制最小；但对传播淫秽、泄恨、种族歧视等言论，几乎完全不受第一修正案的保护。另外，言论自由者的身份也是司法保护的重要因素。政治家、公务人员的言论自由程度较低，不得发表对当局严重不满的言论，以尽忠诚义务；而普通民众对政府可以进行广泛甚至肆意的批评。德国宪法法院将言论自由分为表达见解与陈述事实两类，采取不同的保护标准。表达见解是个人的主观意志，无所谓正确与否，因而不受任何限制；但故意和明显失实的事实陈述

不受基本法的保护。违反基本法人格尊严条款的侮辱性言论者会受到严厉制裁。各国划分保护与限制言论自由的法律标准不一，归于一点，即都在保护公民言论自由与维护公共利益之间找寻平衡点，个案中对两种利益进行综合考量后才会得出结论。我国宪法对言论自由的保护与限制，在第35条和51条有明确规定。从宪法条文分析，其也是采取了平衡的立宪技巧，只不过暂时缺乏保护言论自由的宪法裁判案例。参考国外的司法经验，依照宪法条款的指引，设定不同的保护标准，严格推理，合理判断，可以作为治理网络谣言与保护言论自由的司法裁判指引。①

在依法治谣的过程中，需要对公众人物和普通大众、政治性言论和普通言论予以区分。一方面要保证公众合法的自由表达和监督权利。针对政府官员的政治性言论，需要赋予公众更多的表达空间，这是民主社会的必然要求。除非能够证明其故意栽赃和丑化，否则法院往往推定其具有善意且不必承担责任。另一方面要保护公民私权，针对普通个人的一般性言论需要更多地保障个人的名誉和隐私。只有将两者的关系厘清和进行明显的区分，才能促进个人权利的行使和对公权力运行的监督，实现谣言防治和言论自由的平衡。法律治理尽管可以对造谣者产生威慑作用、增加造谣的代价，但是也可能存在伤害言论自由的“寒蝉效应”。因此在执法过程中应遵循对言论自由保障为主、限制为辅的原则。当言论自由和公共利益冲突、言论自由和隐私权冲突时，需要慎重地权衡利弊才能决定对哪一方的权利进行保护。

谣言是可以彻底消灭的吗？答案当然是否定的，只要有人存在就会有谣言。谣言是可以治理的吗？当然可以，但是治理谣言的同时面临着扼杀言论自由的风险。谣言是可以用法律治理的吗？当然可以，但是仅靠法律是无法真正治理好谣言的。另外，只通过信息公开治理谣言也是无法实现的，因为谣言与真理采取同样的传播路径，这就决定了观点的自由市场并不是完全有效的。而且人们会根据自己的情感和偏向选择性地接触信息。一般来说，信息公开针对那些事实性的谣言比较有效。但是对于情感性的谣言效果不大。只采用文化手段也不行，告诫人们网上的信息都是不可信任的，这会造成社会信任下降。因此要有效治理谣言，必须多种手段齐下，比如，改善社会环

① 段鸿斌．用法律思维应对网络谣言［OL］．［2012-5-4］．http://www.calaw.cn/article/default.asp?id=7014.

境、清理谣言植根的土壤；增加正面的社会信任使谣言无立足之地；加强信息流通和公开，为真相提供自由表达观点的场所；针对法律治谣的困境完善法律规制，增加造谣成本。最根本的还是要将几种途径结合起来，前两者是长治之本，信息公开要贯彻谣言发展、流传的整个过程，而法律治谣则要发挥强制性的作用。要谨慎使用法律手段，配合其他手段，做到信息公开和提高公信力。我们必须转变思路，不求从根本上消灭网络谣言，但求提高全社会对网络谣言的“免疫力”。因此，要在政府主导、全体社会成员共同参与的基础上，建立健全包括预警、控制和防范体系在内的网络谣言综合免疫系统，实现社会的“深度安全”。

第六章 突发公共事件中谣言的媒体治理途径

突发公共事件发生时，人们对信息的需求量增加，渴望信息快速流通，而面对面进行人际传播的传播力有限，往往难以满足社会信息需求，媒体便成为突发公共事件中最为重要的信息传播方式。因此，对突发公共事件中谣言进行治理时必须就媒体的力量作重要考虑。然而，媒体虽然地位重要，在辟谣工作中的表现却不尽如人意。当下媒体生态的复杂化、突发公共事件的高行为难度、自媒体失效的自净化效应以及新旧媒体联动的不充分，都给媒体治理突发公共事件中的谣言增加了难度。要想建立起媒体突发公共事件中的谣言治理机制，就必须从应急处理措施和常态制度建设两方面入手，针对以上提出的种种问题制定具体的解决方案。

第一节　媒体与突发公共事件中谣言的关系

突发公共事件中谣言的传播与媒体密切相关，媒体在其传播中扮演着双重的复杂角色。一方面，任何一个影响广泛的谣言几乎都离不开媒体的放大作用；另一方面，谣言的有效治理也有赖于掌握着最广泛的传播资源的媒体，有赖于其影响力、公信力和关注度。

一、媒体在突发公共事件谣言传播过程中的角色

卡普费雷曾认为：“报纸和后来的无线电广播的问世，以及最后视听设

备的快速发展，都未能使谣言烟消云散。尽管有了大众传播媒介，人们仍继续以口传媒介的方式获取一部分信息。大众传播媒介的出现远未能消灭谣言，它只是使谣言更加专业化而已：从此以后，两者各有其流通的领地。”[①]但现在看来，这种想法还是过于乐观，如今的谣言非但没有与媒体分道扬镳，反而时常搭载在大众传播媒介之上。就突发公共事件中的谣言传播情况来看，媒体在其中扮演着三重角色，即谣言的生产者、谣言的传播者以及辟谣者。

媒体作为突发公共事件中的谣言生产者，主要表现为传统媒体的“媒谣”现象和新媒体尤其是社交媒体的用户发布内容失控。

媒体本身的失实报道一旦引起很大的社会影响，便成为“媒谣”。一个典型的“媒谣”是刊登在2013年8月28日的《南风窗》的一篇名为《村官腐败透视》的文章，该文章提及河南省三门峡市某村村支书张大万（化名）性侵该村留守妇女、村干部虚报冒领铁路占地补偿、某县刘姓村主任贪污挪用征地款数百万被判刑等内容。该文一经发出，立即被各大网站以《村支书性侵村民留守妻子：村里一半都是我的娃》为题进行转载，一时间网民群情激奋。然而在9月3日晚，三门峡市新闻发言人公布了与报道完全不同的结果：首先，由于《南风窗》记者要求保密新闻来源，拒绝说出性侵留守妇女的村支书姓名及所在村，三门峡市尚未找到其人；其次，文中提到冒领铁路占地补偿的村，高速铁路根本没有从其所在镇经过；最后，当地法院排查近十年内村干部违法违纪卷宗，并没有发现刘姓村委主任挪用征地款上百万元被判刑一事。9月8日凌晨，《南风窗》发布致歉信，坦言《村官腐败透视》这篇文章存在着采访不够深入、把关不严的问题，而“村里一半都是我的娃”只是村干部私底下吹牛的话。“媒谣”现象不仅造成了不实信息的广泛传播，导致对事件相关人员和整个社会的不良影响，更损伤了媒体公信力。在突发性公共事件中，这样的“媒谣”也不少见。2014年8月，云南鲁甸发生地震，在救援过程中，有一条新闻格外引人注意，即解放军在灾区用浑水煮面，这种艰苦朴素、舍己为人的精神感动了不少网友。然而不久后环球网发布信息驳斥这条新闻，称“浑水泡面不属实，勿轻信伤害前方士气”，此说一出便

---

① 卡普费雷. 谣言［M］. 上海：上海人民出版社，2008：1.

引得舆论哗然，引发了许多不利于救灾工作的猜测与议论。但仅仅在一天之后，环球网要闻部副主任便又公开向社会道歉，称“我取的标题轻易地否定了一切，部队不会吃浑水面是常识，但吃了浑水面也是事实”，承认浑水煮面现象确实存在。

新媒体作为Web2.0时代的产物，以互动为根本逻辑，任何人都有机会在新媒体上发布消息，谣言的制造者也不例外。近年来许多影响恶劣的谣言都是通过新媒体，尤其是微博和微信传播的，比如“日本核辐射海产品抵达我国”“科学表明转基因大豆致癌”“北京又现不明枪声”等。2014年3月1日的昆明暴力恐怖袭击案件之后，互联网上涌现出有关此次事件的各种传闻，从事件本身（“昆明暴恐案11名在逃嫌犯名单”）到其他暴恐事件（“四川音乐学院3名操少数民族口音嫌犯砍人”），从抓捕凶手（“云南红河州多地抓获恐怖分子”）到医治伤者（“昆明暴恐案伤者需缴纳五万元押金”），谣言内容不一而足。这些发布自网民的谣言，与民众关注的热点话题，尤其是突发性公共事件具有较高联系度，传播力很强。

媒体还可能作为突发公共事件谣言的传播者出现，即大众媒介成为谣言的传播者。传统媒体缺少把关、新闻信息传播过度市场化、“一切以金钱为中心”等一系列问题都使谣言横行。虽然伴随着政府“打谣”行动的展开，媒体在一定程度上加强了把关意识，但把关失守的情况并没有消失。举例来说，在2014年3月发生的马航客机失联事件中，《南都周刊》曾在3月8日公开发表以《CNN：马航MH370航班已确定在越南胡志明市以北100公里境内坠落》为题的新闻；然而，CNN方面却表示从未发过这条报道。对于新媒体来说，互联网用户的隐匿、庞杂，信息海量、多样，使对每一条类似谣言的信息实施监控变得不再现实。

媒体作为掌握信息权力的重要主体，还在突发公共事件的谣言传播过程里承担辟谣者的角色。无论是传统媒体还是新媒体，在这一领域的工作都已取得了一定成效。举例来说，在以往的突发公共事件，尤其是自然灾害类事件中，谣言往往与政治权力和救援工作有关，这类题材不仅非常敏感，而且数量和类型多样，对突发公共事件的处理工作影响很大。仅在2013年的雅安地震中，就有“四川雅安当地政府不给灾民发放急需用品遭到民众围堵！武警镇压”“西安20多名志愿者山上迷路失去联系”“台湾红十字会：大陆要求先援助五百万人民币”“航空公司坐地起价”等数十条谣言，这些谣言与抗震救灾息息相关，其传播引起群众对地震救援工作的猜疑，直接影响了前后方抗震救灾的积极性。而2013年的“打谣”专项行动开展之后，媒体各界纷纷开启“辟谣模式”，北京、浙江等一批地区媒体辟谣平台被建立起来，新媒体和传统媒体加强优势互补，相互联动，突发公共事件中治谣工作初见成效。同样是地震，2014年的鲁甸地震善后处理过程中，事件相关谣言数量明显减少，类型也较为单一，谣言内容重点从政府行政力量和各种社会权威身上转移开来，吸费电话等经济诈骗类信息成为谣言主体。

二、媒体治理突发公共事件中谣言的必要性

“社会责任”这个词进入媒体视野的重要标志是1947年新闻自由委员会发表的报告——《一个自由而负责的新闻界》。这份报告对美国当时新闻自由的现状和前景展开调查，同时对新闻从业者的良知、责任以及这些责任对于公众舆论的普遍益处进行了讨论。《一个自由而负责的新闻界》标志着西方传媒社会责任理论的提出，从此之后，这个理论不断发展，不仅在学理上成为传播学界的主流思潮，也在实践上成为中西方媒体开展新闻工作的共识。传媒社会责任理论几经发展，论述颇多，近年来较有影响力的一本书是美国学者比尔·科瓦奇、汤姆·罗森斯蒂尔的《新闻的十大基本原则》。在这本书中，作者将“真实”看作是保持独立、监督权力并为无声者发言、行使公共论坛职责等原则的基础，倘若没有新闻真实，那么以媒体为基础的各种事务便无法按计划展开。作者指出，（新闻真实）是一个去伪存真的过程，它报道与公众、被报道者和新闻工作者之间的相互作用。[①]

对于互联网时代，尤其是Web2.0时代的媒体来说，真实尤其是一个去伪存真的过程，而且尤其体现为新闻相关人的相互作用。信息大爆炸不仅意味着人们可以更便利地获取信息，也意味着人们会更多地接触到虚假信息。微信给用户带来方便的同时也成为谣言的一大滋生地，需要我们在信息把控和提高受众媒介素养上下功夫。也就是说，需要我们在海量信息中去粗取精、去伪存真，帮助用户正确使用媒介，认识媒介信息，这也正是新媒体时

① 比尔·科瓦奇，汤姆·罗森斯蒂尔．新闻的十大基本原则［M］．刘海龙，连晓东，译．北京：北京大学出版社，2011：36．

代媒介的社会责任，是新闻媒体行使其他一切职责的基础和根本原则。

当今媒体在履行真实性原则时不得不将谣言治理考虑在内，将防谣、辟谣、治谣作为自己的职责。从媒体自身动因来看，一旦媒体沦为谣言的始作俑者或帮凶，便势必会使媒体公信力下降，进而影响其社会效益和经济效益，阻碍新闻工作的展开和新闻机构的发展；从外部动因上看，媒体还受到外部，尤其是政府的催促、推动，因而不得不重视对突发公共事件中谣言的治理。目前，我国政府已经注意到媒体在谣言传播中的重要性，对相关媒体行为做出了一定的限制和规范。2014年7月18日，国家互联网信息办公室（简称“国信办”）会同相关部门对北京知青网、莲池论坛、韶关家园、共和网、八达网等30家谣言信息较为集中且没有采取管理措施的网站给予临时关闭整改的处罚，并且对“抽屉新热榜”移动客户端给予暂停服务七天的处罚。这一处理首次在治谣工作中涉及手机APP业务。8月7日，国家互联网信息办公室发布了《即时通信工具公共信息服务发展管理暂行规定》（俗称“微信十条”）明确对微信、米聊、时光网等基于互联网的新媒体提出“后台实名制”“公众号审核备案”等要求。该规定还在即时通讯工具传播新闻信息方面做出了规定，首次提出互联网新媒体治理不实信息的具体措施。

从更广的角度来说，媒体在当今社会中起着沟通政府和公民的作用，按照哈贝马斯的看法，媒体是构建公共领域的重要手段，如果媒体在突发公共事件中不能提供真实有效的信息，那么公民便难以对事件进行正确反应，最终将导致公共事件的解决延滞甚至是整个社会的失谐。

综上所述，无论是从理论上还是现实上，无论从内部动因还是外部动因出发，当今的媒体都应当积极、主动地应对谣言，把突发公共事件中的谣言治理作为己任，建立传统媒体与新媒体联动的全方位辟谣机制。

第二节　突发公共事件中谣言的媒体治理问题

当下媒体辟谣工作的盲点和不足，可以用深层次的社会、历史、文化原因解释：我国文人论政的传统使得有关事件的报道和评论混淆，干扰受众对公共事件的把握；长久以来权威媒体的错误报道积累起来，使群众丧失信心甚至产生逆反心理，如此等等。这些因素大多是长期形成的，改变起来还需时日，但辟谣工作中的一些具体问题则是媒体在实践中能够觉察和把握的。这些具体问题主要有：媒介生态环境复杂化、谣言信息源和新闻现场的不确定性、失效的自净化功能、传统媒体与新媒体联动不足等。这些问题可能出现在信息的采集、编写、发布各个阶段，范围辐射报纸、电视、广播、互联网多种媒体，在治理突发公共事件谣言的过程里常常是相互交织、相互影响的。

一、媒介生态环境复杂化

转型期的社会形态，加之媒体技术的日新月异，导致当代的媒介生态环境呈现出复杂化的倾向，这种变化在突发公共事件谣言治理中主要体现在媒体新闻报道方式、传播大环境以及媒体人员从业道德等方面。

1. 新媒体的冲击促使传统新闻报道方式改变

新中国成立以来，我国媒体的新闻报道方式走过了十分复杂的变迁之路，期间几经挫折。十一届三中全会之后，我国媒体新闻报道方式从“以阶级斗争为纲”渐渐转向对事实的呈现，期间，我国媒体的新闻报道方式度过了映证式报道、负面新闻、白色新闻、中性报道、深度报道等阶段，最终确立了当前全媒体多样化的报道方式。学者陈力丹将1992年至2009年我国媒体的新闻报道方式总结为：

第一，报纸版面从“假头条”“多头条”，发展到多版组。

第二，图片新闻从“配合文字”，发展到领引新闻的“泛视觉化”。形成党报、央视新闻联播等与大众化传媒并存的新闻报道方式。

第三，电视新闻持续现场直播，进入同步新闻报道的时代。

第四，新闻报道小众化，传媒利益天平倾向“主流人群”。政策上如何适当抑制传媒无限追求利益的冲动，给予传媒为全社会服务以利益引导，逐渐确立传媒业的专业主义职业意识，是一个现实问题。

第五，阐释事实（时事评论）成为传媒新的竞争点。

第六，地方传媒实行放眼全球、全国前提下的“新闻本土化”。

第七，报纸、电视、网络联动报道，受众进入“速览时代”。①

2009年以后，新的媒介技术继续涌现，使新闻报道方式更添变化。从前，即使是在互联网出现之后，报纸、电视等传统媒体对新闻传播仍有绝对的主导力，作为“映证者”的作用尚未失效，传统媒体担任着权威角色，新闻报道甚至能够左右事实；但是当新媒体技术被广泛运用以后，公民被广泛地赋予传播权力，传统媒体的神秘性被打破，权威性被消解，这促使以Web2.0技术为支撑的新媒体获得了能和传统媒体抗衡的实力。媒介作为注意力经济的重要形式，公众注意力的分散和转移使新媒体和传统媒体都成为重要的传播力量，媒介之间、媒介与外部环境之间开始发生紧密的关联互动，任何形态的媒体都很难再做到一枝独秀，任何一种媒体都会受到其他媒体的影响。具体来说，新媒体的冲击导致了新闻报道方式发生了如下变化：

第一，新闻编排更为自由、灵活。对于新媒体来说，新闻编排的改变主要体现为主题化、系列化，网易、凤凰、腾讯等新闻门户网站对重大新闻的报道基本都采取这种方式。主题化、系列化的新闻编排方式得益于超链接技术，它使受众重视的相关事件的一切都能够在一个页面呈现出来，多角度、全方位地还原事件本身，也省去了受众自己搜索相关信息的麻烦。对于传统媒体来说，其常常通过几则新闻的组合透露言外之意，比如昆明《都市时报》在头版报道周永康涉嫌违纪被中央立案调查时，在此则新闻下面安排了一张老虎游街的图片，使周永康和党中央要打击的“大老虎”联系起来，值得玩味（如图6–1所示）。

第二，图片成为新闻主角，新闻报道多媒体化。近年来图片在新闻媒体上风头更劲，不甘于成为文字新闻的配角，图片更在腾讯、网易等主流新闻门户上成为主角。许多门户网站现在都设有图片频道，利用一组图片配以少量文字对事件进行报道。在社交媒体上，图片新闻更为常见。社交媒体，如微博、Facebook等，往往对字数有所限制，用户用文字完整描述一件事情很难，不如使用图片容易、直观、有冲击力。另外，当前的新闻报道除了图片外还常配以视频、音频、超链接，多媒体在新闻报道中的运用频繁，就连报纸、杂志、期刊等纸质媒体，比如《人民日报》《南方周末》，现都以采取公

① 陈力丹．论60年来我国新闻报道方式的演变［J］．国际新闻界，2009(9)：18–23.

都市時報
涉嫌严重违纪
周永康被中央立案审查
老虎游街
数十名群众遭砍杀
新疆警方击毙数十名暴徒
大乐透奖池
9.16亿元
云南新建设国际小学
雨龙家具城

图6-1　昆明《都市时报》2014年7月10日头版报道周永康被立案调查

布微信公众号、微博、手机APP之类的方式间接地传送多媒体新闻。

第三，新旧媒体联动，新闻报道速度更快，内容更丰富。互联网尤其是社交网络在时间上有先发优势，传统媒体积极利用互联网平台进行新闻线索的采集和传播，因而事件从发生到被报道往往没有时间间隔，正在走向实时化；而由于新媒体技术导致的传播权力下放，公民可以更自由地选择发布哪些信息或者关注哪些事件，更多的内容和更不可控制的偏好流动让媒体为了市场效果不得不对某些以往不会受到重视的事件进行追随，比如“郭美美事件”，如果没有网民的热议，可能媒体只会把它当做是一件单纯的、不值得提的炫富行为。可以说，新旧媒体联动，实际上从时间和空间上都已经破坏了从前新闻报道的框架建构模式。

第四，新闻报道分众化、娱乐化、碎片化特征持续显现。随着生活节奏的加快，人们用于媒介消费的时间并不多，各类媒介为了争夺受众的时间资源，均开始采取分众化、碎片化的策略，部分新闻逐渐趋于短平快、娱乐化；原有的新闻标准被打破，但凡能吸引受众兴趣的内容都会被放大、渲染，细节性、煽情性、审美化内容不断增加，奇谈怪论、奇闻怪事层出不穷。2013年360新闻数据汇总的《十大假新闻》（见表6-1）中就有好几起媒体为了博人眼球而夸大、歪曲事实的假新闻案例，如《老外街头扶摔倒大妈遭讹1800元》《张艺谋“一个孩子奖一千万”》《内地与香港学生因授课语言爆发骂战》等都是夸大其实的标题党产物，系失实报道。

表6-1 2013年十大假新闻①

2013年十大假新闻	
谣　言	真　相
2014年春节放9天	2013年11月1日，国家旅游局新闻处工作人员向“求真”栏目记者表示，2014年的放假方案还在研究中。12月11日，国务院办公厅发布“关于2014年部分节假日安排的通知”，春节放假调休共7天。
老外街头扶摔倒大妈遭讹1800元	2013年12月3日，北京警方通报，该外籍男子无驾驶证，所驾驶摩托车无牌照，在人行横道内将中年女子撞倒。警方于当日依法暂扣了肇事摩托车，其交通违法行为将依法受到处罚。
2020年才可异地办理生育服务证	12月10日，卫计委例行发布会上，相关负责人回应：第一，目前，生育第一个孩子，无论在户籍所在地还是异地，均可办理生育服务登记，不存在网传“到2020年才可异地办证”的问题；第二，生育第二个孩子，需要到户口所在地申领准生证。
张艺谋“一个孩子奖一千万”	12月1日晚，张艺谋授权艺谋工作室发表“致媒体与公众的一封公开信”，承认与陈婷育有两子一女，但其同时表示，“三四个女人，七八个孩子”“还有若干私生子”“一个孩子奖励一千万”等均为虚假信息。
西班牙47层摩天大楼无电梯	8月16日，新华社记者沿该楼A座的楼梯登上塔楼，发现电梯从地面直通到45层高处，只是由于资金问题暂时停止施工，因此现场只有一名安保人员。当地民众笑称，这只是个玩笑，抑或是一个小小的促销手段。
山东警方接警称电死外星人	警方通报，根据李某家中电脑存的资料证实，“外星人”是李某用钢丝、骨胶、白色素等自己制作而成，为了制造轰动效应，引起广泛关注，又制作了滨州市民电死“外星人”的假新闻。
辽宁运往苏州570头牛感染炭疽杆菌	辽宁省畜牧局表示：今年以来，辽宁省并未发生禽畜炭疽疫情。2012年，也只在沈阳市辽中县发生一起牛感染炭疽，疑似炭疽死亡牛37头，确诊3头，扑杀同群牛145头。关于“炭疽杆菌”的谣言已多次出现，且有不同版本。

① 百度百科．2013年十大假新闻［OL］．［2013-12-20］．https://baike.baidu.com/item/2013%E5%8D%81%E5%A4%A7%E5%81%87%E6%96%B0%E9%97%BB.

续表

2013年十大假新闻	
谣　言	真　相
网友海购奶粉意外收到袋鼠	青岛市公安局工作人员告诉记者，获知此事后他们立即对四方区每个派出所进行核实，但均表示没有此事。据青岛海关外宣科的工作人员表示，虽然他们正在核实此事，但就目前的证据来看，未发现有此类动物入关的迹象。
中国将设陆军总部及撤销驻港澳部队	12月10日，国防部发布消息称，日前就网传军队体制编制改革相关信息，向总部有关部门征询获悉，近期网上流传的各种涉及军队体制编制调整改革的信息均纯属猜测。根据党的十八届三中全会关于深化国防和军队改革的战略决策，总部有关部门正在积极筹划部署，研究贯彻措施，积极推进国防和军队改革任务落实。
内地与香港学生因授课语言爆发骂战	事后，涉事老师及学生表示，根本没有报道渲染的那么夸张，“骂战”是子虚乌有。香港城市大学也向师生发出了澄清电邮。“第一周授课后，有5位本地学生和两位内地学生留下来，与老师讨论授课语言的问题。本地同学担心，采用普通话作过多解释，会影响教学进度；内地同学表示，会尽快学习广东话，早日融入粤语授课环境，希望本地同学能谅解。”

第五，新闻报道内容由传统介质延伸至互联网领域。根据新浪认证——媒体汇（http://verified.e.weibo.com/media/）统计，到2014年12月12日，北京、广东、香港、澳门各地均有超过500家媒体驻站新浪微博，山东、江苏、上海、浙江、湖南等地在新浪微博上开通官方微博的媒体也超过了200家，数量惊人。其中排名前十的媒体官方微博的粉丝数均超过420万人，其影响面可谓巨大。另外，随着微信的普及，不少传统媒体又开始开辟微信公众号，新闻发布渠道逐渐微信化。

第六，新闻报道过程中的受众参与度增加，新闻是媒体、公民、事实等多方互动的结果。一方面，许多新闻报道的取材来自于公民自媒体发布的内容，公民更直接地成为媒体报道的“指南针”；另一方面，网络自由、公开的讨论环境让公民新闻借助网络崛起，形成一种重要的新闻形态，受众可以对新闻进行转发，并可以广泛地参与讨论。在这个过程中，“网络受众作为信息接受者和传播者的双重身份得到了越来越多的体现，网络舆论的力量不可小觑”[①]。

新闻报道方式的改变加大了突发公共事件中谣言处理的难度：首先，新闻编排自由化固然是好事，能向公民提供更新鲜有趣、富有深刻含义的信息。然而媒体的不当运用反而给自己带来极差的社会影响，影响自身的公信力。比如在2013年对雅安地震的报道过程中，《贵州都市报》在头版雅安地震的照片下面刊登大幅广告图片，引起了公众对该报的不满。其次，图片和多媒体直观生动，但往往只能记录一时一地的情形，而无法描述整个事情的来龙去脉，这样的报道方式很容易使受众“断章取义”，而且图片和多媒体资料也十分容易被滥用，为有意造谣提供“佐证”。2013年8月在辽宁省抚顺市的洪灾中，就有多名网民利用东南亚海啸照片冒充灾害现场照片，造谣者称已死亡千余人，后被拘捕。再次，虽然新闻报道更快、更丰富，能很快反映出公民的信息诉求，但是也很容易被网上流传的信息误导，成为谣言的二传手。最后，受众凝聚成强大的草根力量参与新闻报道，很有可能会左右媒体的报道方针，使媒体难以保持新闻伦理道德，最终妨碍防谣辟谣治谣工作的开展。根据一项对网民新闻跟帖情况的调查，大多数网民评论都是情绪化的，客观理性的评论只占到了一成多，[②]如果这时候仍然盲从“民意”，就很可能让新闻报道失去本该有的真实、冷静与客观。

2. 文化态度刻板化导致媒体态度简单化

美国社会学家特·西布塔尼曾经给谣言下过一个充满活力的定义：谣言是在一群人议论过程中产生的即兴新闻。这就是说，谣言是一种集体行动，在同一个社会环境中的某一个社会群体具有同样的价值观、对某事抱着同样的看法和态度，这是谣言引发人们共鸣、进而大肆流传的基础。媒体机构作为社会组织，必然会有自己的企业文化理念和价值观，每种文化理念都不是十全十美的，媒体文化基础也必然有其片面性，造成识别谣言、辟除谣言的盲区。放眼整个社会，流行文化一波接着一波，主宰着大多数人的思维，这些文化也并非尽善尽美，刻板偏见是必然存在的，而这种固有的文化态度削弱了人们对某些谣言的批判能力，传媒作为流行文化的承载者以及追逐受众

---

① 马婧．从媒介生态学角度看网络受众的双重身份［J］．新闻世界，2010(5)：158-159.

② 张梅贞，李珊珊．公共领域与公民的网络理性表达分析——基于新浪新闻网民跟帖评论的实证研究［J］．新闻知识，2014(10)：34-36.

目光、迎合受众喜好的行业，无疑也受到刻板化的文化态度的影响，这增加了谣言治理的阻力。媒体内外部的文化价值观相互交织、相互影响，难以理清。

现在流行的“屌丝”社会文化及其语境中的媒体集中体现了这种固有文化态度的刻板与片面。

“屌丝”这个词汇并不像一般的流行语一样多盛行在关注潮流的青少年群体中，而是已经跨越了年龄、身份、地理的种种界限，成为被成熟个体，甚至是成功人士接受的词汇，并且衍生出多种内容产品和意义，发展成为一种社会文化。目前的“屌丝文化”表现为三种样态，分别是作为自我矮化的“屌丝文化”、作为流行话语方式的“屌丝文化”和作为一种抵抗的“屌丝文化”。但无论是哪种样态，屌丝文化都体现出社会角色简单化和粗暴的社会阶层化特点。

社会角色简单化。正如拉康所说，词的世界创造了物的世界，“文化的王国”始终凌驾于“自然的王国”之上，[①]是语词，是象征构建了我们周遭的世界，让我们以某一种方式认识或不认识事物。“屌丝文化”通过对社会角色的塑造，尤其是简化归类的方法，影响着我们对这个社会的看法。诸如“矮穷挫”“白富美”这类名词，抹平了从前工人、农民、学生、白领等多种社会角色的界限，模糊了所有的道德、性格、质量等“无形”精神上的差别，以一种按个体物质上的胜负优劣划分的方法对社会角色进行简单归类：就男人来说，有“屌丝”“高富帅”“男神”等选项；而女人则被划分成“女神”“女屌丝”“白富美”……这种社会角色分类暴露出来的是崇尚物质的价值观以及人与人精神上的同质，正是由于过于崇尚物质，人们才会以物质作为衡量人的单一标准，造成个体间精神层面上的模糊。正如狄尔泰等人文主义学者所说的那样，人与其他动物的根本区别就在于，人是生活在价值与意义之中的，人的存在不可能脱离意义，也就是人的精神文化。“屌丝文化”忽略了人与人之间的根本差别。

粗暴的社会阶层化。由于归类标准单一，屌丝文化将人按照身材、相貌、财富的标准进行区分，导致社会上出现高和矮、胖和瘦、美和丑、穷和

---

① 约翰·斯道雷. 文化理论与大众文化导论［M］. 常江，译. 北京：北京大学出版社，2012：124.

富的二元对立以及相应的阶层对立。知识分子、农民、工人、白领……这些建立在阶级基础上的社会群体被打散重组，构建出超越工人、农民、资产阶级等传统社会阶级的新型社会阶层。然而，阶级的划分是建立在经济基础上的，“屌丝文化”的阶层划分也显然是与经济脱不开关系的，所以这种阶层设置实际上并没有超越阶级性；不仅如此，在“屌丝文化”的语境中，一个人要么是“矮穷挫”，要么是“高帅富”，根本没有其他选项，这比以往任何文化体系都更强调阶级性、强调差异、强调两极分化。

媒体，甚至是如中央电视台这样的老牌官方媒体也受到屌丝文化的影响，这样的事实是不能否定的。在2013年1月1日央视经典节目《焦点访谈》中，曾经将“高富帅”“白富美”“屌丝”等词纳入2012流行语，并且通过专家点评给予了其“代表民众诉求”的“草根文化”的正面评价，认可了其合理性。作为中国四大门户网站之一的凤凰网和目前中国最大的互联网综合服务提供商之一的腾讯网也都曾专题评论“屌丝文化”及其话语方式，将其定位成对现实的自嘲式解构。更多的情况是媒体运用“屌丝文化”的话语方式，就像湖北卫视的《名人堂》的一期节目《互联网风云“屌丝”周鸿祎》就是利用“屌丝文化”的词汇和概念，来解构和戏谑互联网大亨、奇虎360董事长周鸿祎这样的传统权威人物。

在突发公共事件谣言治理过程中，一旦媒体被社会角色简单化和粗暴的社会阶层化的文化现象所影响，必然会片面甚至是偏激地看待公共事件本身，先入为主地看待谣言，不去辟谣，甚至是在媒体上大肆宣传不实的消息。2013年10月的余姚水灾中，引起轩然大波的“鞋哥”事件就是例子：10月13日上午，一张来自余姚水灾现场的名为“老汉背领导蹚水”的照片被发布在华声论坛上，只见照片中一位老者背着一名穿皮鞋的男子蹚水而行。随后有网民爆料称：“余姚三七市镇某领导下乡视察水灾，因穿高档鞋由近六旬村支书将其背进灾民家里。”这一事件在新媒体上被疯狂转载和评论的同时，也引起了传统媒体的关注和热烈讨论。央视《新闻1+1》栏目主持人白岩松对此评论说：“这属于鞋没进水，脑子进水了……接下来由组织处分，到下午五点多的时候，就已经把他镇主任的职位罢免掉了，我想这样一个快速的举动，也体现了一种执行力，而且反映出，不管你是哪一级领导干部，你只要是脱离群众，都是零容忍。”令人啼笑皆非的是，报道后的调查表明，“鞋哥”事件并非网民及媒体猜测的那样，实情是：背人的老者和被背的领导是熟人关系，并且是长幼关系，不存在干部欺压群众鱼肉百姓的情况；而且该领导也没有穿所谓的高档皮鞋，而是穿了一双布鞋。在这次的报道评论中，《新闻1+1》节目显然是受到了社会文化中阶层对立思想的影响，对社会中存在的矛盾过于敏感，这才导致报道的失实与评论的偏激。再比如在2014年南京青奥会中，曾流传着这样一条谣言：南京青奥会体操全能比赛中，日本选手在跳马项目上失误摔倒，现场观众立刻发出“热烈”的掌声喝倒彩……讽刺的是，这条谣言竟然是国内互联网巨头腾讯网发布的。不难看出，在传播这条谣言时，也正是因为近年来“中国人就是素质低”这样的自我矮化思想盛行，腾讯新闻的编辑才未经核实事实就鲁莽地发布了信息。在突发公共事件面前，许多媒体不自觉地陷入刻板化态度进行报道，不仅“煽风点火”、歪曲夸大了事实，还给受害者带来了伤痛，更对整个社会和媒体自身都带来了不良影响。

3. 行业规范的缺失与模糊

随着媒介市场竞争的白热化，报纸、杂志、电视、电影、互联网、手机……每一类媒体机构都时常遭遇挑战，面临被淘汰的危机，是追求商业利益在市场上叱咤风云，还是追求媒体责任脚踏实地，这两种选择之间的冲突日益尖锐。在这种情况下，一些媒体及其从业人员放弃了社会责任，一味追逐商业利益，致使虚假信息、庸俗报道、新闻炒作屡禁不绝。

另外，传统媒体遵循党性方针，新媒体更以受众或者说市场为重，两者间的交融和冲击将彼此的从业方针和行业规范糅合，也导致媒体行业规范模糊化。这是复杂的媒介生态在媒体机构层面产生的最重大影响之一。

媒体涉及两种自律方式：一是行业自律，二是媒介个体自律。行业自律是指既超脱于政府之外又不受制于任何一家媒体的行业组织对传媒实行行业管理。媒介个体自律是指媒体和从业人员有明确的职业道德观念，愿意采取一定措施进行自我约束，在自由报道新闻的同时又不滥用新闻自由，从而对社会和公众负责。[①] 从这两方面来看，我国媒体行业规范都是缺失而且模糊的。在行业自律方面，虽然媒体机构大多签订了网络文明公约等行业规范

① 彭剑．媒体自律与逆向监督［J］．新闻爱好者，2000(2)：29．

倡议书，并且加入了各类行业相关协会，参加各种政府或社会组织的社会责任论坛，但不少媒体私下还是被经济利益所驱使，在行使传播权力时缺乏从业道德。超脱于政府之外又不受制于任何一家媒体的行业组织，根本没有足够的力量来威慑和制裁不道德的从业者。具体来说，我国现行的媒体行业规范缺乏制裁措施，比如中国互联网协会2012年发布、多家媒体签署的《中国互联网协会抵制网络谣言倡议书》，这可谓是目前来讲互联网媒体行业签订的与谣言有最直接关系的文件，但倡议书中的八条内容无一条提出媒体不遵守条款的后果。在个体自律方面，世界上大多数国家和地区都有新闻媒体自律规范，不少国家还制定了自律信条，如澳大利亚的《新闻记者道德信条》、埃及的《报业工作和伦理准则章程》、加拿大的《报业廉正章程》等。有些国家，如“英国、意大利等，新闻记者组织的自律规范被授予准法律的（quasi—legal）地位”[①]。这些章程和规范无论从道德层面还是技术层面都为广大新闻从业人员提供了操作守则，基本每一种新闻实践情况都能找到与之相对应的条款，指导性和约束性都很强。但是在我国，始终未有明确、具体的媒体从业者公约，个人自律效果欠佳与自律规则的模糊、空泛有直接关系，缺乏客观可量化且具体可行的行业标准让一些心术不正的媒体从业者钻了空子。有些记者为了获取更大的经济利益会发布“有偿新闻”：2012年至2013年之间，《新快报》记者陈永洲多次发文章批评中联重科“利润虚增”“利益输送”等，被抓获之后，陈永州所在的《新快报》立刻呼吁政府放人，使事件一再升温，然而经过调查，陈永洲的这些报道的确不属实，是与其有利益关系的第三方提供给他的，已经构成了“涉嫌损害企业商誉”罪，《新快报》随即也只好发布道歉声明，陈永洲事件最后变成一场闹剧。

在突发公共事件谣言治理过程中，媒体的作用不可小觑，媒体从业者作为议程设置的实际操作人员，对政府、人民群众应对突发公共事件的态度和行为都有着重要的建构作用。举例来说，有研究者专门对以20到30岁之间、具有本科以上学历的在校生为代表，即对社会问题敏感度高、社会活跃度高、情感色彩丰富且具有一定理性分析能力的人群进行过一项调查，证

① 魏永征，张咏华，林琳. 西方传媒的法制、管理和自律［M］. 北京：中国人民大学出版社，2003：9.

明出社会媒体信息策略能有效降低受众在食品安全危机中的负面态度。[①]一旦媒体机构及从业人员放松了自己的从业标准，抛开自己的行业道德，盲目迎合受众的喜好，或是故意制造一些骇人听闻的信息来博取人眼球，媒体便会丧失社会责任感，并丧失包含在社会责任感之中的对真实性的坚守。比如2008年奥运会前夕，就发生了一场“纸馅包子事件”：原北京电视台生活频道《透明度》栏目组临时员工訾北佳，为谋取所谓的业绩，自带纸箱和肉馅等原材料，谎称喂狗让制作早餐人员将纸箱剁碎放进肉馅中，通过偷拍、后期配音、剪辑等手段，做成了一期《纸做的包子》节目。节目播出后，群众陷入对食品行业的不信任中，有关部门虽然立刻在对多地的包子进行排查之后通报并未发现纸馅包子，但群众对食品安全的担忧已经很难缓解了。

二、突发公共事件加大媒体行为难度

突发性公共事件，尤其是地震、海啸等灾情爆发时，一切都要为救灾抢险让路，因此专业媒体很难第一时间进入突发公共事件现场。雅安地震发生在4月20日上午8点02分，虽然在15分钟后正在化妆间准备婚礼的雅安电视台主持人陈莹利用拍摄婚礼的摄像机第一时间播报了灾情，但严格来说，10点30分四川卫视的“雅安芦山地震特别报道”才是第一家发布此次灾情的专业媒体，而其他媒体还要更晚。没有现场就没有确切、直观的消息，没有确切、直观的消息媒体就无法向受众呈现突发公共事件的情况面貌。另一方面，有些公共事件发生时，当地政府和有关部门出于保密工作或某些其他目的会对事件进行掩盖、破坏封锁现场、控制相关人员、阻断媒体信息源、干扰媒体信息采集工作，极个别者，甚至可能会直接向媒体透露不实消息或者施加政治压力，让媒体无从下手。在专业媒体无法得知和发布真实信息的情况下，为了通报最新消息，编辑和记者往往只能小心翼翼地采用新媒体尤其是自媒体上用户的说法，且没有材料可以考证其真实性，报道很容易有偏颇。谣言本身就具有很强的迷惑性，辟除一则复杂的谣言需要十分的逻辑和才智。媒体比起其他社会主体，具有更强的传播优势，要想治理谣言，首先便应当利用采访资源，对真实信息进行采集和传播，找到可信赖的信息源，

---

① 史波，翟娜娜，毛鸿影．食品安全危机中社会媒体信息策略对受众态度的影响研究［J］．情报杂志，2014(10)：59-65．

对信息源进行审核调查后确认消息的真伪，才能够成功地辨别谣言、辟除谣言、治理谣言。

2014年3月8日发生的马航客机失联事件中存在一种反面典型："飞机迫降在不为人知的小机场里！""菲律宾人在海上发现了飞机，不少人还活着！""CNN说已经坠毁在越南的海里了！""两个持假护照的！不，是四个还有五个人买了票没有登机！"……从3月8日开始，各方言论和信息纷繁复杂，"迫降说""坠海说""假护照说""击落说"你方唱罢我登场，真假难辨。事态的重要性和模糊性让马航谣言呈现出"漩涡"复式传播的特点，1小时前得到的信息，短短1小时后就又被证伪，呈现出造谣辟谣，再造谣再辟谣的发展态势。

媒体从头到尾只能通过采访获取马来西亚官方的信息，但是这种"漩涡"复式的反复造谣、辟谣证明，马来西亚方面在信息发布上非常不专业，无法对客机失联事件作出合理解释（后续官方信息甚至自相矛盾），这直接导致了媒体发布不实信息，更严重的是这些信息也对搜集活动造成了一定困扰，引起了国际社会和公众的不满。

从媒体主观方面来看，在突发公共事件的报道中做到滴水不漏也是很难的。首先，这可能需要巨大的资本投入，并且不一定有回报。还以马航失联事件来说，客机的搜寻地点繁多，越南南部海域、越南土珠岛南、泰国湾海域、南印度洋任务海区等地带都在进行打捞，只要是发现飞机残骸、碎片的可疑地点都被列入重点搜查范围。媒体显然没有精力和能力对这些现场一一进行排查报道。其次，媒体从业者在灾区未必就能以一个专业媒体人的角度来展开工作，出于人道主义其有可能会因为救人而将采访放到一边，出于悲愤、同情其也有可能会生成过于情绪化的内容。

三、失效的自媒体净化——以微博为例

"微博自我净化功能"来源于生物领域的"水体自净"。"水体自净"是指受污染水体自身经过物理、化学和生物过程的同时作用和相互影响，经过一段时间的自我清理，恢复到原来的清洁状态。[①] 同理，"微博自我净化功能"是

① 肖珺，庞航宇．微博自净功能与辟谣模式选择研究［J］．现代传播，2012(8)：138-139.

指微博中出现无根据消息及虚假信息时，尤其当消息涉及公共利益与他人利益时，微博中的知情者、相关机构及具有延伸性关系的人员出来发布信息以相互补充、纠错，事实真相在此过程中逐步明晰，微博谣言在此过程中逐步消解。

喻国明教授用“无影灯效应”来比喻这一过程。“无影灯效应”是指，每一个人的观点都是不全面的，就像每个灯下面都有一片阴影。但是当所有知情人的观点汇聚在一起时，就会形成一种互相补充、纠错的关系，实现真相再现。[①]

1. 微博自我净化功能实现的条件

（1）微博平台保持开放性

从根本上来说，微博自我净化机制的实现源于微博自身平台的开放性。微博使每个人都成为传播者，都可以在微博平台上发表观点，自由与他人交流。微博参与者覆盖社会各个阶层，多元的人员构成结构使不同成员的需求与声音都能表达出来。微博的开放性和参与的多样性，使其成为思想自由交易的市场。在思想自由市场中，真相与谬误、虚假与真实相互斗争，真相越辩越明，真相逐步战胜谣言。微博自我净化机制需要保持微博平台的开放性，为用户交流提供良好的对话平台。自由、多元、开放是微博发挥自我净化机制的重要条件。

（2）微博平台的便捷性

微博自我净化机制的实现，还得益于微博自身的传播方式。微博发布方便、快速、便捷，可以与事件实现零时差直播。当微博谣言快速扩散时，辟谣信息也可以用同样的速度传递。2010年，“金庸去世”的谣言仅仅出现20分钟后，凤凰卫视主持人闾丘露薇就在微博中以金庸先生动向为依据，指出这是谣言。很多金庸老师的好友也纷纷出来辟谣。这条谣言在短短一瞬间就被消解。可见微博能快速传递真相、消解谣言。

微博传播方式是核裂变式的扩张路径。当用户发布消息时，这条消息便会沿着粉丝圈的不断重叠快速被转发，从而在最短的时间内波及最大的范围。微博可以内嵌到移动终端，用户可以随时随地接收到信息与转发信息。当微博上出现谣言时，辟谣者会通过“@精准用户”的方式以微博传播路径

---

① 喻国明. 微博谣言是个伪命题［N］. 中国青年报，2011-09-11(3).

为渠道将真相最快地告诉公众、消解谣言。

（3）公民意识的提升

在微博上，每个公民都是传播者，都可以自由发表自己的看法与观点。微博成为汇聚民意的舆论场。与此同时，微博的匿名性，可以使用户减少群体压力，更好地表达自己的观点。公民积极利用微博监督公权力，自觉维护公共利益，会主动对危害社会公共利益的谣言进行甄别和辟谣。所以，微博自我净化机制离不开每位公民公共意识的觉醒。微博用户的文化素质在不断提高，对一些明显违背生活常识的谣言会有很强的辨识度，从而减少这类谣言传播的影响力。如“有人吃烧烤使隐形眼镜融化致失明”“恐怖分子通过在食物中滴入带有艾滋病的血液来传播病毒”等谣言是可以被鉴别的。微博用户媒介素养的提高，会形成微博谣言的传播过滤机制，减少微博谣言的传播，从而优化整个微博生态环境系统。

2. 微博自我净化实现路径探析

微博生态圈是由微博不同参与者的主体行为及其相互作用共同形成的。微博自我净化机制离不开微博使用主体的行动，也离不开微博的环境限制，所以微博自我净化机制要通过使用主体在微博环境中的互动来消解谣言。

（1）普通微博用户的积极参与

微博参与者的主体是普通的博友，尽管他们发布的信息不会像认证用户那样受关注，但是他们作为群体的集合力量会产生巨大能量。虽然有时候，它会形成群体态度影响一些公民的判断，出现跟风现象，滋生谣言。但是，微博普通用户聚集在网络空间中，如果加以引导，从事辟谣，就会产生很大力量。

新浪辟谣官方平台中，有些信息就是由普通用户提出质疑和追问。例如2012年，有网友质疑白血病女孩鲁若晴的故事系杜撰、炒作。在网友的质疑下，新浪微博经过联系其朋友、记者等相关知情人，证实确实有其人，病情属实，但是用的是化名。网友的质疑与追问推动着对事情真相的追求。

除此之外，普通用户会积极参与到寻找真相、提供证据的过程中来，为调查事情真相尽一份宝贵力量。如在2013年2月，河南义昌大桥段，因为烟花爆竹车辆发生爆炸，导致大桥坍塌。2月4日，事故指挥部公布10名遇难者名单。此名单放在微博中，被广大微博用户广为转发。但是微博用户发现，烟花爆竹车辆的肇事司机石彦飞并没有在死亡名单之内。用户将信息发布于微博上，质疑官方死亡名单缩水。此微博广泛被转发。2月6日，事故指挥部将死亡的3名肇事司机列入名单，死亡人数上至13名。微博普通用户积极参与，不仅为谣言传播筑起了一道防火墙，还有利于微博的自我净化。

（2）加“V”微博用户的推动

谈到微博，不得不谈“V”字认证用户。“V”字认证用户大概包括：明星、知名媒体人、某一行业的精英、企业、政府机构等。这些人往往有大批粉丝。在微博中，粉丝意味着渠道。认证用户代表着更多的传播渠道，更多的公信力，更多的话语权。“V”字认证用户在微博中的身份大多与现实挂钩，在聚光灯下，他们会更加注重自己的言行。并且粉丝比较信任“V”字认证用户发布的信息，并予以更多的关注、转发与评论。除此之外，这些用户手中握有很多的资源，利于从源头查证谣言。

（3）微博运营商的自我优化

微博不仅是公众发表观点的媒介平台，它还是网络产品。我国最主要的微博主要集中在运营商手中。比如新浪、腾讯、搜狐等。网络运营商开通微博的目的是吸引受众注意力，从而实现盈利。但是，微博谣言使微博环境不断恶化，不利于微博的可持续发展。2010年，新浪首先开创了官微“微博辟谣”来粉碎谣言。2011年的突发性公共事件中，微博谣言引起了社会极大的关注。在此情况下，其余微博运营商纷纷开辟官方辟谣账号。网易推出官微“微辟谣”，搜狐、腾讯推出同名官微“谣言终结者”。

新浪“微博辟谣”成立最早，在重大事件中及时有力地进行微博谣言的澄清行动，在微博用户中树立了追求事实真相的形象，积累了不少人气。新浪微博辟谣成立了专门的辟谣小组，并与新浪网的其他频道形成联动机制，一旦发现信息，会通过官方账号进行辟谣；除此之外，微博辟谣在微博平台中设置举报系统，鼓励微博用户进行质疑与举报，从而为微博的自我净化机制提供便捷的条件；微博辟谣账号为了扩大信息的传播力会与具有影响力的传统媒体用户及政务微博互为关注，互相纠正和传播真实信息，促进微博谣言的消解，从而净化微博环境。

（4）政务微博填补信息缺位

截至2012年12月底，新浪微博注册用户已超5亿。为了加强与公众之间的交流与沟通，微博平台上出现微博认证的政务微博。政务微博的主要作用是政府及其政府官员借助微博平台及时向公众发布消息、及时就谣言进行辟谣、与民众互动来促进政府与民众之间的对话。在以往的重大事件中，由于政府声音的缺位，致使公众质疑，导致谣言四起。政务微博作为政府发布消息的渠道，可以即时公开信息，表明态度，回应民众的质疑。在政务微博中，尤其以"平安北京"为代表，政务微博采用亲切的话语形式，及时公开信息，获得了很多民众的喜爱，拥有大量粉丝。"平安北京"设置8人团队24小时值班，如果有谣言会第一时间出来辟谣，减少谣言的传播。在2013年3月下旬出现的H7N9禽流感事件中，并没有出现较大慌乱。各级政府在微博中及时公布疫情现状，将政府防治疫情现状告知民众，并将权威专家的防治措施作为小贴士转发给民众。以往突发性事件中，例如SARS事件中，政府瞒报疫情，以致权威信息缺位，致使疫情快速扩散，引起慌乱。在SARS事件中，公民出于对病毒危害的恐慌，出现了抢购板蓝根等公共事件，引发社会秩序的混乱，并在一定程度上损害了政府公信力。政务微博的开通，及时将政策、情况公之于众，有利于政府与公众之间的交流与沟通，以免酿成危机。

从总体上来看，在突发性事故中，政务微博发布信息比较滞后，尤其是在谣言出现后才发出声音，导致网民对政务微博的辟谣信息很不信任。缺少公信力成为制约政务微博发挥消解谣言传播的最大问题。所以政务微博要想发挥作用，需要从整体上提高辟谣速度，及时发布信息，填补信息缺位，在网民中建立公信力。

（5）民间辟谣组织热心辟谣

微博生态环境中，民间辟谣组织是一支新的辟谣力量。他们自发组织，热心辟谣，用自己的力量与智慧寻找真相。例如影响比较大的"辟谣联盟"，"他们建立了自己的微博群和3个QQ群500多盟友，大约有20个正式成员，包括传媒学者、大学教师和学生。他们组成审核委员会、秘书委员、执行委员会。工作流程规范专业"[①]。2011年9月，一条名为"县长夫人在巴黎"的图片，短短数小时间被转发超过万余次。经"辟谣联盟"的网友证实，图片为反时尚人士在巴黎时装周当天做的行为艺术，在谣言中被移花接木，从而粉

① 陈力丹. 自律解决微博传谣问题［J］. 青年记者，2011(28)：46.

碎了这条影响较大的谣言。2011年7月，在“甬温线铁路”事故期间，网络上广泛传播一条“死亡人士上限35人，超过35人领导要被撤职”并配有一张列表以证明各种事故死亡人数被人为控制在35人以下。此事引起广大网友转载与热议。经“辟谣联盟”网上搜索，发现“35人”并非国家认定事故责任的标准，而且数据不实。这条辟谣微博平息了人们对政府的质疑，稳定了公共秩序。

除此之外，在微博的生态圈中，越来越多的科学与理性力量加入进来，成为粉碎谣言的力量，例如果壳网，这是一支由专业的科学家组成、在科学松鼠会基础上运营的科学社交网站，以贴近生活的语言吸引了很多人。果壳网成立的“谣言粉碎机”提倡“捍卫细节与真相，一切谣言在这里被终结”。它的微博主要是通过生活科普小知识来粉碎一些困扰生活的谣言。例如，2012年，整个世界都在猜测玛雅文明中关于“世界末日”的预言是真相还是谣言。在倒数一周年时，果壳网就已经开始辟谣，对流传的“玛雅日历”“两极倒转”“九星连珠”“太阳风暴”等各种灾难进行辟谣，从科学、逻辑的角度，来击破“世界末日”各种版本的谣言。民间辟谣组织热心辟谣，寻找真相，成为净化微博生态的重要力量。

3. 微博辟谣机制存在的问题

（1）失效拼图

微博自我净化功能需要在微博平台上，在多元化意见相互补充，相互纠正中实现。这好比拼图一样，每个知情人只知道事情真相的一部分，但是当所有知情人汇聚在一起时，在相互交流之中相互印证，真相便得到澄清，这也是自我净化机制的本意。

然而在目前的条件下，微博自我净化机制很难实现。全国有超过5亿的微博用户，每天产生海量信息，并且用户分散，传播时间分层、分段，致使用户很难在同一时间段就同一条信息做出回应与讨论；而且有很多用户只是上网刷微博，围观心态致使用户缺少参与、讨论的积极性，很难形成全民皆讨论、参与的局面。众所周知，微博用户选择信息时是有选择机制的，他们一旦选择相信微博谣言，便会产生一定的黏度，哪怕后来会出现谣言澄清，他们也不会太感兴趣，除非微博辟谣信息能超越谣言对受众的吸引力。通过微博辟谣的转发量便可以看出，微博谣言的转发量大约是微博辟谣转发量的10倍。所以，一般情况下，微博谣言的传播影响力要大于微博辟谣信息的传播影响力，微博自我纠正的效果将会被打折扣。

微博用户会受反向认知思维定势的驱动。这种思维定势不利于微博自我净化机制的实现。反向认知定势是指微博用户对辟谣的排斥心理，不仅没有使受众接受辟谣信息，反而强化了对原来信息的相信程度。这主要是受众对辟谣的刻板成见，由于在传统辟谣中，一些媒体对事实信息轻描淡写，只给公众结果，尤其是在重大突发事件中，官方不会对受众做出清晰的信息解释，致使受众对政府机构缺少信任。这种刻板成见累积到微博辟谣中，媒体就代表官方的声音，致使民众不相信澄清的事实真相，反而不利于微博自我净化机制的实现。例如2012年，有网站称北京市交通管理局局长宋建国因涉嫌在购买车号中徇私舞弊，被中纪委调查。第一时间，“平安北京”就此事进行辟谣，很多微博用户不仅不相信政务微博的声音，反而强化了“谣言就是事实”的看法。所以，辟谣对于很多受众来说不仅不会消解微博谣言，反而会强化谣言的传播。

（2）辟谣微博平台存在缺陷

辟谣微博作为微博自我净化的专业平台，是澄清谣言、消解谣言影响的重要渠道，但是辟谣微博平台存在着缺陷，消解了谣言澄清的力度。

辟谣信息含糊不清。通过新浪官方账号“微博辟谣”可以发现，一些辟谣微博解释信息过于笼统，含糊不清，并没有将事情的真相解释给公众，仅仅以简单的话语告诉公众某条微博消息是谣言。例如，某微博用户发布信息称演员殷秀梅已经加入美国国籍，并附有照片。新浪辟谣仅仅以“经查证确认，此说法纯属谣言”来回应。对于此事，并没有说明是谁举证、怎么得出结论证明其是虚假信息等情况，而是以简单几个字就做出谣言界定，很难令人信服。

选择性辟谣引质疑。通过辟谣微博平台的信息内容来看，谣言类型包含生活各个方面。人们关注的是与人们生活利益相关的辟谣信息，而微博辟谣经常选择一些无关痛痒的消息进行澄清，比如一些趣闻轶事。这些谣言是网友出于娱乐心理编造的，而且这类谣言也不会产生多大影响，只是网友生活的“调料”而已。所以，辟谣信息可以不对这些谣言进行澄清，这些谣言随着受众注意力的转移，很快会稀释在微博之中。例如2011年，金正日逝世，在微博上引发不下10条的假信息，但是官方给出的辟谣信息只有一条。微博辟谣只针对“联大为金正日逝世默哀中仅17个国家参加”这一条谣言做出简单的解释。[①]辟谣微博的信息选择机制会降低受众的信任感，削弱微博的自我净化能力。

与微博谣言一样，辟谣信息也是以零碎化的形式呈现。它的信息很难提供详细的事实真相，提供佐证，很难形成谣言式的眼球传播效果，很少有人关注、转发。谣言的转发量大大多于辟谣信息的转发量，所以辟谣信息的传播很难有微博谣言的传播广度。除此之外，官方微博缺少持续辟谣机制，只做一次澄清。虽然微博谣言被删除了源头，但是很多用户并不清楚，于是仍然在转发、评论虚假信息，导致微博辟谣的效果大打折扣。

微博运营商处罚不清晰。关于微博辟谣的处罚方式引起了网友的很大争议。微博辟谣对用户做出取消发布功能一周的处罚，甚至以一句通知就取消了用户ID。新浪微博辟谣负责人谭超在接受采访时表示，微博谣言的处理标准，主要根据微博谣言造成的社会影响程度决定。如果是猎奇的玩笑，不会产生很大影响，那么就会做很轻的处理。如果谣言故意对部分群体、个人声誉甚至公共利益造成重大不良影响，那么做出的处理就会比较重。尤其是涉及政治与政府谣言时，就会做出较为严重的处罚。微博辟谣组织规范不统一、责任制度不清晰，使微博用户在一定程度上不相信微博辟谣信息，致使微博自我净化机制受到阻碍。

（3）意见领袖的负面作用

新媒体时代，媒介门槛降低，传统信息传播权力消解，但借助网民的注意力资源，意见领袖的话语权较从前增强了，甚至有某些信息和意见逐渐为某些人或渠道所掌控、引领的情况。

在微博上，实名认证用户和名人明星等“大V”的评论传播之后，各种消息都以几何速度向四面八方传播。通过对微博上的言论进行分析，可以发现，有时正是这些“大V”对谣言起到了推波助澜的作用，有些意见领袖甚至为了经济利益或者巩固意见领袖地位主动制造谣言增加噱头，如“秦火火”“立二拆四”、周禄宝、傅学胜等臭名昭著的造谣者，都曾经是互联网的

① 范雨霏．微博辟谣功能缺陷分析及完善机制探究［OL］．［2012-08-23］．http://www.kaixian.tv/roll/n843459c7.shtml.

名人，受到网民的热烈追捧和强烈关注。2013年的薛蛮子事件，将网络“大V”传谣造谣行为公之于中央电视台，虽然在处理方式上有不当的地方，但是确实让部分网民破除了对意见领袖的迷信，开始重新审视、反思意见领袖的言论。网络意见领袖的媒介素养和信息能力都有限，在突发公共事件中，很容易发布或者转发不确定的信息，造成网民误解。在马航客机失联事件中，许多意见领袖虽然是抱着好心与求证的态度转发信息的，但客观上也传播了谣言，为谣言影响扩大添了一把柴火。

四、新旧媒体缺乏联动

传统媒体与新媒体日益交织是事实，但是，在面对突发公共事件中的谣言时，新旧媒体并没有实现真正有效的联动。

一方面，传统媒体与新媒体在业务运作和策略上合作融合，日常的传播机制增强，比如央视、《人民日报》等老牌媒体都开办了微博、微信账号；另一方面，传统媒体与新媒体的齿轮并未实现“对接”，无法做到以此之长补彼之短，甚至很多时候的情况是传统媒体的劣势和新媒体的劣势被叠加，导致两者的优势资源无法得到利用，妨碍谣言治理。2013年6月，中国社会科学院发布的新媒体蓝皮书《中国新媒体发展报告（2013）》称，2012年1月至2013年1月的100件微博热点舆情案例中，出现谣言的比例超过三分之一。[①]在报刊、杂志等传统媒体的头版头条上，“据网传”“网友曝”“某微博称”的消息也正日益增多，这些消息的真实性令人怀疑。

马航客机失联事件也有类似的情况。“MH370”失踪之后，传统媒体和新媒体频频互动，但多次出现失误。2014年3月8日13时“@人民日报”发微博称“越南海军确认飞机坠毁：《人民日报》记者杨晔消息，越南海军第五军区政治处主任窦凯还大校称，飞机坠毁在坚将省土珠岛153海里处，是越南、马来领海交界处。越南救援队已出发，祈祷！”后经证实，此消息为虚假消息。当天19时，《人民日报》只能又在微博上辟谣，转发新华社提供的马来西亚总理的言论来纠正错误信息：“尚不能确定是坠机。”新媒体发布便捷、传播速度快的特点非但没有为传递真实信息所用，反而给谣言的四散带来了良机。

---

① 中国社会科学院新闻与传播研究所．中国新媒体发展报告（2013）[R]．青年记者，2013(19):33–33．

在马航事件中，未经核实的社交网站消息更频频为传统媒体转载。前波音中国总裁马爱仑“@小马哥爱747”关于“飞机已经找到”的微博、天涯网友杜撰的“失联航班被菲律宾海事船发现”的消息都曾被各大媒体转载。传统媒体没能够利用自身的采访优势对信息进行检验，反倒是成了谣言放大器。

第三节　媒体谣言治理的应急处理措施

互联网开放自由的环境提供了便于谣言滋生的土壤。据国家互联网信息办公室统计，仅2012年3月监测到的各类网络谣言信息就高达21万余条。[①]新时期的媒体面临的是媒介生态复杂化、自我净化功能失效、媒体之间缺乏联动等问题，因此其在有关突发公共事件的报道过程中常犯错误，比如，闽南的地震谣言就是因香港《明报》的一篇文章而起；再如，北京雾霾爆发后“雾霾使鲜肺6天变黑”的不实报道也被搬上了几大网站的头条，据说其中某网站手机推送之后，2小时内跟帖达到7000条，[②]影响很大。处于社会主义转型期的中国，变化中的社会环境加速了谣言的滋生和传播，而谣言可能导致个人生命的丧失，甚至群体、国家和整个社会的危难。突发公共事件中，由于事态紧急，谣言破坏力大，媒体必须及时采取应急处理措施。这些措施主要包括配合政府、权威的意见传播、统一观点、达成共识、避免自说自话，提升新闻信息的修辞传播技巧等。

一、配合政府、权威的意见传播

新媒体无论在内容还是渠道上都更为独立，常常发布与政府、权威意见相左的看法；在媒介内容融合的大趋势下，传统媒体也常常借用新媒体的内容。正如前文提到的，这些内容的真假难辨，令人生疑。与尼尔·波兹曼提出的“伪信息”不同，有关公共事件的信息对整个社会、尤其是事件相关人

① 黄智敏，肖夏．如何防治网络谣言［N/OL］.［2013-5-23］. http://www.morningpost.com.cn/szb/html/2013-05/23/content_226500.htm.

② 此说法见：http://roll.sohu.com/20131120/n390453711.shtml。

的行为具有指导作用，能够直接影响事件的进展。以“唐慧案”为例，2006年，唐慧的女儿乐乐失踪数月，于年底在一家发廊里被亲戚发现，此时她已经在未满十四岁的情况下被迫卖淫三个月，2007年1月5日当地警方立案，唐慧也开始了自己作为一个母亲艰难而心酸的上诉之旅。“唐慧案”进展曲折，虽然立案时间很早，但始终没有得到妥善处理，在周折之间唐慧更曾因此事上访而被劳教。直到2013年7月，唐慧本人开通新浪微博，有关“唐慧案”实情的消息被广泛传播，再经过媒体的进一步放大进而引起了人们的高度关注，唐慧女儿被迫卖淫的案件才终于有了突破，唐慧本人也因被劳教获得了国家赔偿。媒体对公共事件的介入作用可见一斑。也正是因此，公共事件突发时，媒体与其发布不确定的消息，让社会陷入恐慌不安之中，不如谨慎行事，配合政府和权威进行传播活动，将有关公共事件的媒体力量和行政力量集中起来，促使事件的解决。

二、统一观点，达成共识，避免自说自话

如今，传统媒体、新媒体和社会各界人士基本都达成了打击谣言的共识。2011年8月，网上流传的一组“7·23”甬温线特大铁路交通事故失踪人员名单引起了人们对铁道部公布的遇难人数的质疑。针对这“神秘失踪”的29人，《人民日报》记者采访有关部门进行逐一核查，并在8月9日第4版的《求证》栏目刊发了《“甬温线动车事故29人失踪”说法不准确》一文，指出谣言中提及的29人或已下车、或正在医治、或已遇难，有理有据地驳斥了谣言。而在同一天，多家新闻网站转载了一篇题为《每个人内心深处都有追求真相的愿望》的文章，该文对微博上热心于澄清事实、还原真相的“辟谣联盟”予以关注。① 一边是传统媒体探寻喧哗背后的真相，一边是微博活跃者为净化微博舆论生态贡献力量，主流媒体舆论场和互联网这一民间舆论场优势互补，通过有效结合来全面防治谣言，建立起一个开放多元的信息交流平台，各个媒体的互相监督共同促进着言论环境的净化。

在突发公共事件中，一方面媒体信息获取不便，过于零碎或多样化地呈现事件容易混淆群众的认知，反而给谣言可乘之机；另一方面，突发公共事

① 晋雅芬．专家：传统媒体应该与微博形成互补以战胜谣言［OL］.［2011-8-17］. http://news.sina.com.cn/m/2011-08-17/144823005957.shtml.

件中的信息本就鱼龙混杂，纷乱不堪，当谣言爆发时，如果媒体不能形成一条辟谣的统一战线，那么信息的强度和覆盖面便无可保证，群众都不一定能够注意到这条信息，更遑论辟谣了。因此，在突发公共事件中，各路媒体应当统一观点，达成共识，携手传播真相、辟除谣言。

利用媒体融合式辟谣平台是一种选择。这种平台主要侧重于线上的信息发布或网络虚拟社区，通过借助不同媒体的优势，高效准确地传递信息、发布信息，提供一个权威、开放的多样化平台，媒体之间不仅可以互相纠正信息的真伪，而且也可以做到优势互补、共建纯净的言论环境。除此之外，也允许网民实名认证后发布信息，参与辟谣工作，并且监督媒体的信息真伪。目前，此类应对谣言的媒体间信息交流与开放平台已经出现。北京市于2013年8月便已开启由北京市互联网信息办公室、首都互联网协会主导的“北京地区网站联合辟谣平台”（py.qianlong.com）。平台由《北京日报》《北京晚报》、北京人民广播电台、北京电视台、千龙网、搜狐、网易等二十二家媒体联合发起，辟谣同盟包括四十九家媒体，基本囊括现有的媒体形态，设置有“谣言公示”“求证”“真相调查”等多个版块，辟谣模式多样且新颖。随后，浙江、河北、内蒙古、新疆等地也陆续开展了建设媒体间辟谣平台的工作。

三、新闻信息的发布技巧

谣言的成功之处在于，它把碎片化的个体凝聚在一起，在多元价值的文化环境中创造出社会同一性。谣言总是能快速地利用人们的好奇心理到达受众并形成一股合力，引起集聚爆炸效应，甚至还会出现“越辟谣越传播”的现象，比如马航客机失联事件，虽然媒体一直没有放弃辟谣工作，但是信息的缺失、杂乱以及各利益相关方的模糊语态都让事态更加复杂，人们对马航事件的猜测从未停止，有些人甚至还提出了很多理论假设。根据一项网民浏览帖子的影响因素及其心理感知过程的研究，创造网民热点话题的因素有三个，一是心理距离，二是共同感知，三是表达技巧。① 在突发公共事件中，前两个要素难以改变，媒体如果想和谣言的魅力抗衡，需要在传播技巧上下功夫。

① 陈亮，曹嘉霖，陈忠．网民浏览帖子的影响因素及其心理感知过程研究［J］．情报杂志，2012(3)：29–35．

1. 辟谣对象媒介使用情况的清晰把握

“受众”这一媒介工业建构的概念，已经不能指代历史上曾经有过的多种传播的接受者，在现代社会更不能指代日益多样化的受众。因为所处的社会环境、习得的文化、习俗、仪式和生活方式、收入、阶层以及对于具体问题的认知程度、媒介接触习惯等方面的差异，受众的形象越来越难以描摹。分众时代下，受众的媒介使用越来越个体化和私密化，碎片化特征日益明显。这一巨大的变化对媒介系统的受众定位提出了更高的要求，媒体在应对突发公共事件中的谣言时，只有对受众的媒介使用现状有一个初步了解，才能提高辟谣信息的达到率，有效遏制谣言。

需要注意的是，个体并非谣言到达的受众单位。谣言一旦到达一个人，即是到达了其所属的小群体。有调查显示，从微观上看，谣言每一次到达的圈子是四五个人的小群体，他们之间的关系是亲戚、朋友、同事、邻居等非正式的小群体渠道，具有小圈子特征。[①]因此谣言传播具有辐散式的特点，同时谣言因为其内容的不同以及人们使用媒介的方式不同，受众群体也是不同的。因此，媒体要针对谣言具体的辐射范围发掘受众范围，从而开展突发公共事件辟谣工作。

举一个反例，2010年2月20日（正月初七）晚，有一条短信在山西市民之间转发，短信的内容是“明天早上六点以前，太原会发生大地震，请你们一定要注意，并且赶紧转告身边的朋友们，切记！”[②]21日（正月初八）凌晨一点左右，市民开始向广场集中；截至凌晨三点左右，八万八千平方米的广场已经挤满了从家里逃出来躲避地震的人们。这是一则典型的由手机引发的谣言事件，之后随着手机信息的大范围群发，最终导致山西数十万人的统一避震行动。但是在后期的辟谣过程中传统媒体却放弃了手机通信辟谣的渠道，主要利用互联网途径进行辟谣，对受众使用媒介习惯调查不清而开展辟谣工作，显然无法达到效果，“山西地震谣言”辟谣后期依旧有民众依据谣言进行决策，采取就地避震举措。

---

① 杨慧琼. 受众为何按照谣言而不是新闻行事?——对2010年两起地震谣言的比较分析［J］. 中国传媒大学第五届全国新闻学与传播学博士生学术研讨会论文集，2011-12：380-388.

② 张晓东. 手机短信谣言的传播学解析——以山西“等地震”事件为例［J］. 东南传播，2010(8):70-72.

2. 把握时机，“趁早”“适时”地发布

长期以来，重大突发性事件之后，某些传媒机构、人员或担心舆论添乱，或寄希望在公众还未注意之前尽快解决，往往选择沉默。当然，在传播手段多样化的今天，这种紧要关头的“失语”显然不能达到封锁消息、控制舆情的目的，要知道，2008年汶川地震发生半小时之后网上就有了网民的声音，而到了2013年雅安地震，53秒后成都高新减灾研究所就发布了第一条相关微博，之后的一小时内有关地震的信息超过1300条。在这种情况下，隐瞒真相或者延迟报道只会使媒体丧失引导舆论的主动权，给谣言传播留出时间和空间，增加公共事件的处理难度。

媒体在应对突发公共事件中的谣言时，“把握时机”有两个含义：一是“趁早”，具有“前瞻性眼光”，在谣言传播的早期阶段及时安排部署，明辨是非，以正视听，防止谣言扩散达到临界规模。汶川地震后，传统媒体深入一线进行新闻采访、获取一手资料、及时发布权威信息，通过多种渠道放大辟谣声音，有效地控制了紧张的局面。二是“适时”，掌握辟谣的时间节点和信息发布的节奏。一个反例是马航事件中，传统媒体尤其是电视媒体，在初期的辟谣工作中节奏过于密集，一旦有模糊信息就进行发布并辟谣，随着事态的发展和模糊性的增加，信息的冗杂和缀余让受众对于马航事件更加迷惑不清，信息真假难辨，关注度逐渐下降，辟谣工作的时效意义降低，于是在事件发展后期，无论是报纸、电视还是广播，对于马航事件的报道都有所减少，只有发生较大事态转折时才会进行全面报道。很多时候，如果突发公共事件信息发布不尽快，甚至可能会诱发公共事件次生灾害。山东大学的黄莹曾经统计分析过2007年至2011年传统媒体的公共事件报道情况，这些公共事件中就包括2008年瓮安事件，这个事件是由一个少女的死亡事件引起的，少女李树芬被发现死于河中，公安机关做出“溺水身亡”的鉴定结论，但死者家属认为是奸杀，要求重新鉴定，始终与有关部门协调未果，从当年6月25日起多家网站便出现了李树芬溺亡“内幕”的帖子，声称“干部子弟强奸少女”，6月28日死者家属聚集300多人上街“请愿”，后引发上万人聚集围堵在公安局大楼门口及周边，并发生少数不法分子打砸抢烧现象。黄莹认为，在事件的沉淀阶段，也就是李树芬死亡到打砸抢烧事件发生这段时间，网络上实际已经产生了一定的舆论氛围，很多人对李树芬的死因产生质疑，进而质疑当地政府，民怨累积，但不论是本地媒体还是全国性的媒体，都未注意到这一舆情，政府部门也未能予以重视，这导致各部门错失了解决问题的黄金时间，是产生了严重后果的原因之一。[①]

3. 发布措辞的准确性和方式的多样化

在事态并不明晰的情况下，新闻媒体为了尊重受众的知情权进行报道时，应该注意措辞的准确性，尽量以中立的立场进行多方面报道。对于没有核实，但却产生一定影响的网络消息，在报道时要持谨慎的态度，不要带有明显的倾向性。媒体作为重要的宣传手段，可以通过多样化的报道方式来核实信息的真伪，促进辟谣工作的开展，加大报道的力度和深度。“5·12”汶川地震后的第五天，就地震引发的谣言问题，四川省地震局预报研究所、成都电视台便进行了辟谣。这次辟谣的方式十分多样化，媒体发布、现场宣传、新闻发布会、告市民书、微博信息发布等方式都加入辟谣的阵营中。这种多样化的辟谣方式最终有效地将谣言扼杀在襁褓中，保证了汶川地震救灾的“后方安全”。

四、辟谣信息传播技巧

辟谣信息要达到良好的传播效果，除了有赖于信息内容本身的准确性，更要适当运用传播技巧。尤其是在新媒体环境之下，各种信息鱼龙混杂，人们的注意力已经成为稀缺资源，因此，运用合适的传播技巧来引起关注是非常重要的。

1. 激发兴趣——辟谣成功的第一步

随着信息流通速度的加快，人们对信息的兴趣转移也在加快，从谣言产生到媒体获悉谣言，通常已经隔了很长一段时间，加上识别谣言和编辑、发布辟谣信息的时间，受众很可能已经丧失了对相关信息的兴趣。换言之，人们在某一段特定的时间、在特定的社会心理环境作用下对某一谣言产生兴趣，但这种社会心理上的时机难以捉摸并且转瞬即逝，等到媒体反应过来的

① 黄莹. 传统媒体的公共事件报道研究——以2007年至2011年典型公共事件媒体报道为例 [D]. 山东大学，2012.

时候，相关话题早已经不受关注了。如果没有人去阅读、收看、收听辟谣信息，没有人愿意做社交网络中的手术灯，那么以上提到的媒体辟谣重点便全都不可能实现。

上文提到，人们对某一谣言产生兴趣，是与当时的社会心理背景紧密相关的。比如汶川地震的时候，人们就比较容易接受另一些地方也会发生地震或其他自然灾害的消息。不过，社会心理环境是难以复制的，任何社会主体也不可能为了辟谣再制造一场地震出来。另一方面，人们对谣言感兴趣还可能是出于满足社交需要、追求认知协调等因素。因此，媒介需要在内容上加入刺激性元素，才能在辟谣时收获“注意力”。就目前来看，开展辟谣工作时能较为成功地勾起受众接触兴趣的有两种途径：一是创造、利用典型事件进行造势，二是将信息和社会流行趣味结合起来。

（1）创造、利用典型事件造势

回顾2013年，全国公安机关集中开展打击网络传播谣言专项活动，打击网络造谣、传谣的力度空前加大，其中最让人印象深刻的莫过于两件事，即“秦火火案”和“薛蛮子事件”。根据警方调查，“秦火火”涉及在新浪微博造谣传谣3000余条，[①]很多耳熟能详的谣言就是从他而来，比如“7·23事件中国用2亿元人民币赔偿死亡的外籍旅客”、雷锋生活奢侈情节、地方公务员被强令给红十字会捐款、张海迪是日本国籍等，可以说，抓捕他本身就是对谣言的驳斥。“薛蛮子事件”则更能体现事件造势对于提高辟谣关注度的作用。

薛蛮子原名薛必群，其父是原中共中央统战部副部长薛子正，政治、军事理论家，薛蛮子本人也是知名企业UT斯达康的创始人之一，曾经担任过多家企业的董事长，具有比较强的社会影响力。在微博上，他的认证是“天使投资人、微博打拐发起人之一”，时至今日仍有超过1136万粉丝。2013年8月23日19时许，薛蛮子和一名年轻女性在北京朝阳一小区内被警方带走，经过审查，两人对卖淫嫖娼行为供认不讳，被警方拘留。“薛蛮子事件”发生之后，新华社、人民网、凤凰网等老牌媒体纷纷给予跟进，央视《新闻联播》更是在8月29日用时3分钟来报道此案并且凸显其“大V”身份，这在舆

① 李恩树．秦火火3年内造谣传谣3000余条［OL］.［2013-8-21］. http://news.sina.com.cn/c/2013-08-21/074028005823.shtml.

论场上引起了轩然大波。由于不久前“秦火火”“刘虎”事件的发生，人们很容易将薛蛮子被捕也与官方打击网络谣言联系起来（甚至有些人认为这是官方在借势“打压”微博舆论力量），虽然这种联系是有消极成分的，但其不可否认地强化了包括整治谣言在内的净网行动的存在感。

虽然从辟谣这个最终目的来看秦火火和薛蛮子的案例都不算成功，但如果只考虑它们对辟谣这一话题关注度的贡献，那么可供后来借鉴之处就显而易见了。当然，就这两个案例来看，在日后提升辟谣关注度时需要注意的地方也很多：一是要保证所借势的事件不喧宾夺主，即不会让人们只把目光聚焦在事件本身而不转移到辟谣上；二是要尽量安排好事件时机，就黄瑾和王天梅的研究来看，无论是“秦火火案”还是“薛蛮子事件”，微博上的群体态度都因为一段时间内网络“大V”频繁被捕而从积极走向消极，认为这两个事件只是净网政策指向的显示器；三是要抓住最贴合的焊点联系事件和辟谣信息，避免生拉硬拽。在薛蛮子案件的报道中，媒体就其网络“大V”的身份大做文章，反而导致了网民的反感和猜疑。

（2）将辟谣信息和社会流行趣味有机结合

至少四十年前，北方就已经开始流传“拍花子”的故事。据说，“拍花子”手里有一种迷魂药，只要放在手里在人肩膀上轻轻一拍，这个人就会失去意识，任人宰割。这一个迷魂桥段后来被人不断加工，最终形成了愈发顽固且内容具体、形式多样的“迷药”谣言。

实际上，对于这种“迷药”谣言，媒体早已有所行动。2013年12月，有一位女士在网上称自己在地铁上遇到有人下迷药，幸好警惕性高，没有被害。《北京青年报》的新浪微博官方账号随即发布辟谣信息并配以视频，但转发量和评论数都不理想，截止2014年12月也只收获了14次转发和8条评论。同样的时间，另一个“迷药”谣言在微博上悄悄蔓延，谣言内容主体是一张图片，图片以派出所提醒的形式讲述了大批冒充执法人员的犯罪分子在人口或计生普查表上下药、偷走财物拐走小孩的故事。南京市公安局江宁分局微博“@江宁公安在线”随即发布长微博，驳斥这则谣言。单就数字上来看，这则由地方公安局微博发布的辟谣信息获得了1628次转发和385条评论，远比作为全国性老牌媒体的《中国青年报》微博发布的同题材辟谣信息受关注。诚然，这些数字是受到微博粉丝数直接影响的，但“@江宁公安在线”

如果没有以一贯的趣味风格发布辟谣信息，恐怕也不会受到粉丝们的欢迎。观察此微博发送的辟谣信息，可以发现它借力社会流行趣味，融入当代时尚生活的方法：

使用流行的话语方式。微博的效应之一是传播权力的重新分配，这种说法已经受到认可。伴随着传播权力重新分配，传统的修辞权威也在被消解。由于微博的内在逻辑，博主必须吸引到更多粉丝才能够获取更大的传播权力。辟谣工作面向的不是某一个独立的细分受众群体，而是以最大数量的群众为目标的，因而，在考虑使用的语言时，也必须考虑到最广泛网民的用语特征。“@江宁公安在线”的做法是大量使用网络语言，拉近与网民之间的距离。

多用配图。宁海林和秦芳以问卷的方式调查了350个对象，以制作《新闻图像基本作用量表》。在设置的问卷中，有这样几个项目被归为能够吸引注意、提高兴趣，即“新闻图像能够吸引人的注意力”“新闻图像具有视觉冲击力”“新闻图像具有感染力”“新闻图像使新闻报道丰富多彩”“新闻图像使人们轻松了解新闻内容”“新闻图像能够提高阅读兴趣”。就最终结果来看，这几项的平均得分都在问卷总分平均值之上，说明新闻传播图像的吸引注意、提高兴趣的作用是最为显著的。①

使用漫画表情。声调、语气等辅助理解措施在文字辟谣时不方便使用，但漫画表情不失为一种有效的替代品。谭文芳认为，网络表情符号的影响力主要表现在简化社会认知、诱导情绪体验、导致高自我涉入三个方面。在这三个方面中，简化社会认知能让交流双方直接感知对方的心理，使个体对他人的信息加工活动变得更为简单和快捷；诱导情绪体验代表了一种礼尚往来的情感交流；高自我涉入是指在认识事物的活动中，个体表现出的高度关注，因而会对个体的心理反应和行为倾向带来影响，也就是说，网络表情符号因其设计的巧妙性、形象性、较强的表情达意效果，无形之中会引起使用者双方的高度关注和强烈的兴趣，并促使个体产生不断认识相应符号的背后意义、认知对方态度的内在驱动力，在不断理解符号的活动过程中，产生情绪体验上的互动，提高大脑活动的兴奋度。②这也就是说，使用表情符号能

---

① 宁海林，秦芳. 新闻图像作用量表编制与检验［J］. 东南传播，2014(2)：5-9.

② 谭文芳 网络表情符号的影响力分析［J］. 求索，2011(10)：202-204.

够增强受众对信息的兴趣，并刺激其更为深入地理解信息。

搭乘热门文化产品和话题。早在2004年，克里斯·安德森就提出了“长尾”这个概念，他认为当下并存着两个市场：一是大热门市场，二是细分的长尾市场。即使微博是典型的适合长尾市场发展的区域，热门文化商品和市场也占据着主要的地位。“@江宁公安在线”在发布辟谣信息时，在原创内容中插入受欢迎的影视作品截图，再辅以文字，增加了辟谣信息的趣味性，同时也能够搭乘大热门市场之风，以获取更多关注。

2. 避免“断章取义”

卡普费雷在他的著作《谣言》中曾经提到过这样一个理论：我们在某个特定时间对一个人或一件事的看法取决于我们的记忆中在这时涌现的一些与这个人或这件事有关的信息。这些信息有些是肯定的，有些是否定的。它们与人或事的联系有些是紧密的，有些是松散的。他又引用了R.E.帕克的实验来说明这一联系在谣言中的作用：

试验组中的一位女大学生大声地对观看完连续剧中间播放的麦当劳广告后的其他组员提起麦当劳餐馆用蚯蚓肉做汉堡包的馅的传闻。大学生被分成四个组，第一个组被要求当谣言被说出后在场的试验者提醒大家不要在放映的时候说话，即保证现场只有谣言；第二组在谣言被说出后立刻加以反驳；第三组在听完谣言之后由试验者说出另一家餐馆有美味的蚯蚓料理的信息，使谣言分化；第四组则是谣言加重新组合组，在让被试者听完谣言之后发一份评价连续剧的问卷，并附加了三个有关在麦当劳餐馆吃饭的问题，除此之外，在回答这三个问题之前，第四组的组员要在问卷上指明他们习惯光顾的麦当劳餐馆的位置、一年中去几次、这家餐馆有没有露天座位。

实验结果显示，只有谣言组和谣言加反驳组的成员对麦当劳汉堡包抱无好感态度，而谣言加分化组和谣言加重新组合组则消除了谣言的影响。也就是说，直接驳斥谣言在很多时候至少是无效的。按照记忆心理学的说法，具体概念要比抽象概念更易于记忆，所以，当听到“A不是B”这种辟谣的时候，人们往往只会记得A和B是有联系的，但忘记他们是什么样的联系，故而把记忆存储为“A是B”。那么，如何解决这种“断章取义”的问题呢？这个实验提供了两种路径：

首先，应当让辟谣信息的焦点词汇发生转移。在第三个被试小组中，人们的注意力焦点从麦当劳让人恶心的蚯蚓馅料转移到另一家有好吃的蚯蚓料理的餐馆，从而成功消除了谣言的影响，运用的正是焦点转移的办法。由于接受的新信息里不再有麦当劳餐馆，其信息性质也不再是令人不快的，所以人们再在脑海中联想蚯蚓这个词的时候就不会再与恶心的麦当劳汉堡包进行关联。在具体的辟谣内容制作中，可以在直接驳斥谣言之后，通过使用新的词汇或者干脆换一个说法来表示原来的谣言内容，用全新的积极联系来覆盖以往的消极联系。

其次，应该尽量简化辟谣信息中的逻辑关系，少使用转折、否定词汇。由于人们容易遗忘辟谣信息中的抽象概念，所以在最初处理这种信息的时候不如将其转化，尽量避免后来的逻辑混淆问题。比如当我们要说“A不是B”，可以采用“A是C”或者“B是D”的说法。

3. 提供深入社会心理层面的探析

义和团盛行之时，谣言谬说，日盈于耳，妖言惑众，一人唱之，众人和之，举国若狂。郭小安整理了这些“谣言谬说”，发现其大多集中在三个方面：一是洋人犯下迷拐孩子、掏人心肝、摄人魂魄、在井中投毒等兽行，受洋人影响的中国教民互相奸淫、乱伦等，特征在于扭曲洋人、洋物的形象；二是号称焚香念咒可使洋人枪炮不响、教堂起火等，强调塑造虚幻神化的神秘力量；三是义和团无所不能、洋人节节败退等说法，富有复仇色彩。[①]这些谣言在很大程度上已经违背了人们基本的生活常识，任何深入的思考和亲身的经验都足以将其破除，但为何仍然“官无论大小，民无论男妇，大概信者十之八，不信者十之二”呢？只有考虑到社会心理因素的强大作用，即人们宣泄和表达的愿望、集体记忆、群体压力、极化现象、认知不协调等，这种荒诞之说才有流传的可能。

媒体将社会心理层面的分析引入辟谣信息，能够有效消除谣言。卡普费雷在他的著作中提到的“谣言诊所”正是成功的例子：二战中的美国，妇女兵团“陆军妇女队”成立之后，便有人散布谣言说这些妇女中有相当一部分

---

① 郭小安．谣言传播与社会心理：义和团运动时期谣言传播的心理学解读［J］．武汉理工大学学报：社会科学版，21(2)：206．

人是妓女，还说她们一入伍就收到很多避孕用品，等等。波士顿的《旅行者先驱日报》的“谣言诊所”选取了这些谣言中号称“早就该把五百名陆军妇女队迅速从北非遣返回国，因为她们都怀孕了”的一条，在驳斥了此谣言的荒谬可笑之后，文章还用“精神分析法”解释了为什么人们会相信这一个谣言——战争使男女分离，性生活不得不悄悄地进行。因为公众怀着一种窃喜来注视“陆军妇女队”这种骇人听闻的做法，人们公开指责这种做法，实际上女兵正迎合了每个人应该克制的潜在的欲望。根据数字，常读该报的读者相信谣言的程度要比偶尔读该报的读者的相信程度有所下降，证明这种辟谣方式是有效的。①

提供深入的社会心理分析能够达到两方面的作用。一方面，社会心理分析给了人一个重新审视自己的途径，从沉沦态回归到反思态，用一种更“中立”的态度去看待谣言和在谣言传播过程中的自己；另一方面，这种社会心理分析本身将公众的担心、关心以一种超越于利益关系的权威姿态集中展现出来，将群众熟知的谣言内容设置成媒体议题，探析其背后的因素，这在一定程度上也打开了一个舆情宣泄的出口，缓解了人们的焦虑。

第四节　媒体常态制度建设

古语云：“养兵千日，用兵一时。”在突发公共事件中治理谣言，虽然看起来只是一时一刻之事，但如果媒体不在平时就进行积累，那么关键时刻只能溃不成军。突发公共事件中的谣言治理要求“厚积薄发”，就媒体来说，就是要完善媒体常态制度建设。

一、加强行业监管和自律，杜绝谣言信息的传播

媒体在治理突发公共事件的谣言过程中，首先要做到自己不造谣、不传谣。今天，影响传媒机构运行的因素越来越多，经济、政治、私人恩怨、道

① 卡普费雷．谣言：世界最古老的传媒［M］．上海：上海人民出版社，2008：281-282．

德偏差等，都可能促使传媒机构及从业人员发布谣言信息，2008年的“纸馅包子”事件以及2013年的“陈永洲案”值得所有媒体从业者反思。这些都可以归因于我国缺乏针对新闻媒体行为的法律和行业规范，使媒介权力能够逍遥于监督和制约之外。针对这个问题，可以建立具有可操作性的自律规则，扶持、培养公正独立的媒体自律机构，加强媒体队伍建设，强化互联网环境下的媒体自律意识。

1. 建立可操作性的自律规则

前文已经提及，媒体自律效果欠佳与自律规则的模糊、空泛有直接关系。自律规则需要客观和可量化的标准，而我国的相关规则却大多较为空泛，缺乏具体、细化的标准，边界模糊且缺乏可行性。1991年，全国记协就制定了《中国新闻工作者职业道德准则》，也在正文的第4条明确提出：“维护新闻的真实性。报道如有失实，应主动承担责任，采取补救措施”。[①] 1997年又做了修改，2009年再次进行了修订，但是由于很多新闻媒体行为没有相应的执行细则和监督机制，该准则并没有很好地落实下去。在互联网上，媒体间就辟谣行为已经达成了一定共识，一些自律规范被设计实行。早在2006年，北京市便率先发布了《北京网络媒体行业自律公约》，第五条提出要“坚持正确舆论导向。遵从‘敬业奉献、诚实公正、清正廉洁、团结协作、严守法纪’的新闻职业道德，杜绝任何形式的虚假新闻、有偿新闻、侵权新闻、低俗新闻和虚假广告”[②]。时至今日，已有104家媒体单位签署该公约。2013年5月8日，首都互联网协会发布倡议书，倡议全体同行和广大网民遵守如下约定：第一，文明办网，承担社会责任。互联网行业切实承担社会责任，加强和改进网络内容建设，完善公众举报机制，拓展社会监督渠道，打击利用互联网造谣和故意传播谣言的行为，保障网络信息安全流动。第二，文明上网，共筑网络诚信。广大网民依法上网、文明理性发言，不造谣传谣、不攻击谩骂他人、不传播违法信息，共享权利，共担义务，共建文明理性网络社会。[③] 2013

① 王益民．系统理论新闻学［M］．武汉：华中理工大学出版社，1999：365.

② 千龙网．北京网络媒体行业自律公约［OL］．［2013-7-31］．http://beijing.qianlong.com/3825/2013/07/31/1520@8830263.htm.

③ 千龙网．首都互联网协会“承担社会责．共筑网络诚信”倡议书［OL］．［2013-5-8］．http://report.qianlong.com/33378/2013/05/08/2502@8674263.htm.

年6月17日，首都互联网协会再次向北京市各大媒体呼吁共建网络家园，有关谣言的一条建议是“使用文明用语，共建文明网络家园。广大网友树立责任意识，文明上网，使用文明用语，理性发言，不造谣、传谣，不讲粗话、脏话，不攻击谩骂他人，不泄漏国家秘密和他人隐私，不传播违法和不良信息”①。但这些条款仍然比较空泛，缺乏具体化的标准，操作性不强。

相比之下，国外的自律条例就较为详细明晰，可操作性强，值得借鉴。加拿大的《多伦多星报》手册的“使用匿名消息来源”条目中，用近一页纸的篇幅表明了对这一内容的详细解释和重视程度。手册中说：“只有提供有明确出处的报道，《多伦多星报》才能最好地为读者服务。”“当消息来源不署名时，必须表明这一消息通过其他渠道已经得到证实。”②

同时，自律规范的制定也要结合时代需求，做到与时俱进。新媒体环境下传统媒体开始积极借力互联网传播速度快、范围广、方式多样、群众基础好的优势，开通微博作为辅助传播渠道，在2012年就有约500家主流媒体在新浪网站开通官方微博。③但是由于微博平台发布信息的低准入、自由性，它也成为谣言滋生的温床，媒体微博很多时候也无法“出淤泥而不染”。2010年12月，《中国新闻周刊》的编辑以《中国新闻周刊》的名义在微博上发表的金庸去世的消息在一个小时之内就有5万条评论、3千条转发，这条虚假新闻对《中国新闻周刊》无论在公信力上还是在实际运营上都造成了很大的负面影响，副总编以及当日编辑引咎辞职。我国目前还没有系统化、具体化地限制传播机构和从业者新媒体行为的自律规范。但传统媒体与新媒体结合后不能丢掉自己的底线，传播伦理还是要坚守的，因而此类规范急需建设。针对这种需求，《新周刊》的微博运营具有典范作用，其微博有4个权限，并且都是副总的级别，保证了微博安全性的同时减少了繁琐的审核流程，很适用于互联网环境。

2. 建立公正独立的新闻媒体自律机构

我国媒体自律体系尚不健全。一方面，媒体自律组织能力差，处于行政

① 千龙网. 使用文明用语 共建网络家园［OL］.［2013-6-17］. http://report.qianlong.com/33378/2013/06/17/3042@8741671.htm.

② 阴卫芝. 建构媒体自身的行为规范——避免新闻侵权官司的基础路径［J］. 新闻战线，2006，165(3)：35-36.

③ 吕慧琴. 微博时代传统媒体的坚守与自律［J］. 新闻知识，2012(3)：102-103.

管理之下，被动的地位让媒体的自律意识和自律行为很难养成；另一方面，媒体报道总是先于政府部门的介入，长期以来占据了“先声夺人”的霸权地位，权威信息的发布特权让媒体不仅仅只是一个信息传播的载体，甚至取代了专家的位置对不了解的事件进行“越权”报道，其自律意识也被淡化。所以要想实现更好的媒体自律，就需要培养扶持独立而强大的媒体自律机构，避免政府机构和利益团体干扰的同时，又能切实对媒体产生作用。自律机构的人员应该具备较高的媒介素养，能够准确、科学地评估新闻传播行为。同时，媒体自律机构的工作必须接受社会监督，让公众看得见摸得着，增加透明度，以避免机构的不作为和不公正。在网络时代，显然不能再沿用传统的媒体自律方式，自律机构需要运用相应的技术手段准确和科学地跟踪、评估、监督并制裁媒体的违规行为。

世界上大多数国家和地区都有媒体自律性组织机构，各国一般也有相关行业组织，如德国记者联合会、德国报纸出版者联邦联合会、南非联邦报业评议会等。在我国，这种行业自律性质的团体是中国记协。中国记协成立于1957年3月7日，到20世纪80年代末90年代初，媒介推向市场并成为报业经济的主体后，中国记协增加了新闻自律和新闻维权两个职能。我国新闻传媒行业内自我监督的组织还包括行业协会，但是协会又主要依附于新闻媒体，为新闻传媒服务，对媒体的监督效力较差。1994年北京市政协成立了新闻舆论导向与舆论监督评议组，它对于新闻媒体更具规范作用。这个评议组除了召开新闻评议会，对媒体的新闻舆论导向与舆论监督进行评议之外，还有视察、发现、纠正新闻工作中存在的问题，帮助新闻媒体提高质量的作用。①不过新闻评议会也存在管理松散的问题。2013年5月，我国5个省市率先建立新闻道德委员会试点，2014年将从5个扩大到15个，新闻道德委员会试点省市积极配合，开展打击新闻敲诈和虚假新闻专项治理行动，加强对新闻敲诈、虚假新闻等问题的举报查处、案例评议和通报曝光力度，切实发挥新闻道德委员会的监督约束作用。②

可以说，我国目前虽然有一部分媒体自律组织，但是其独立性和决策

① 阮志孝．谈我国大陆媒介的监督组织与机制［J］．新闻记者，2006(9)：7–8.

② 晋雅芬．建多方联动机．促新闻媒体自律［OL］．［2014–03–20］．http://www.chinaxwcb.com/2014-03/20/content_288471.htm.

执行力、约束力都有待加强，自律组织的制约能力无法全面施展，需要继续创新和改进。同时媒体自律组织还需要建立信息发布评估体系和明确可行的奖惩方式，建立起新闻界的新闻批评体系，既要借助经济手段和行政手段，又要借助于公众的力量来监督新闻媒体的传播行为，强化新闻媒体自律的效果。

3. 重视媒体的队伍建设

媒体的工作最终还是要由全体媒体工作者共同完成，媒体的社会形象也需要由全体媒体工作者共同塑造。无论是传统媒体还是互联网新媒体，其诚信度和公信力，都要靠一支“政治强、业务精、纪律严、作风正”的高素质的新闻队伍来建设。在2001—2010年的100篇“十大假新闻”中，出自特约记者、自由撰稿人、实习生、通讯员，甚至无署名作者的文本占了不小的数量，达到13篇之多。[①] 可见，媒体工作者的职业操守以及专业能力，关乎信息生产的数量和质量，传媒人应该从自身的荣誉感、社会责任甚至意识形态等方面出发，对自己的传播实践活动进行自律，利用强势话语权打击假新闻，增强真实信息的传播效果。

第一，要规范媒体从业人员的报道和信息传播标准。以传统媒体为例，国外媒体对于新闻工作人员的报道活动设立有严格的管理规范，如美国媒体对于旗下新闻从业人员使用社交媒体的规范十分苛刻：限制记者使用社交媒体、禁止记者发布个人意见。在《华盛顿邮报》，网络版和报纸编辑必须具有从事这一行业至少6年以上的资历，“推特”编辑也必须有从事新闻工作的经验。“推特”编辑和网络版编辑必须像报纸编辑一样审核记者发回的报道，发现并纠正事实差错，查找失实或错误的表述，及时根据用户的反映指挥记者调整采访报道的角度。

第二，要合理优化人才结构，提高媒体工作人员的媒介素养。就传统媒体来说，目前我国的新闻人才结构呈橄榄型，即采编人员为主体、其他管理人员、技术人员比重较小。现有的新闻人员相对饱和，缺乏的是管理人才、经营人才和特种岗位的紧缺人才。合理的人才结构应该为哑铃型，即以管理

① 张涛甫. 十年百条虚假新闻的样本分析——《新闻记者》“年度十大假新闻”评选十年分析报告之一［J］. 新闻记者，2011(5)：4–9.

人员和技术人员为主，日常工作人员比例较小。就新媒体来说，由于更以市场为导向，所以在人才结构上不存在太大的问题，但从业者的媒介素养却参差不齐。因为管理的疏漏造成媒体只注重信息传播的“量”而忽视“质”，道听途说写新闻、任意歪曲夸张，甚至杜撰假新闻的事情常有发生。2007年开展整治“四假”（假报刊、假记者站、假记者、假新闻）专项行动时，柳斌杰指出有些新闻单位设立记者站不是以新闻采访为目的，而是以拉广告、拉赞助赚钱为目的，甚至承包给个人，记者站的性质已不是新闻采访，这是典型的“挂羊头卖狗肉”。① 互联网上的造谣“大V”“秦火火”，严格来说也属于传媒业界人士了。人才结构合理化、提高从业者媒介素养是实现谣言有效治理前亟待解决的问题之一。

4. 强化互联网环境下的传统媒体自律意识

传统媒体处在新媒体环境中，受到新媒介的冲击而开始转型，各大传统媒体都纷纷建立自己的官方微博进行新闻宣传，力图树立良好的媒体形象。但是传统媒体在实体环境与网络虚拟环境中却采取双重标准，一个严于律己，一个却松懈散漫。其中的原因，一是因为不同的舆论宣传队伍，人才的标准和水平不同，造成新闻信息质量和把关程度存在差异；另一个原因是传统媒体对于网络新闻宣传工作的严肃性不够重视。在传统媒体的实体刊物、栏目或者广播节目中较少出现谣言，但是其官方微博上的错误信息却频繁高发。以《人民日报》为例，马航事件中，《人民日报》作为主流权威，发布的信息直接关系到受众对于事态发展的认识，又因为纸质版本出版周期的原因，前一天的谣言信息得到了高度的自净之后又受到记者、编辑的层层把关，第二天没有谣言的出现；但是官方微博上的信息却经历了错误——修正——再修正的过程，成为一个洗清谣言的平台，权威性大打折扣。除了在失踪人数的报道上模糊不清，《人民日报》官方微博在确认具体人数后依旧转发之前发布的错误微博，甚至还在2014年3月8日发布“越南海军确认飞机坠毁”的消息，造成了社会情绪的波动，伤害了受灾家属的心理。据观察，其微博每天至少出现2至3条煽情微博，虽然《人民日报》正处于转型期，为了赢得更多的受众出现较为多样化的报道内容是可以的，但作为一个老牌官

---

① 曹鹏. 重视新闻工作者的队伍建设与工作权利［J］. 新闻记者，2008(12)：28–30.

方媒体，代表的是党和国家的话语权威，舆论导向应当是公正中立的，过于浓重的感情色彩并不适合。

传统媒体在互联网虚拟的环境中降低了自律标准，官方微博作为一种辅助的宣传平台，发布信息的质量也影响其传统媒体的权威形象，在受众逐渐转向互联网的时代，老媒体的新举动也更受关注，传统媒体应该承担起净化网络环境的作用，而不是在虚拟的网络环境中浑水摸鱼。

二、监测并分析舆情

舆情监测主要是指对互联网上，尤其是对社交网络上公众的言论进行检测和预测。这些言论大多与社会热点话题有关。当公共事件突发时，公众会将注意力转移到事件上，发布个人意见，凝聚成一股不容忽视的舆论力量。但是，如果在平时生活中不能很好地引导舆论走向，导致累怨横生，那么等突发公共事件发生时，长久积累的民意便会爆发出来，给整个社会带来致命的打击。“水能载舟，亦能覆舟”就是这个道理。反过来看，对舆情的正确反应对于公民意志的实现也很有意义，媒体收集、整理民意，为政府和相关机构提供数据，能够为民意传达给权威机关提供有效的渠道，促进公共事件的解决，这也能够从较深层面防止突发公共事件谣言的产生。因而，对于舆论的引导和控制要注意从常态做起，而不是从危机做起，其中最基础的就是日常监测与分析舆情。

目前，媒体的舆情监测行为主要可以分为三种：一种是媒体围绕某一公共事件进行议程设置来收集民意；第二种是通过社交网络沟通媒体和公民，调动公民自发向媒体提供舆论情况的积极性；第三种则是以数据分析的方式对互联网信息进行分析，得出舆情报告。

媒体围绕某一公共事件进行议程设置来收集民意，主要被应用在传统媒体上。在互联网革命发生之前，公众缺乏发布意见的途径，也缺乏获取信息的途径。围绕报纸、电视等媒体播报的新闻，公众以来信、电话的方式联系媒体发表自己的意见，是公民舆论被媒体获知乃至产生重大影响的主要渠道。这种舆论监测方式实际上非常被动，如果公众关心的不是媒体议程设置中的话题，或者公众觉得这个话题太敏感而产生“沉默的螺旋”，不向媒体反馈意见，那么媒体便不可能获知公众的看法和态度。另外，采用来信和电话的方式向媒体反映意见和建议，经济成本较高，公众可能会因此放弃反馈的念头。当然，这种舆情监测方式在互联网上也有体现，许多新闻门户网站，比如网易、搜狐等都在新闻正文下面设置了方便网民发表相关看法的交流区，尤其是网易的网民评论，在互联网上已经成为一段“传奇”，很多经典评论甚至比新闻本身更为网民熟知。但是，即使是在互联网上，这样的舆论监测方式中媒体的主动性还是没有得到体现，网民虽然发表了自己的看法，媒体却很难利用和整合这些意见，使其形成正确的舆论方向，促进公共事件的解决。

通过互联网技术沟通媒体和网民之间的关系，促使网民自发向媒体反映问题，这种方式主要见于媒体在社交网络上开办的官方号和官方平台，比如央视新闻官方微博和新浪微博辟谣平台等。这种舆论监测方式不仅加快了公民意见流通的速度，增加了公民和媒体交流的可能和便利性，还给公民利用媒体纠正不实信息提供了空间。比如说新浪微博的微博社区管理中心，就利用媒体的力量为公众间的信息纠纷提供了平台，公众可以利用社区管理中心的举报功能举报不实信息、抄袭内容、垃圾广告等，然后举报和被举报方双方举证，由新浪微博做出判定之后公示结果。这样的舆论监测方式有利于调动群众力量，将不实信息及早扑灭，但是，这种舆论监测方式却很难为政府和事件相关组织机构提供具体的数据，因为网民信息多样、庞杂，而这些舆论监测方缺乏统计数据的手段。

第三种是当下比较流行的舆论监测软件和监测系统。这些软件和系统能够为政府和各种组织机构提供具体的舆论数据。但是，舆论监测业内鱼龙混杂，从国内最早从事互联网舆情监测的专业机构人民网舆情监测室，到各种小公司出产的舆情监测软件，质量参差不齐。这些舆论监测软件和系统之间基本没有联系，呈现出各自为政的态势，因而缺乏对舆情监测的共识和监测标准。这使得舆论监测的具体数据很难得到公认，政府和相关机构很难基于这些数据形成正确有效的、没有争议的决策，甚至有些舆情监测数据是有问题的，反而给政府和相关组织工作带来了麻烦。

综上所述，为了应对突发公共事件，我国媒体需要对舆情监测系统做出改进，建立能够统合舆情监测行业的管理措施，完善舆情监测机制：

第一，协助舆情监测行业建立完善的监测标准。所谓舆情监测的标准，最基本的就是要明确什么条件构成值得关注的舆情信息，以及具体的舆论分类该如何进行。在突发公共事件中，如果各监测主体对舆情的理解不同导致舆情信息混乱，那么政府和相关组织就不能得到突发公共事件中谣言流传的状态，从而不能施展应对措施。媒体在协助舆情监测行业建立完善的监测标准时具有重要的作用，一方面，舆情归根结底是被媒体聚集起来的，实际操作中的媒体比专门研究舆情的各类办公室、软件和系统对谣言信息有着更大的敏感性，因此媒体的介入能够帮助建立起敏感、快捷的突发公共事件舆情监测系统；另一方面，媒体作为社会议程设置的机构，对信息的认知程度远超其他社会组织。在突发公共事件中，媒体可以协助舆情监测行业建立起更科学、准确并且人性化的监测标准。

第二，打通壁垒，整合利用各媒介优势资源。上文已经提及舆情监测的三种形式，三种形式各有利弊，单独用某一种形式解决突发公共事件的谣言问题并不理想，必须打通壁垒，整合各舆情监测形式的优点，协调利用传统媒体议程设置的优势和新媒体获取公众信息便利的优势，并使用精确的数据化舆情信息和人性化舆情信息。只有这样，政府和相关社会组织才能得到关于突发公共事件中谣言的正确且有深度的舆情信息，从而对谣言做出相应的反应。

三、坚守社会责任，提高业务素质和媒介公信力

治理突发公共事件中的谣言要求媒体具有分辨谣言、阻断谣言和澄清谣言的能力。

就分辨谣言来说，媒体要具备一定的科学文化素养。比如在麦当劳、肯德基等快餐的供应商上海福喜公司被曝光使用过期原材料之后，网传“麦当劳、肯德基食品氯化钠超标”的谣言，竟然还被一些媒体的官方微博转载，甚至被资深媒体人崔永元认可，整个事件十分荒谬。如果这些媒体和媒体人有常识，知道氯化钠就是盐，那么这种谣言便不会被传播开来了。近年来的许多谣言，比如日本核辐射后的“盐慌”“全日本70%以上的土地被严重污染”等，都是略懂科学文化便能轻易识破的。

就阻断和澄清谣言来说，涉及媒体把关能力和新媒体的自净化能力。

面对突如其来、真伪难辨的信息时，媒体首先需要找寻事件的消息来

源进行核实确认——在波士顿爆炸案发生后，美国的一些传统媒体也陷入了“未证实，先报道”的恶性循环中，从而造成谣言盛行，动摇了美国民众对于美国媒体公信度的肯定。为了重新挽回美国传统媒体的公信力，美联社严格要求员工在使用社交媒体上的信息作为报道对象之前，必须先联系信息的发布人，并且确保与当事人本人联系，在确定了对方的身份和信息的真实性后才能发布，否则不允许随意转发，以免给读者带来不必要的损害。其次，在确认了事件的真伪后要深入一线获取新闻线索。没有调查就没有发言权。只有掌握充分的证据，才能强有力地将谣言证伪，令人信服。

以微博为例，新媒体的自净化能力可以通过以下四种途径得到提升：

第一，微博运营商整合资源。

微博是以互联网技术为支撑的互动工具。所以，首先微博谣言治理可以创新微博技术，在此基础上建立微博信息“输入”“评估”及“输出”体系。在现有基础上，提高微博的技术性能，建立微博错误信息的筛选机制，争取在最短的时间内发现问题。比如可以建立微博谣言样本库，使微博信息能够自动比对，检测是否有已经辟谣的谣言，这样便会筛选、过滤一些信息，从而减少旧事重提的几率。同时，可以筛选相同话题信息，进行比对，比对其是否有自相矛盾之处，这样会过滤掉一部分信息，减少谣言传播。

其次是微博运营商握有平台资源的整合权。微博中有政务微博、传统媒体微博、明星微博及其广大普通用户资源。微博运营商可以将多种资源进行合理整合，利用丰富的资源核实、查证微博信息，并利用宽广的渠道传递正确信息，消解谣言，维持微博平台的秩序。

再次，微博运营商应鼓励广大用户积极参与微博谣言的核实及辟谣行动。微博运营商可以设置微博奖赏区域，对微博用户举报微博谣言的行为予以等级升级的奖励。并且利用微博推荐功能，引导更多的粉丝关注微博用户。由此，在微博中形成良好的风气，与那些转发骇人听闻的低俗信息来获得粉丝关注的人相抗衡。在微博社区的奖励中，很多微博用户将会积极参与到消解微博谣言的治理过程中，以推动微博谣言的消解与治理。

第二，政务微博更加活跃。

政务微博的开通，促进了政府公务信息公开，有利于政府与民众之间的交流与协作。政务微博的开通将有利于改进政府的交流机制及其工作方式，改变原来政府消息滞后、敷衍了事的作风。

从现实情况来看，虽然以公安为代表的政务微博表现出较快的反应力，发布信息及时透明，语言交流亲切，而且能将群众关心的话题及时予以答复，深获百姓的欢迎与支持，积聚了大量粉丝。但是还有一些政务微博只是作为国家的号召的行为反应，不精心维护微博，致使政务微博在谣言出现时起到的作用并不大。政务微博发布信息滞后，而且用语过于流于形式，缺少明确的信源及详细的解释。

鉴于以上情况，政务微博应提高实效性。政务微博作为政府与受众之间交流的平台，要快速知道人民群众之所想，及时发布权威信息，回答民众关心的问题，满足人民群众的知情权。政务微博发布信息要及时标明辟谣信息的出处，并对虚假信息的错误之处给予详细的解释，而不是以简单的话语传播给民众。政务微博要更加注重微博辟谣的效果，提高自身的权威性，促进微博自我净化机制的完善。

其次，政务微博的信息发布要亲切，不要以说教式的语气教育民众。微博语言简短亲切，语气平民化，才能吸引更多的用户关注、转发，提高政府微博的公信力，从而加强其消解微博谣言的功能。

第三，微博用户增强理性。

微博用户主要包括普通用户和加“V”认证用户。对于用户来说，要提高文化素质，增强理性精神。在微博平台发布信息时多一份责任，多一份理性。

对于普通用户来说，微博使用者要有公共意识，不要故意制造谣言，也不要故意传播谣言。在传播信息时，要有质疑精神。不能辨别出来的信息，不仅不要转发，还要及时举报，遏制微博谣言的发展趋势；如果无法辨别信息，就要主动搜索或是做好信息标明，主动与广大博主进行交流沟通，以求证真假，甚至可以向专业辟谣组织求助。

对于加“V”用户来说，要充分意识到自身的影响力。在发布信息时，更要小心谨慎。意见领袖们转发消息时，要注意理性鉴别。一旦盲目转发，就会造成谣言的快速传播，产生更大的影响力。同时，意见领袖用户在消解微博谣言时，具有很大优势。例如，意见领袖手中握有丰富的社会资源，他们可以积极主动地寻找信源，核实微博信息的真假，并且利用自己广泛的传播渠道传递正确信息。

第四，媒体微博专业监测。

传统媒体纷纷开辟官微，以此作为了解民情的途径。而且传统媒体有很强的专业性，可以在微博渠道及自身媒体报道平台中核实信息，发布准确信息，避免误传信息，避免迎合谣言而出现二次传播现象。

传统媒体可以作为微博信息传播的监测者，一旦发生异常消息，传统媒体要及时做出全面、正确的信息报道，揭穿谣言，产生共鸣，遏制微博谣言的大范围传播，消解谣言。

传统媒体可以与微博运营商形成联动机制。传统媒体可以利用微博与受众互动，可以利用微博来深化主题；微博运营商可以借助传统媒体核实信息。当异常消息产生后，启动微博与传统媒体的联合机制，二者资源相互补充，在微博平台上予以发布，以形成微博发布信息的双重审核机制，减少微博谣言的传播，将微博谣言遏制在萌芽状态。

第七章

突发公共事件中谣言治理的非政府组织途径

目前，非政府组织在谣言治理中正发挥着越来越重要的作用。相对于媒体、政府、企业等传统组织，非政府组织因为其中立性、独立性和公益性，有其独特的优势。在近些年的几个重大突发公共事件的辟谣中，非政府组织扮演着越来越重要的角色。

第一节　非政府组织概念梳理

非政府组织（Non-Government Organizations）一词最早正式使用于1945年6月签订的联合国宪章第71款中。到1952年，联合国经社理事会将非政府组织定义为“凡不是根据政府间协议建立的国际组织都可被看作是非政府组织”。非政府组织在这时主要指的是一些国际性的民间组织。到了1996年，联合国经社理事会通过的1996/31号决议扩大了非政府组织的概念，进一步承认了在各国和各地区活动的非政府组织。[①]

除了“非政府组织”的称呼，“非营利组织”“志愿组织”“慈善组织”“基金会”“第三部门”“公众参与组织”等也都用来表达相近的概念，只不过侧重点略有不同。各国和地区也因为历史和国情的不同，存在着不同的称谓习惯。可以说目前在国际上，人们对非政府组织并没有形成统一的定

① 非政府组织的兴起与概念界定［OL］.［2010-03-13］. http://news.ifeng.com/mainland/special/2010lianghui/redianjiedu/shiyedanweigaige/detail_2010_03/13/825149_0.shtml.

义和确切的称谓。但这一概念所对应的主体都是国家、市场、公众参与的三元分立结构下，除去政府和市场之外的公共领域。亚洲开发银行运用剩余界定的方法，将非政府组织定义为非政府、非营利的组织，这在最广泛的意义上界定了非政府组织的范围。在具体运用非政府组织的概念时，人们一般会在这两个基本属性上进一步限定。清华大学NGO研究所的王名教授将非政府组织界定为“不以营利为目的、主要开展各种志愿性的公益或互益活动的非政府的社会组织”[①]，在非营利性和非政府性上，增加了志愿性、公益性或互益性的特点。而由莱斯特·M.萨拉蒙主持的对全球非政府组织进行比较研究的约翰·霍普金斯项目，在综合考察了各国的实际情况后，就其结构—运作方面的五个特征达成了一致，包括：组织性、私立性、非利润分配性、自治性和志愿性。

值得注意的是，萨拉蒙在这里所说的组织性指机构具有某种结构，运作有一定的规律，而不论它们是否有正式建制，或是否进行了合法注册。这就是说重要的不是该团体是否在法律上得到了正式承认，只要有一定的机构持久性和规律性，有定期会议、有会员、有参加者认为合法的决策程序结构，就可以被视为具备了组织性。[②]这一定义涵盖了那些非正式的、未经注册的团体和正式注册的团体，对于理解我国的非政府组织是非常重要的。由于我国的特殊国情和发展现状，国内非政府组织与国际社会尚有区别，很少能够完全符合西方标准。但是确实存在一些不同于政府和企业的组织实体，它们在民间社会发挥着重要作用。我国习惯用“民间组织”[③]来称呼这些团体。民间组织是一个中文语境下的概念，广义的民间组织是指除党政机关、企事业单位以外的社会中介性组织，狭义的民间组织是指由各级民众部门作为等级管理机关，纳入登记管理范围的社会团体、民办非企业单位、基金会

① 王名．非营利组织管理概论（修订版）[M]．北京：中国人民大学出版社，2010：2.

② 莱斯特·M. 萨拉蒙，等．全球公民社会——非营利部门国际指数[M]．陈一梅，等译．北京：北京大学出版社，2007：12.

③ 1998年我国政府将原社会团体管理局改为民间组织管理局，因而“民间组织”这一称呼成为中国的正式用语。但2006年《中共中央关于构建社会主义和谐社会若干重大问题的决定》中开始改用“社会组织”提法，这一称呼在2007年十七大报告中得到进一步确认，民政部开始有逐步用“社会组织”称谓取代“民间组织”用语的倾向。但有学者认为，“社会”作为一个多义词，如果脱离了具体语境，社会组织概念很难分清具体所指，而且社会组织作为民间组织的上位概念，其包容性远远超过民间组织，因而也容易产生较多的歧义和理解上的差异。因此我们在这里保留“民间组织”的称呼。

这三类社会组织。[①] 清华大学NGO研究所的王名等人将我国的民间组织定义为："不以营利为目的、主要开展公益性或互益性活动、独立于党政体系之外的正式的社会组织。这些组织具有不同程度的自治性与志愿公益性，不是宗教、政党、宗族组织。"[②]

民间组织有着不同的分类方法，除了官方的分类标准[③]外，常见的分类标准还包括法律地位、组织性质和体制、活动领域、活动范围等。[④] 按照法律地位分类，我国的民间组织可以分为法定民间组织、草根民间组织和准民间组织等；按照组织性质和体制分类，我国民间组织可以分为互益性民间组织和公益性民间组织；按照活动领域分，可以按照约翰·霍普金斯项目的分类法将其分为12大类26小类。法律地位是非政府组织的重要标志，但由于中国目前非政府组织的实际表现形式与民政部门注册登记的组织类型不完全一致，往往有着很强官方背景的组织才有获得合法身份的可能。[⑤] 因此我们采取王名教授的看法，认为除了法定非政府组织，大量的草根民间组织和准民间组织也是中国社会组织的重要组成部分。它们虽然不具备正式的法律地位，但是在相当程度上具备非政府组织的核心特征。[⑥]

贾西津在法律地位分类方式的基础上，根据我国转型时期非政府组织的基本状况及其改革和发展趋势，描绘出了一个非政府组织的基本类型示意图，将我国的非政府组织大致分为法定非政府组织、草根非政府组织、未定型的非政府组织三大类。该分类比较真实地反映了目前我国的非政府组织情况，我们在这里可做参考。

---

① 王浦劬，L. M. 萨拉蒙，等. 政府向社会组织购买公共服务研究——中国与全球经验分析［M］. 北京：北京大学出版社，2010：6.

② 王名，刘培锋. 民间组织通论［M］. 北京：时事出版社，2004：13.

③ 政府主管单位民政部将纳入其管理的民间组织分为三大类：社会团体、民办非企业单位和各类公益性基金会。但这一分类显然不能涵盖为数众多的尚未登记的民间组织。

④ 王名，刘培锋，等. 民间组织通论［M］. 北京：时事出版社，2004：14.

⑤ 王名，刘培锋，等. 民间组织通论［M］. 北京：时事出版社，2004：14-15.

⑥ 王名，刘培锋，等. 民间组织通论［M］. 北京：时事出版社，2004：15.

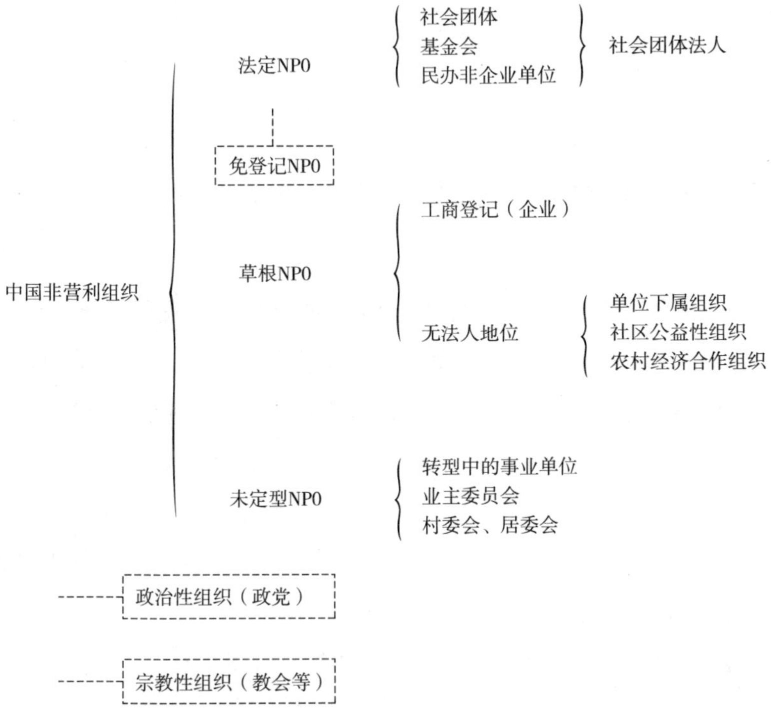

图7–1　我国转型时期非政府组织的基本类型示意图[①]

“非政府组织”是一个我们相对熟悉和惯用的称呼，它体现了与作为治谣主体的政府的区别，加之文章涉及国外情况，因此在行文中除非特殊强调，我们对该研究主体统一采用“非政府组织”的称呼。结合国内外情况，我们强调非政府组织的组织性，但不过分强调其法律地位。为了统一论述，暂且将非政府组织定义如下：非政府组织是指民间自发成立的、独立于政府和企业之外的、具有一定固定组织体系的社会组织。虽然非政府组织的概念存在模糊和歧义之处，且具有较大的内部差异性，但它们都着力于凝聚社会力量以推动社会发展进步。

① 贾西津．第三次改革：中国非营利部门战略研究［M］．北京：清华大学出版社，2005：65．

第二节 当前的我国非政府组织参与辟谣的现状分析

不同的社会阶段会对公共行政提出不同的要求。现代社会是高风险的社会，公共行政需要应付大量充满复杂性和不确定性的事件。单纯由政府管理一切事务的模式显露出大量弊端，无可避免地走向失败。20世纪70年代以来，欧洲掀起公共管理改革的浪潮，提出建立政府与社会之间的合作伙伴关系，实现多元化治理。"公众参与""善治"等理念也得以再度流行。这些理念都主张社会组织的重要地位，提倡非政府组织应大量参加和分担公共服务职能，实现网络治理模式。

治谣作为当前社会的一项重要治理任务，同样需要非政府组织的参与。近年来，不少学者从政府、媒体、公众等角度对谣言治理进行了细致探讨，在讨论过程中不断丰富研究成果，治理模式不断得到新的补充和发展。然而在谣言治理主体多元化发展的背景下，相关非政府组织在谣言治理方面的积极作用和发展现状尚未受到重视。非政府组织在社会体系及结构中有着不同于政府和企业的诸多社会功能，能够弥补"市场失灵"和"政府失灵"，[①] 也符合多元化治理的要求。从非政府组织的角度研究突发公共事件中谣言的治理措施，具有一定的必要性。

从另一个角度看，非政府组织的介入又具有可能性。一方面，非政府组织借助于自身的独立性、专业性、民间性等特点，能够在突发公共事件谣言治理中发挥独特作用，与政府形成互补；另一方面，非政府组织能够促进社会良性发展，推动社会常态制度建设，从根本上和长远上促进了谣言的解决。非政府组织对突发公共事件谣言的治理是对单纯政府管制模式的重要补充，不仅能够形成从监测、判断到发布的管理链条，而且在谣言的潜在阶段、爆发阶段和后续监管阶段都可以发挥重要作用。作为第三方独立力量，非政府组织发挥自身差异化特征，能够与政府形成互补，促进谣言治理的多

① 王名. 非营利组织的社会功能及其分类［J］. 学术月刊，2006，38(9)：8–11.

元化和网络化。

中国的非政府组织经历了一个不断发展的过程，自1995年世界妇女大会NGO论坛在北京举办后，呈现出快速发展的趋势。[①]根据民政部发布的2013年社会服务发展统计公报，截至2013年底，全国登记注册的社会组织共有54.7万个，其中社会团体28.9万个，基金会3549个，民办非企业单位25.5万个。[②]除此之外，中国还有大量没有在民政部门注册的民间组织。[③]据估计，这类未登记注册的民间组织数量在100万至150万之间。[④]

就目前来看，我国非政府组织在突发公共事件谣言中开始扮演一定的角色，也逐渐出现了一些成功案例。对于非政府组织在谣言治理中发挥的作用，从狭义上来说，指非政府组织在谣言爆发后采取应急措施以阻断谣言传播；从广义上来说，则同时包括非政府组织在谣言产生和发酵之前对矛盾的缓解及后期监管。后者不仅关注谣言的消解，还着力于常态性的制度建设，将其视为一种更为根本的矛盾解决途径。下文中我们提及的谣言治理，主要是从广义的角度上进行阐发的。

一、谣言应急治理中的非政府组织

在谣言的应急治理领域，能够面向大众发挥作用的民间组织并不多见。泛科技类民间组织[⑤]科学松鼠会及其传播机构果壳网可以说是一个难得的案例。科学松鼠会是NGO哈赛中心旗下的公益科学传播项目，果壳网则是从中拆分开来的一个“泛科技的网络媒体”，两者实际上形成了一种商业反哺公益的模式。自日本大地震谣言以来，果壳网作为一支辟谣力量越来越受到人

---

① 邓国胜等．中国民间组织国际化的战略与路径［M］．北京：中国社会科学出版社，2013：2．

② 民政部．民政部发布2013年社会服务发展统计公报［OL］．［2014-06-17］ http://www.gov.cn/xinwen/2014-06/17/content_2702566.htm．

③ 包括未注册但是发挥着非政府组织功能的国内组织，未注册的国外非政府组织，还有大量注册为工商企业但实际发挥着非政府组织作用的组织，以及作为单位挂靠社团的二级组织却独立运作的组织。

④ Guosheng Deng. The Hidden Rules Governing China's Unregistered NGOs: Management and Consequences［J］. The China Review, 2010, 10(1):188.

⑤ 泛科技是由美国网站HSW所开创的一种成功运营的科技模式，相较于权威机构发起的针对特定领域爱好者的科普，泛科技话题的讨论可以不拘泥于传统科普的形式和内容，它内容涉及广泛，善于抓住热点事件进行科普，追求语言和形式的生动易懂，尽可能让读者获得直接、形象的认知，轻松而愉悦地传递科学知识，在更高层次上培育公民的科学精神。实际上，科学松鼠会发起的果壳网等国内科普组织也是在这股浪潮下兴起的。

们的关注。其站内与辟谣相关的信息交流方式主要有以下几种：

- 果壳网
  - “谣言粉碎机”主题站
    - 常规发布
    - 事件特辑
    - 年度总结
  - “谣言粉碎机”小组
    - 辟谣贴
    - 求辟谣贴
    - 精华、总结与反思
  - 果壳问答
    - 提问帖
    - 回答帖
  - 流言百科
    - 搜索流言
    - 提交流言
  - 其他：抗谣性测试、相关评论与专访等

图7–2　果壳网辟谣信息发布方式

总体看来，这些辟谣信息的发布渠道有不同的特点：

“谣言粉碎机”主题站是其中较为常规化的一种信息发布方式，选题和内容都经过了编辑把关，以发布为主。除了日常的发布，“谣言粉碎机”还会以事件特辑、年度总结等方式对辟谣信息进行整理和回顾，如“地震专辑”“2012世界末日”版块，以及“年度十大科技谣言”等。“谣言粉碎机”小组是一种论坛组织形式，聚集着一批对辟谣感兴趣的人。在符合小组规定的情况下，每个人都可以围绕谣言发布自己的看法，主要有讨论帖、辟谣帖，求辟谣帖等，内容更具开放性和混杂性。果壳问答是一个内容更加开放的问答平台，可以自由提问、回答、讨论问题，提供了一种有效的协商式辟谣模式。其内容虽然不限于谣言，但也含有不少与辟谣相关的问题。“流言百科”是一个谣言数据库，用户可以选择运用分类检索或者关键词检索的方式，查找科学松鼠会和果壳网曾经发布的辟谣内容，也可以提交上传谣言。

除了网站内部的发布平台建设，果壳网还在各类热门社交网站上拓展媒介渠道，以便接触更多的受众。在果壳网及其相关组织运营的社交网站账号中，微博账号的运营格外引人注目。截至2014年12月29日10时，我们将部分经过认证（包括机构认证和个人认证）的科学松鼠会和果壳网相关的微博账号[①]情况进行了统计，结果如下：

表7-1　科学松鼠会和果壳网相关微博账号情况统计

账户名	果壳网	谣言粉碎机	果壳问答	科学松鼠会	姬十三	拇姬	瘦驼	奥卡姆剃刀
粉丝	333万	102万	44万	150万	118万	63万	75万	15万

科学松鼠会和果壳网的微博运作不是单一的官方信息发布和僵化的信息转发，而是不同账号之间相互关联，形成了一个立体的、多层次的传播网络。其名下的微博账号主要分为两类，一类以机构名义发布信息，如“果壳网”“谣言粉碎机”“果壳问答”“科学松鼠会”；另一类以个人名义发布信息，如“姬十三”“拇姬”“瘦驼”“奥卡姆剃刀”。从上表的统计数据可知，两者都有相当数量的人关注。后者虽然以个人名义活动，但是仍会注明其在相关组织的职位，经常转发果壳网的微博并讨论相关问题，可以视为一种半官方性质的账号。这两种账号之间既有独立性，又有相关性；在辟谣信息发布后，相关账号之间会对事件进行集中讨论，在转发评论中增加更为详细的质疑或论据，起到一种强化信息和共享受众的效果。

相较于网站的“小圈子”形式，微博作为大量信息的集散地，具有更广泛的用户接触面，通过转发或发布热门话题，相关信息能够得到更大程度的关注。突发公共事件发生后，人们已经习惯在微博上寻找各种消息，感知舆论倾向，非政府组织利用微博账号能够和其他来源的信息在同一个“场”中进行有效的对话，对谣言进行直接回击。

除了对新媒体的灵活利用，非政府组织也充分争取传统的媒体资源，以期影响更多无法接触新媒体的受众。这一方面表现在他们出版策划了《谣言粉碎机》等图书，另一方面表现在他们对媒体报道的争取。就后者而言，媒体对于非政府组织的报道主要分为两方面：一是介绍性的报道，二是事件性的报道。以果壳网主页上“媒体报道”中的报道记录为例，我们看到包括“新华社”、《人民日报》《Vista看天下》、“中国国际广播电台”“央视新闻”等在内的通讯社、报纸、杂志、广播、电视台等媒体都对果壳网进行过报道。果壳网善于制造和抓住新闻点，争取更多的新闻报道。例如在“网购

① 我们在这里只录入了部分经常发布或转发辟谣信息、影响较大的账号信息。

节”[1]前发布九大商业“伪概念”，举办“菠萝科学奖”[2]等。果壳网所追求的趣味化、时尚化、兴趣化往往能够契合媒介的兴趣。辟谣信息实际上也具备较强的新闻要素，易得到媒体的青睐。2011年，CCTV13频道的《央视直播间》节目就对果壳总结的“2011科技谣言真相调查”进行了连续七期[3]的报道。科学松鼠会和果壳网充分利用各种机会强化信息传播能力，使其传播网络融合了网络传播、组织传播、人际传播、大众传播，形成了一种较为立体化的传播模式，增强了传播效果。

自成立以来，科学松鼠会及果壳网在“千年极寒”“艾滋西瓜”“北京暴雨”“醉酒后被偷肾”“抢盐风潮”“食用泡椒凤爪得H7N9”“2012世界末日”“地铁迷药事件”等一系列谣言中“大显身手”。2010年日本地震后引发的“抢盐风潮”中，科学松鼠会及果壳网反应迅速，参与积极，在辟谣过程中发挥了重要作用。果壳网微博“谣言粉碎机”针对该事件，从16日起共发布微博接近40余条，转载近万次，评论也超过千条。[4]其在日本地震后的良好表现，使得科学松鼠会和果壳网被视为应急科普领域的典范，受到了专家学者以及普通受众的更多关注。根据这些案例，我们将“谣言粉碎机”主题站的常规辟谣过程总结如下：

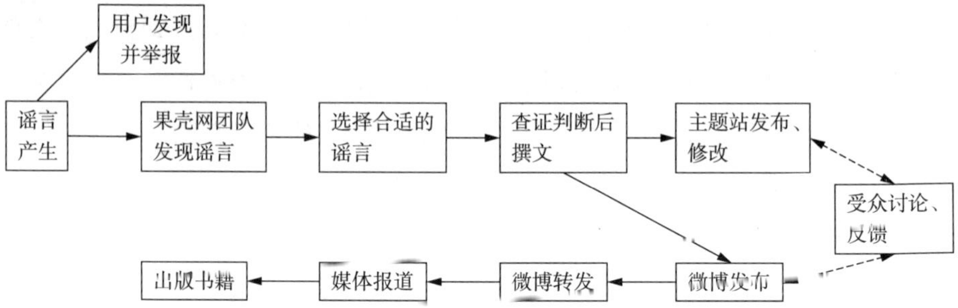

图7-3 “谣言粉碎机”主题站的常规辟谣过程

① 所谓网购节，就是商家利用一个特殊的节日，进行商品打折优惠抢购活动，淘宝等互联网公司将网购节气氛推向了一个个高潮，如“双十一”等。

② “菠萝科学奖”是浙江省科技馆与科普网站果壳网合力打造的科学奖项，以“向好奇心致敬”的名义，广泛征集、褒奖和传播兼具想象力、趣味而又发人深省的科研成果。

③ 七期报道具体内容为：睡觉时抽搐一下表明身体机能差；网传地铁内被下迷药，网友恐慌；美解密档案，外星人来过地球；“超级月亮”引发日本地震；夏季夜空多地目击“气泡UFO”；“六星连珠”引发末日猜想；膨大剂能让西瓜变炸弹吗？

④ 刘鹏飞，周培源. 2011年网络舆情走势与社会舆论格局［J］. 新闻记者，2012(1)：3-9.

可见，一条谣言的处理往往包括这样前后相承的几个阶段：首先是谣言的发现，这个过程可以由果壳网团队主动搜索获得，也可以通过用户举报、“求辟谣”等途径获知；其次是谣言的筛选，果壳网团队通常会选择那些带有伪科学、伪科技元素并且传播广泛、影响深远的谣言进行辟谣；再次是谣言的查证，果壳网相关领域的成员根据自己的专业知识，查证相关资料，对事实作出判断；最后是辟谣信息的发布，经过编辑审核的文章会在站内和微博等平台发布。在发布阶段，受众也广泛参与进辟谣运作中，受众的讨论和反馈意见影响着辟谣文章的进一步修改完善，谣言查证和信息发布两个环节不断循环，推进着人们不断靠近真相。随后辟谣文章随着关联账号和用户的转发获得更多关注，再通过媒体报道和书籍收录，辟谣信息也能够得到再次传播。

为了了解果壳网受众对果壳网辟谣行为的态度和受众行为的特点，2014年11月间，我们在网上针对果壳网用户发放了300份问卷，[①]从中筛选出196份有效问卷。调查结果显示，这些果壳网用户中，88.8%的人不同程度地关注过果壳网的相关辟谣版块，这其中受关注度最高的四个版块依次是“谣言粉碎机”小组（58.67%）、果壳问答（50%）、“谣言粉碎机”主题站（41.33%）、流言百科（32.14%）。对于果壳网目前的辟谣行为，76.02%的人表示比较满意，12.24%的人表示非常满意。可见，就目前来说，果壳网辟谣版块存在一定数量的忠实用户，用户满意度较高。

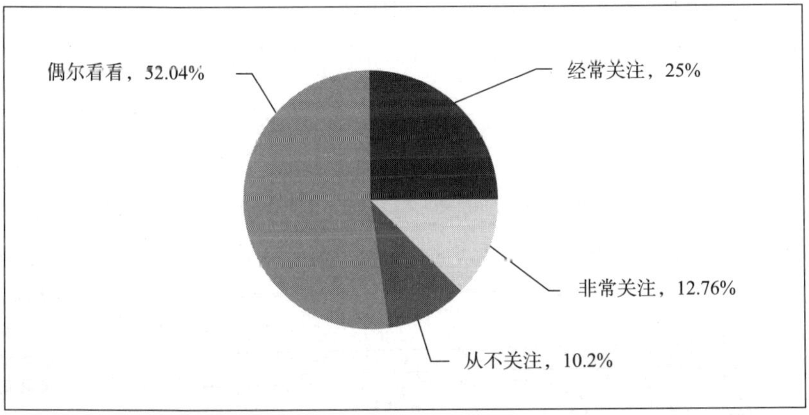

图7–4　用户是否关注果壳网相关辟谣版块

① 果壳网“谣言粉碎机”受众小调查：http://www.sojump.com/jq/4013903.aspx。

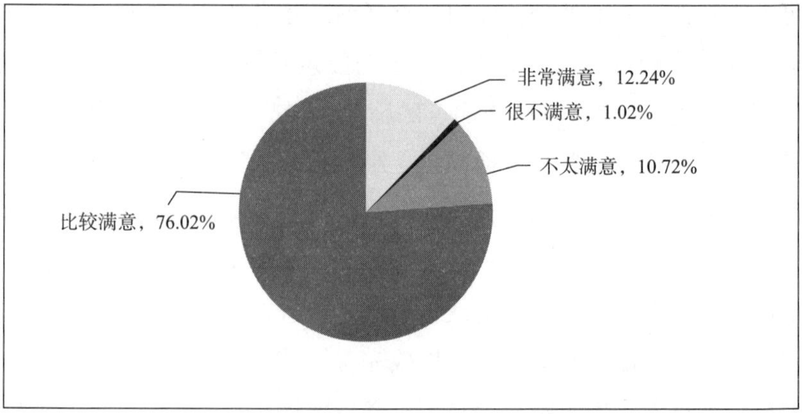

图7-5　用户对果壳网目前的辟谣行为满意程度

然而问卷也暴露了果壳网发展过程中的一些问题。首先，虽然有88.8%的人不同程度地关注过果壳网的相关辟谣版块，但其中相当比例（52.04%）的受众只是偶尔看看。其次，虽然受众对果壳网辟谣行为满意度较高，但非常满意的人只占12.24%。根据对“你认为目前果壳网辟谣最大的问题在哪里”这一问题的回答，我们可以看出，受众存在的不满集中于果壳网辟谣中权威性的缺乏（46.51%）。这是我国辟谣问题中出现的一个尴尬局面，根据我们2013年针对北京十所大学发放的《网络谣言调查问卷》[①]统计结果，一方面，大多数人认为权威信息因带有政治色彩、客观性和细节不够、缺乏交流互动等原因，不能满足他们的信息需求；另一方面，由于中国传统的文化、习惯的影响，大部分人又更愿意相信权威媒体报道和相关政府部门发布的辟谣信息，只有少数人愿意相信民间组织和专家发布的辟谣信息，当官方渠道和民间渠道发布的信息不一致时，人们的选择并没有表现出明显的态度。可见受众虽然对权威信息发布渠道表现出了不满，但是仍然比较倾向于、也更习惯于相信权威渠道。在他们看来，非政府组织等民间渠道虽然有着客观性和互动性等特点，但缺乏权威性，因此也存在较大的信任问题。此

① 2013年调查者在北京市62所高校（本科）中，通过使用随机数表，抽取十个学校（清华大学、北京外国语大学、首都体育学院、北京邮电大学、北京航空航天大学、北京师范大学、中央音乐学院、对外经贸大学、北京印刷学院、首钢工学院），以本科生为对象发放调查问卷。此次调查共发放300份问卷，回收有效问卷296份，问卷回收率为98.67%。问卷含有客观题31道，主观题1道，内容分为五个部分，包括大学生的媒介使用习惯、对信息的认同、具体网站使用和转发、对辟谣的关注和兴趣、对网络谣言治理的建议。调查数据由调查员核实后进行编码，利用Spss16.0分析软件进行统计分析。分析类型以单变量描述性统计和方差分析为主。

外，受众对果壳网辟谣信息存在着被动接受的问题。问卷统计显示，看到不确定的消息后，只有19.39%的人会经常在果壳网上查证消息，更有35.2%的受众只会阅读消息，从不参与相关小组和谣言事件的讨论。这种被动性可能来自于用户专业知识的缺乏，在问及用户对来自于“谣言粉碎机”的辟谣信息一般持什么态度时，64.8%的人认为自己“基本都接受”，因为自己“并不了解相关领域知识，无法做出质疑”。这一方面启示果壳网在辟谣过程中建立受众信任度的重要性，另一方面告诫果壳网应该冲出少数自娱自乐的专业群体，更多地面向普通受众，促成更加广泛的受众参与，避免辟谣成为另一种不经受众反思的权威话语。

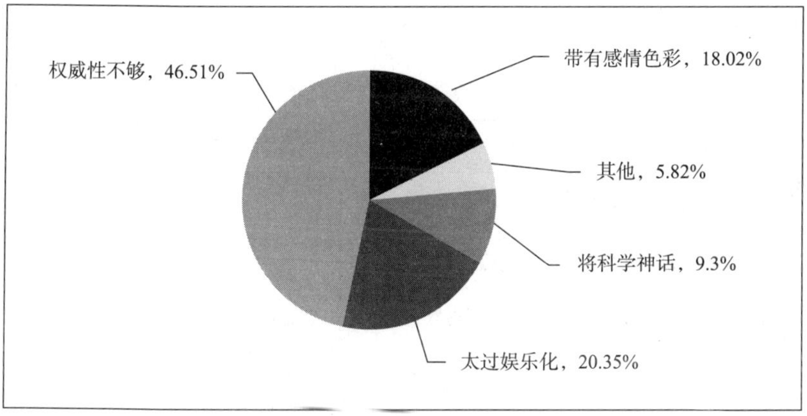

图7-6　你认为目前果壳网辟谣最大的问题在哪里？

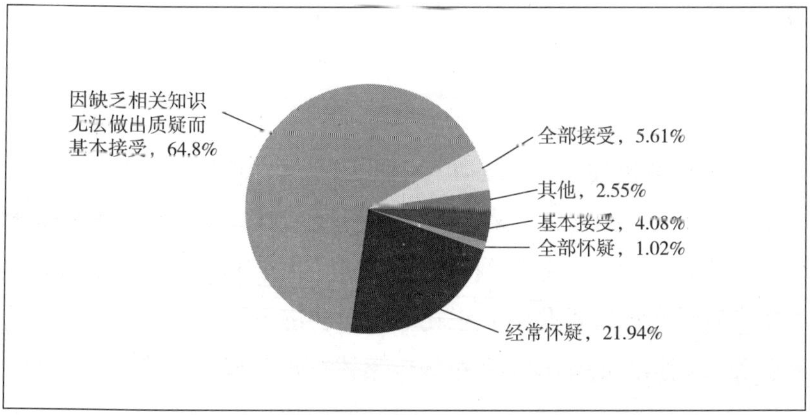

图7-7　在实际生活中，你对于来自谣言粉碎机的辟谣信息一般持什么态度？

二、辟谣常态建设中的非政府组织

相较于非政府组织在谣言应急治理领域的作用，在常态制度建设方面，非政府组织能够有更大的发展空间。

突发公共事件谣言往往反映了社会矛盾的积聚，非政府组织通过为弱势民众提供利益表达渠道，监督政府和企业，促使双方从激烈抗争转向公正化、理性化、组织化的解决问题。通过缓冲矛盾，非政府组织一定程度上增强了社会弹性，使社会能够更好地应对突发事件的冲击，也从根源上使得这类谣言失去了活力。

下表展现了近年来我国经常发生的公共冲突类型以及非政府组织在其中发挥的作用。

表7–2　常见公共冲突中非政府组织的作用①

冲突类型	举　例	发挥的作用
劳资冲突	香港职工会联盟、北京工友之家、小小鸟打工互助热线、打工族文书处理服务部、志强信息咨询服务部	提供了利益表达渠道，促使劳动者从街头抗争转向组织化方式谈判。
社区冲突	广东业主委员会联谊会等地方业主委员会	通过谈判和协商，组织化、理性化维护自身利益。
拆迁冲突	三亚月川社区、广州猎德村	平衡了政府、商业力量和村民的利益，强调居民主体性，实现居民利益。
环保冲突	达尔问环境研究所、绿家园志愿者、自然之友、北京地球村环境教育中心、环友科学技术研究中心、公众环境研究中心	充当第三方角色，发挥沟通渠道作用，推动以更加公正、持久的方式解决冲突。

目前我国的劳资冲突、社区冲突、拆迁冲突、环保冲突是比较突出的几类公共冲突，在这些冲突中，都出现了一些比较典型的非政府组织案例，提供利益表达渠道、组织协商谈判等方式促进了民众利益的维护和双方沟通的进行，推动着冲突向理性化、组织化的方向前进。

环保类民间组织是中国民间组织中集体行动的成功典型，可谓我国民间

① 本表根据赵伯艳《社会组织在公共冲突治理中的作用研究》第四章第二节的部分内容制作。

组织发展的先锋，非常活跃且具有影响力。[①]这些年来，环保组织逐渐介入重大公共事件中，发挥着自己的作用。与此同时，自2007年以来，一系列关于环境抗议的公共事件频发，环境问题的公共属性前所未有地凸显出来。这使得环保类民间组织与突发公共事件谣言前所未有地紧密联系起来。

较为典型的事件包括2007年厦门"PX事件"，2008年上海"磁悬浮事件"、云南"丽江水污染事件"，2009年广东"番禺反对建设垃圾焚烧厂事件"，2011年大连"PX事件"和浙江"海宁事件"，2012年四川"什邡反对兴建钼铜项目事件"、江苏"启东事件"、浙江宁波镇海"PX事件"等。[②]事件过程中政府与民众之间冲突激烈，甚至恶化到示威群众冲击公共机关、政府动用警力驱散示威者的程度。在我国，重大项目往往从规划到环评都缺乏有效的公众参与渠道和制度设计，企业的环境信息披露机制也明显存在不足，民众往往对身边在建或已经运作的工业项目不知情，一旦产生谣言，政府和企业都很难从民众那里获得信任，理性对话和说服会遇到障碍。[③]这个时候，非政府环保组织实际上有着相当大的可介入空间，能够在消解谣言、缓解时间等方面发挥卓有成效的作用。

宁波"反PX事件"中，本地的民间环保人士从一开始就关注并且努力引导反建运动朝着更和平、更有序的方向发展。环保组织在番禺反焚运动演变过程中发挥的作用更加明显和积极，不仅从运动一开始就提供重要支持，使运动主流走向组织建设阶段，自然之友等环保组织还直接或间接地提供了技能和资源等方面的支持。"宜居广州"在成立过程中就与自然之友、芜湖生态中心等共同推动建立中国"零废弃联盟"。可以说，自然之友等环保组织直接参与设置了垃圾管理这个社会议程，直接参与推动反焚运动朝着公共化、理性化和组织化的方向转型。而这个过程反过来又催生了新的民间环保组织，使得相对自发和零散的民间维权行动走向常态化，为公民政治参与赢得了更加稳定的制度支持。[④]

结合实际情况，作为一种常态制度建设，我们将目前中国的环保类非政府组织的作用方式总结为：集中民众的利益表达，提供发声渠道；为民众提

---

① 邓国胜. 中国环保NGO发展指数研究［J］. 中国非营利评论，2010(2)：210-222.

② 姜胜洪. 网络谣言应对与舆情引导［M］. 北京：社会科学文献出版社，2013：181.

③ 刘鉴强. 中国环境发展报告（2013）［M］. 北京：社会科学文献出版社，2013：27.

④ 刘鉴强. 中国环境发展报告（2013）［M］. 北京；社会科学文献出版社，2013：27.

供环境污染诉讼法律援助；推动公众参与和信息公开；监督政府和企业，促进法治进步。这四大方面的内容加以举例说明，总结为下图：

环保类非政府组织	集中民众的利益表达，提供发声渠道 →	反对怒江建坝，反对金光集团APP去南毁林，宁波PX运动，番禺反焚运动。
	为民众提供环境污染诉讼法律援助 →	中华环保联合会设立的环境法律服务中心，中国政法大学污染受害者法律帮助中心，自然之友开发的环境法律倡导工具包。
	推动公众参与和信息公开 →	达尔问自然求知社所形成的“民间独立检测”机制，自然之友发起的“我为城市量体温”活动。
	监督政府和企事业，促进法治进步 →	对《环境保护法》《环境监测管理条例（征求意见稿）》《大气污染防治法》等收集公众意见，向相关部门提议。

图7-8　目前中国环保类非政府组织的作用方式

以环保组织“自然之友”为例，自1993年成立以来，“自然之友”在环境事业中发挥了重要作用。其主要工作分为三个方面：一是环境个案介入，重视环境个案的实践解决，依法通过公众参与决策、信息公开、公益诉讼和公开呼吁来回应具体环境问题的解决；二是建设法律支持环保工作的平台，重视不同专业人士在解决环境问题中的重大作用，尤其关注法律专家、环境律师在帮助NGO解决环境问题中的支持作用，并通过建设平台、构建网络的方式促进法律专家支持NGO的环保行动；三是推动环境信息公开、公众参与和司法救济的立法和政策进步，即通过案例总结、实践调研和学术研究以及个案推动，促成环境信息公开、公众参与和司法救济的立法和政策进步。

综上所述，本部分主要以泛科技类非政府组织和环保类非政府组织为例，分析了目前我国非政府组织在辟谣中发挥的作用。然而，除了这两类组织，其他非政府组织在突发公共事件辟谣领域尚未发挥重要作用。究其原因在于，目前非政府组织在我国的发展环境和组织能力方面尚不完善。能够在辟谣领域担当责任的非政府组织需要具备较高的公信力、较为广泛的受众基础和专业能力，目前来看，泛科技类非政府组织和环保类非政府组织是我国办得比较出色、受众面比较大的非政府组织。因此，在具备这些前提的情况下，它们不仅能够承担社会责任，还能够通过“辟谣”这样一个与人们生活息息相关的话题吸引更多的关注，形成一个良性发展循环。

第三节　非政府组织参与辟谣的优势分析

非政府组织有着与政府不同的特征和运作机制。突发公共事件的谣言治理中，非政府组织所具有的民间性、灵活性、专业性、独立性等差异化特点与政府形成了优势互补，有效弥补了单一政府行为中存在的问题。这些优势体现在谣言治理中的不同环节。我们将其总结为下表：

表7-3　非政府组织在谣言治理中的优势

特　点	在谣言治理中的优势	介入的环节	弥补的问题
民间性	深入社会基层、贴近弱势群体、对民众需求敏感、民间资源丰富	谣言潜在阶段、后续监管阶段	官方忽略，矛盾积聚
灵活性	机制简单、反应迅速、有创新能力	谣言爆发阶段	官方反应迟滞，信息空缺
专业性	信息具有权威性，对问题的持续和深度关注，具有专家资源	谣言潜在阶段、谣言爆发阶段、后续监管阶段	官方不了解，关注时间短
独立性	能够获得公众的信任、支持和理解，中立性强	谣言爆发阶段	官方带有立场或陷入冲突方

下面我们将结合实例，对非政府组织的这些特点进行具体分析。

一、民间性

非政府组织本质上是民间发声渠道的一种整合与强化，它所具有的民间触角能够渗入到社会生活中的每个角落，帮助公众了解特定群体的需求。众多非政府组织的创办人往往属于某个特殊群体领域，对特定群体的民间需求异常敏锐，能够起到事件探测器和矛盾预警器的作用。同时，非政府组织通过组织民众，维护民众利益，能够强化民众的声音。在被官方忽略而导致矛盾丛生的领域里，非政府组织以其民间性促使着事件以更加组织化且缓和的方式理性解决。

2010年10月，韶关市北江中上游河段发现铊超标现象，经环保部门认定，这是中金岭南下属韶关冶炼厂排污所致。此次铊污染事件曝光后，多家民间环保组织对此表示重点关注。著名环保组织公众环境研究中心通过企业污染数据库检索发现，中金岭南公司2004年以来存在多条环境违规记录，其中包括有毒重金属镉的超标。然而在2007年至此次铊超标事件曝光前，韶关冶炼厂甚至一度头顶"绿色"光环。10月25日，依据《环境信息公开办法(试行)》，公众环境研究中心、自然之友、达尔问自然求知社等20家民间环保组织联合致信中金岭南有色金属股份有限公司韶关冶炼厂，要求其严格遵守相关法规，对韶关市北江中上游河段发现铊超标现象立即采取治污行动，并在2010年11月21日前，向社会公开企业的排放数据，包括排放中涉及的镉、铊、铅等有毒有害重金属的排放量以及超标、超总量情况。

2013年，中国石油天然气股份有限公司正在云南省昆明市安宁工业园区建设1000万吨/年炼油化工项目，遭到当地为数不少的民众的强烈反对。网上出现大量议论和质疑，开始出现昆明市民集体"散步"的现象。在事件发生之初，环保组织自然之友[①]迅速跟进，前往安宁施工现场调查。调查中发现该工程多处违背规定，除了环境保护方面的诸多争议之外，还存在规划依据存疑、决策过程不当、公众参与缺失、开工手续不齐、合法性要件不足等问题，明显是一个违法开工、非法建设的项目。自然之友作为公众环境权益代表，对中国石油天然气股份有限公司发出了《立即停止云南安宁炼油项目非法施工建设的呼吁书》，并向环境保护部申请行政复议，严正要求项目业主"中石油"立即主动全面停止安宁炼油项目的施工，重新严格履行相关法律程序。[②]这次及时的介入成功地防止了矛盾的激化，避免了群体性事件和破坏性谣言的出现。

此类环境问题与西方的"邻避冲突"相近，由于受邻避影响的往往以弱势群体为主，环保组织的介入能够促进弱势群体在冲突中的权益维护，改变

① 自然之友是一家非营利性的民间环保组织，致力于推动公众参与环境保护，支持全国各地的会员和志愿者关注本地的环境。

② 自然之友，等．立即停止云南安宁炼油项目非法施工建设的呼吁书［EB/OL］．［2013-08-27］．http://www.fon.org.cn/index.php/index/post/id/1604．

冲突双方的不对等关系，促进双方良性对话，防止弱势群体因为维权手段缺乏而采取极端方式将冲突扩大化。加之政府作为规划者，经常作为邻避冲突中的一方卷入事件，出现冲突第三方缺位现象，专业性的环保组织凭借其专业性和在环保领域积累的威望和信任度，能够作为第三方干预冲突过程。区别于政府部门的“决定—宣布—辩护”这种自上而下、封闭式的决策模式，环保组织能够更好地正视受干扰人群的正当权益，充分吸纳利益主体的意见，建立更合理的“参与—协商—共识”决策模式。[①]

大规模环境群体性事件近十年来在中国不是偶发的，而是多发的。[②]近年来各地出现的“PX事件”是我国目前非常典型的案例。从理性的角度来看，与跟我们接触的其他化学物质相比，PX的毒性并不高，而且PX项目属于基础性化工项目，已经是目前全球化工业里一项比较成熟的技术，安全性较高。然而从厦门、大连、宁波，到彭州、昆明、茂名，民众对PX项目的抵触乃至恐惧情绪却仍在蔓延。

2014年3月30日，相似的事件再次发生，茂名市民上街游行，表达对PX项目的不满。事发后，茂名反PX游行造成“15死300伤”“坦克车进城”、广州停运巴士、火车阻止上访、市民被“暴打”等传言开始在网络上散播。4月2日，《人民日报》进行辟谣，提出其中存在大量张冠李戴、无中生有的成分，然而辟谣在当时并未收到良好的成效。在整个过程中，官方发布的消息极为有限，仅仅发布了辟谣消息，呼吁民众要理性，并指责少数人浑水摸鱼。在事发后的舆论高峰期，微博官方发布渠道“茂名发布”对该事件闭口不谈，还在转发“茂名1500名师生接受救生知识教育”这种不痛不痒的消息，引发公众的众多质疑。事件发生后几天在新浪微博上搜索“茂名PX”，提示“根据相关法律法规和政策，‘茂名PX’搜索结果未予显示”。“茂名PX项目”的话题也显示话题正在审核中。单一的信息发布渠道摆明了一种非对话的态度，而民众也在反抗这种操控舆论式的单向宣传。因此微博“太原发布”4月2日发布相关辟谣信息后，舆论基本上持批判和不信任态度。

可以说，整个事件恶化的原因在于对群众利益和知情权的忽视，导致政

① 赵伯艳．社会组织在公共冲突治理中的作用研究［M］．北京：人民出版社，2012：156-158.

② 刘鉴强．中国环境发展报告（2013）［M］．北京：社会科学文献出版社，2013：26.

府和企业陷入塔西陀效应[①]。项目开始前没有合法公正的环境评估和充分公开的讨论，民众的意见不仅没有得到应有的尊重，连知情权也被剥夺，民众在整个事件中是不在场的。在不少民众看来，监督机制也毫无公信力可言。事件后一位网友称，连一杯牛奶都致癌的国家，你确定本身就产生致癌物的PX不致癌么？……人活一辈子，短短几十年，没有人愿意守着一大堆致癌物过日子。实际上，PX已经成了一个符号，反映了民众与政府之间的信任缺失。当双方陷入对立时，有公信力的第三方力量有着非常大的作用空间。非政府组织如果能够作为民众利益的代表参与事件，引导民意的合理表达，并对公权力进行监督，将会卓有成效地推动事件走向和平解决。

非政府组织的民间性还能够调动更多的民间参与，培养公众参与能力。一方面，这保障了公民的知情权，减少了不必要的恐慌；另一方面，也促使社会力量从相互对抗走向共同建设。达尔问自然求知社所形成的“民间独立检测”机制就是一种很好的尝试。在北京市空气质量引起的舆论反映中，空气质量标准和官方数据公开存在诸多问题。为此，达尔问自然求知社发起了“我为祖国测空气”活动，通过购买便携式检测仪器、邀请志愿者参与检测活动、向公众公开检测数据的方式让人们更好地了解空气质量，也推动官方数据的公开。早在2009年达尔问自然求知社成立之初，因为不了解数据和相关知识，“电磁辐射污染”就曾引起过人们的过度恐慌。通过数据检测和信息发布，人们对生存的环境能够有更多的确定性，也就减少了不理智的群体行动。虽然达尔问自然求知社并非权威的信息发布和系统的科学教育组织，但是它的亲民性、严谨性和独立性赢得了公众的信服，取得了极高的公信力。

二、灵活性

一般来说，非政府组织参与辟谣具有更为灵活的反应速度和更加灵活的辟谣手段。相较于政府的庞大组织机构和复杂决策体系而言，非政府组织一般采取扁平化的结构模式，机制简单，反应灵活，创新性强。各部门之间以任务为导向，成员之间容易达成一致，具有较高的办事效率。在谣言爆发后官方反应迟滞、信息出现空缺的时刻，如果非政府组织能够发挥自身优势及

① 塔西陀效应简单说来就是指，当失去公信力时，不论说真话还是假话，做好事还是坏事，都会被认为说假话、做坏事。

时提供权威信息，能够非常有效地遏制谣言的大规模爆发。

信息资源优势是官方传播系统可信度的主要来源之一，如果持有消息却不公开，这一优势反而会影响官方系统的公信力。近年来，政府在突发公共事件发生之时的反应速度并不尽如人意。根据陈虹等人对“6·28”贵州瓮安事件、“5·7”杭州飙车案、湖北少女遭猥亵跳楼三个事件的梳理，我们可以明显地看出这种滞后性：

表7–4　近年来中国几起突发公共事件信息发布时间[①]

事　件	发生时间	消息开始流传时间	官方信息发布时间
“6·28”贵州瓮安事件	2008年6月22日	6月22日至27日之间	6月29日（7月1日辟谣）
“5·7”杭州飙车案	2009年5月7日	7月21日（“替身”说在网络流传）	7月27日正式通过媒体辟谣
湖北少女遭猥亵跳楼	2010年9月4日	9月9日和17日再次引起舆论关注	9月21日回应，9月24日再次发布通告

三起事件中，从消息刚刚开始流传到官方发布信息时间相隔从6天到11天不等，官方的信息发布速度十分缓慢。在关键时刻，官方消息的模糊和失语往往会造成谣言的肆虐。马航事件就是一个典型的例子。在失联后的第三天，马航在官网上发布了9条声明，微博账号发布了其中的8条声明，信息更新速度严重无法满足受众的需求。人们只能通过不断地刷微博获取各路媒体的消息和各类专家的猜测。航班去向、航班人数、护照问题等不断出现的“新”消息又不断被“辟谣”，信息情况极度混乱。舆情秘书CH数据监测的数据显示，关于马航失联一事，有25%的人对飞机搜索结果不清，9%的人对散布不实消息不满，5%的人指责马航。在这些事件中，由于官方信息的滞后和被动，导致了危机的爆发，而随后的辟谣也难以再扭转舆论局面。

相较而言，非政府组织的民间触角和对专业信息的敏感，往往能够让它们在第一时间察觉舆论的变化，在谣言的潜伏期和形成期及时采取措施。

2011年3月，在日本核电站爆炸引发的“核泄漏”恐慌影响下，国内出

① 陈虹，沈申奕．新媒体环境下突发事件中谣言的传播规律和应对策略［J］．华东师范大学学报：哲学社会科学版，2011(3)：83–91．

现了很多谣言。传言中的“食盐含碘防辐射”和“海盐受污染”两种观点，使得全国大多数省份出现了抢盐风波和因此造成的盐荒。在这一事件中，非政府组织开始发挥重要作用，果壳网[①]及时的信息发布一定程度上弥补了官方反应的空缺，促进了群众情绪的理性化。

表7-5　日本大地震引发核泄漏事件中各方介入时间表[②]

11日		13日	14日	15日	16日	17日	18日	之后
日本大地震引发核泄漏	政府				浙江省官员微博回应	发改委、工信部回应	各地政府陆续回应	
	非政府组织(科学松鼠会和果壳网为例)	《BBC：日本核电站爆炸现状》等	《为什么不用担心日本的核电站》《福岛核电站最坏情况分析》《“核污染扩散图”，造假也该认真些》等	《以碘“抗”核？或许有用，但没必要》《MIT专家：福岛到底发生了什么》等		果壳网发文《囤积食盐，有必要吗？》《碘酒碘盐海带，全部都是浮云》《福岛第一核电站事故概况》	《后辐射时期海鲜，吃不吃?》等	应对手册，福岛核危机观察和科普
	民众		开始出现抢盐风潮	抢盐地域扩大	抢盐事件继续扩大发展	抢盐风潮进一步恶化	事件趋于平息	

从上表中我们可以看出，在抢盐事件的前几天中，政府部门出现了信息空缺。相关部门在16日晚正式介入时，事件已经极度恶化。相较而言，非政府组织较早对事件进行了关注，从果壳网14日发布的《为什么不用担心日本的核电站》《福岛核电站最坏情况分析》和《“核污染扩散图”，造假也该认真些》几篇文章已经能看到它对公众紧张情绪的感知，能够对之后发生的“谣盐”事件起到一个“打预防针”的作用。15至18日抢盐事件发生之后，科学

① 科学松鼠会是NGO哈赛中心旗下公益科学传播项目，果壳则是从中拆分开来的一个“泛科技的网络媒体”，两者实际形成了一种商业反哺公益的模式。因为果壳网“谣言粉碎机”栏目是当前中国科学辟谣网站中成功的典型，我们在这里将果壳网也算作一例。

② 本表借鉴了中国人民大学《新媒体环境下危机传播与舆论引导研究》课题组《抢盐事件中的舆情态势和传播规律研究——基于网络文本的智能化舆情分析技术》一文中的有关信息。

松鼠会紧接着快速发布了几篇相应的辟谣文章，比官方更早地发出了声音。

2014年2月起，新一轮埃博拉病毒在西非肆虐，并愈演愈烈，相关的谣言也在疫区传播。有人宣称，埃博拉病毒根本不存在，它根本就是白人或是当地政府的阴谋，是这些恶人盗卖人体器官、诈领抚恤金的幌子。有时，这些阴谋论甚至会倒置因果。几内亚一些村镇里存在这样一种观点：疾病爆发的时候，村里都有外国人前来设置的医疗点，因此瘟疫根本就是这些医疗点散布的——于是这些村镇拒绝外国医疗人士进入。还有传说称：消毒用的烟雾其实是毒雾；医生会因害怕染病而对病人不管不顾任其饿死；卫生官员会给疑似埃博拉病人注射致死物质；病人会在医院染上埃博拉病毒……这些荒诞的说法，无疑会使得原本就严重的局势雪上加霜。更可怕的是，有些病人因为听信了这样的谣言，于是躲到树林里，或者跟亲戚一起藏在家里，甚至疑似死于埃博拉病毒的尸体都被家人藏起来，不肯交给医务人员。[①]

为了抵制疾病的蔓延，必须争取到疫区民众的信任与支持。与谣言争夺发言权的过程中，非政府组织采取灵活多样的方式，发挥了重要的作用。世界卫生组织成立了埃博拉热线，探索用手机短信与民众交流疫情信息的方法。无国界医生组织委派人类学家和医生一同进入疫区，这些专业人士了解当地的传统习俗，更懂得如何同当地人交流。疾病控制和预防中心专家制作了一个30秒的短片，转述了埃博拉病毒专家关于如何防止埃博拉病毒传染的建议。这个视频被翻译成10种当地语言，在当地的电视台和广播台里播放。塞拉利昂波城仁慈医院研究室建议借助艾滋病预防手册来宣传埃博拉病毒的真相，因为这两种疾病的传播方式有不少类似之处，当地人对艾滋病也更为熟悉。[②]这些举措逐渐获得了民众信任，不少当地民众扭转了自己的错误观念，开始承认埃博拉病毒的存在。

三、专业性

非政府组织参与辟谣具有专业性优势。2010年《中国青年报》专家公信力调查显示，公众对专家公信力的评判标准主要集中在专业知识的丰富

① 果壳网．医生与疫区谣言的战斗：咖啡+洋葱=抗埃博拉灵药？[OL]．[2014-8-7]．http://www.guokr.com/article/438951/.

② 果壳网．医生与疫区谣言的战斗：咖啡+洋葱=抗埃博拉灵药？[OL]．[2014-8-7]．http://www.guokr.com/article/438951/.

性、不受利益集团影响、站在大众的立场上、通俗有效地传达专业知识几个方面。大多数非政府组织都有特定的关注领域和关注群体，其不仅具备各领域的专家资源和权威可靠的信息源，在长期打交道的过程中也积累了较多经验。当相关领域的事件爆发后，这些非政府组织往往能够获得民众的信任，起到良好的辟谣效果。

现代社会知识的复杂性使得公众对科学的认识往往停留在简单的理解层面，例如板蓝根包治百病、吃碘防辐射、蚊虫叮咬感染艾滋病、雾霾使得鲜肺变黑、转基因致癌、地震躲避时的“救命三角”等。在《小康》杂志进行的一项对公民地震知识的调查中，89%的人对地震知识停留在“略知一二”“比较了解”的程度上。在这方面，科技类非政府组织利用科学的权威力量，发挥专业性优势，迅速有效地击破了大量从科学角度能够破解的谣言，为我们提供了很多启示。科学松鼠会及果壳网的辟谣就是一个典型的案例，它们的辟谣工作主要是通过引援理论、查证数据、查证信息来源、亲自试验等方式进行的。其文章虽然生动有趣，但是条理清晰、逻辑严谨、数据和观点准确，并在文末附有可供公众自己查证的信息来源，最大程度上减少了个人主观因素的介入，确保了辟谣文章的科学性和可信性。

2011年抢盐事件发生后，果壳网从专业的角度解释了碘化钾和放射性碘131的作用原理，引用环境监测的数据，从海水受污染情况和我国盐业现状明确了囤盐毫无必要，并驳斥了吃碘盐、吃海带、喝碘酒三种坊间流传的防辐射方式。人们对环境和信息的恐慌在果壳网的专业性解读下再度冷却和理性化，事件发生后，果壳网获得了更多关注，也增强了自身的品牌辐射。2014年1月份爆发的H7N9疫情中，一则谣言称食用的泡椒凤爪中含有大量H7N9病毒。果壳网在辟谣文章中指出，泡椒凤爪在生产过程中要经过清洗、煮和浸腌制等过程，无论从温度还是酸碱度来看加工完成的泡椒凤爪都不可能含有感染性禽流感病毒。此外，人体内禽流感病毒的受体主要存在于下呼吸道，病毒即使能够进入人体消化道，人也不会因此感染。[①]这些科学、客观且严谨的文章纠正了人们的许多错误认识，缓解了人们的紧张情绪，体现了非政府组织自身专业性的优势。

---

① 流言百科. 吃泡椒凤爪可能感染H7N9［OL］.［2014-02-12］. http://www.liuyanbaike.com/article/2054/.

非政府组织的专业性优势还体现在谣言产生和作用的三个不同阶段，如下图所示：

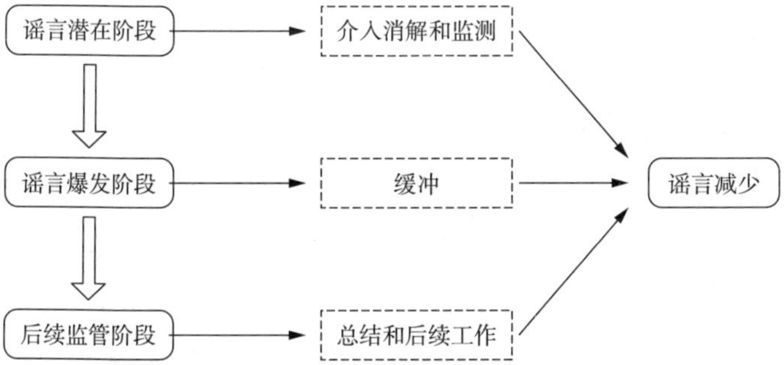

图7–9　非政府组织在谣言不同阶段作用图

在谣言的潜在阶段，非政府组织的介入往往能提前发现事件，起到环境监测和提前消解谣言的作用；在谣言的爆发阶段，非政府组织能够缓解双方的冲突和矛盾；在谣言的后续监管阶段，非政府组织的专业性保障了其关注的连贯性，有着较强的总结意识和后续关注意识，它们对于问题的关注不是事件性和临时性的，而是长期性的。通过这样三个阶段的联合运作，非政府组织的介入能够有效减少谣言。

以日本大地震引发的核电站泄露事件谣言为例。3月18日，辐射谣言已经基本上趋于平息，政府和媒体的介入逐渐淡出。但是科学松鼠会和果壳网仍然对相关议题持续不断地予以关注。从4月18日一直到4月28日，果壳网连续发布了七篇福岛核危机观察，一直在关注着事件的进展，并解答了核辐射会造成多大伤害，核物质是如何泄露的，哪些放射性物质会泄露出来，福岛核污染如何在大气中传播等问题。到了2011年11月，关于福岛的核辐射又出现了新的谣言。谣言称，“日美及挪威科学家周一发表联合调查报告，显示日本各地均受到不同程度的放射物铯137污染，尤以东部及东北部地区最严重，西部亦不能幸免。福岛周边地区超标三倍，东京则是辐射量最高的旅游城市”，“铯137半衰期长达30年，被土地吸收后难以去除，遗祸未来两三个世代”，“日本部分农地已不宜种植”。这条谣言引发了人们对日本核污染的又一轮恐慌。果壳网及时作出反应，从铯在日本本土的分布和核污染对农作物种植的影响这两个角度，论证该消息偏离了福岛核事故的真实状况，歪曲了研究中事故评估模型的本意。[①] 这种长期的关注让谣言得到了更为彻底的治理。

四、独立性

非政府组织独立于政府和市场之外，具有独立性优势，这在很大程度上成为非政府组织公信力的重要来源之一。随着突发公共事件中官商和民众矛盾的多发，政府和企业往往因为带有立场可能作为冲突方陷入事件中。谣言的传播者总是怀疑政府为了稳定局面对公众隐瞒了真相，所以关于地震预测、艾滋病传播、传染病控制、转基因食品危害等方面的谣言往往具有较强的生命力。

在涉及政府和企业隐瞒真相的阴谋论谣言面前，辟谣信息很难令人信服。而非政府组织作为第三方独立部门，能够获得公众更多的信任、理解和支持，成为谣言爆发后政府与企业之外的一条宝贵的辟谣路径。非政府组织通过提供客观化的消息，发挥自身的公信力影响，能够消除公众的顾虑，将更多更准确的信息传递给公众。

这方面非常典型且容易重复出现的谣言就是关于地震的预测问题。预报谣言是结构最稳定，也是危害最大的地震谣言，几乎每次重大地震灾害后这类谣言都会出现。纵观中国灾难史上的历次地震，预报谣言总是以一种简单而稳定的结构重复出现，其公式为：第一，权威的消息来源；第二，灾难迹象；第三，灾难趋势；第四，精确的时间地点；第五，被放大的灾难程度；第六，未被正式公布的原因；第七，警示语。具体的预报谣言可能是完全式的，也可能是省略式的。[②] 这类谣言的产生往往是由于地震局不作为、国家隐瞒地震消息，因此传谣者宁愿去相信动物、磁铁预报，或者是相信所谓的民间“大师”来预报地震。一次谎报地震所造成的损失，不亚于一次真正的地震。然而，由于这类谣言反映了对政府的问责，显然政府出面辟谣，效果并不如意。果壳网自成立以来，多次提醒公众，以目前的研究水平，无论国内国外，都没有能力准确预报地震，以此打消了部分人的顾虑。

另外一个敏感领域涉及转基因食品安全问题。这是一个充满争议的话

---

① 永垂不朽阿涅斯．日本完了？新核辐射谣言［OL］．［2011-11-24］．http://www.guokr.com/article/74859/．

② 施爱东．2013雅安地震谣言探究［J］．民族艺术，2013(5)：48-61．

题，虽然官方和主流学界一般持支持态度，然而存在不少团体化的、组织化的反对群体。面对怀疑的群众，这类转基因谣言不停翻新和加速传播。在果壳网评选的“2013年度十大科技谣言类”中，“转基因饲料影响猪健康”“转基因大豆会致癌”就占了两条。更有甚者，“828位科学家呼吁叫停转基因”“共济会幕后操纵，孟山都通过转基因消灭世界人口”这类带有阴谋论迷信思想的谣言也风生水起。①

这种情况下，崔永元曾在走访美国后，立场鲜明地制作了一部转基因纪录片。然而该片中存在的大量统计性错误和理论性谬误将因果夸张化，引发了人们不必要的恐惧。对此，不少科普组织作出了激烈的回应。果壳网指责崔永元将相关性与因果性混淆，片中以草甘膦使用量和一些疾病发病率间的高相关系数暗示草甘膦是导致这些疾病的元凶，但使用同样的方法可发现，2004年到2011年有机食品销售额与糖尿病发病率间存在更高的相关系数——这种相关性不代表因果关系，相关系数再高也不能说明因果性强。这种及时而有力的发声大大缓解了人们可能引起的紧张和冲突，在造成食品安全事件之前就很大程度上扭转了舆论。崔永元代表了一部分信谣者的心理，认为在转基因方面存在官方的信息壁垒。然而对于专家而言，从科研成就上看，能够发现转基因食品的危害对他们来说是更有利的。国外也常常利用非政府组织的力量对抗转基因谣言，英国的科学媒介中心是成立于2002年的一个非政府组织，作为“科学与媒体之间的前线”，它在普兹泰事件后英国反对转基因的强大舆论中，协助洛桑研究所沟通媒体发布信息，减弱了当时“政府秘密测试”“小麦通过风中授粉污染其他农田”“小麦含有动物基因”“测试为商业利益”等谣言的传播。②

2012世界末日说中，阴谋论谣言盛行。其中有一条谣言称，美国政府和NASA为避免地球陷入恐慌，隐瞒了太阳系第十颗行星（Planet X）的真相，它会在2012年左右接近地球，引发巨大灾难，如果不将消息及时转发扩散，那么所有平民都将被政府欺骗。为此，在2011年底，果壳网就开辟了一个《2012真相》的平台，发布了《末日为何“钟情”2012 ？》《太阳中微子

① 曹珩．科技类谣言的网络传播初探［J］．东南传播，2014(3)：76–79．

② Fujiac．不打通媒体，科学的危机就不远了：果壳网专访英国科学媒介中心［EB/OL］．［2014–04–22］．http://www.guokr.com/article/438241/．

加热地核？》《灾星Nibiru藏在哪里？》《银河系“连珠”？》等一系列文章，针对种种无厘头的谣言逐个进行击灭。这些文章不仅从整体上解释了玛雅历法和末日之说的来源，还针对各种灾难降临方式进行了具体分析并予以驳斥。它引援美国“中美洲文化研究促进基金会”执行总监桑德拉·诺伯博士的话说：“对于古代玛雅人来说，整个‘大循环’的结束，只是意味着他们会搞一次盛大的庆祝活动；世界末日是‘一个彻底的谎言，以及许多人借机捞钱的机会’。”

以上讨论都体现了非政府组织在辟谣中体现出的独立性优势。相反，如果非政府组织无法做到独立于政府和市场力量之外，其自身的公信力会受到很大的损坏，也就很难在辟谣中得到公众的认可。

2008年，三鹿集团生产的婴幼儿奶粉中被发现添加三聚氰胺，随后包括伊利、蒙牛、光明、圣元及雅士利在内的多个厂家的奶粉均被检出存在三聚氰胺，引爆了整个中国乳业行业的危机。三鹿集团分别是中国奶业协会、中国乳制品工业协会和石家庄奶业协会的会员。[①]乳制品在生产和销售的绝大多数环节中都存在相关领域的行业协会，中国奶制品污染事件的发生说明行业协会自律功能的严重缺失，这也是整个行业丧失社会公信力的重要原因之一。[②]我国行业协会目前表现出较强的“政府性”和“营利性”特点。因为行政色彩浓，许多行业协会被人们形容为“二政府”，社会形象一直不佳。[③]事件发生后，相较于政府和企业，行业协会的声音也异常微弱。陈洪涛对三鹿事件中行业协会的行为进行研究后总结为“相关协会事发后行为多于事发前行为，且事发前行为并未阻止事态的严重发展，事发后多是配合政府、企业应对危机，行业自律功能却没有发挥”[④]。

三聚氰胺事件中，奶制品行业协会的社会公信力大大受创。协会成为企业的附庸，无法独立发挥第三方监管的作用。后围绕奶制品的谣言层出不穷，然而无论政府质监部门、地方政府、奶制品行业协会还是奶制品产业的

① 陈洪涛. 转型期中国行业协会自律功能探析——以三鹿事件为例［J］//清华大学公共管理学院NGO研究所. 中国非营利评论（第四卷）. 北京：社会科学文献出版社，2009：214.

② 陈洪涛. 转型期中国行业协会自律功能探析——以三鹿事件为例［J］//清华大学公共管理学院NGO研究所. 中国非营利评论（第四卷）. 北京：社会科学文献出版社，2009：214.

③ 王名，刘培锋，等. 民间组织通论［M］. 北京：时事出版社，2004：193.

④ 陈洪涛. 转型期中国行业协会自律功能探析——以三鹿事件为例［J］//清华大学公共管理学院NGO研究所. 中国非营利评论（第四卷）. 北京：社会科学文献出版社，2009：218.

辟谣声明都失去了信任的基础。

第四节　非政府组织参与辟谣的角色分析

综上所述，民间组织在辟谣过程中主要扮演着两种角色：一是作为谣言的“疏导者”，二是作为谣言的“反击者”。

民间组织作为谣言“疏导者”这一角色的提出，是站在民间组织作为民众发声渠道的角度来看的。谣言往往代表了民众非理性意见的表达，容易造成社会混乱，是破坏性的；而民间组织作为弱势群体的发声渠道，可以帮助民众以较为理性、和平的方式表达意愿，争取事件的解决和权益的维护，是建设性的。因此，民间组织的合理引导和建设能够有效减少谣言。结合本章第二节的分析，环境类的民间组织的辟谣扮演的就是谣言“疏导者”的角色。

而民间组织作为谣言“反击者”指的是，民间组织站在谣言的对立面，揭露、消除谣言，这也是我们在最通常意义上所说的辟谣。泛科技类民间组织的辟谣扮演的就是谣言“反击者”的角色。

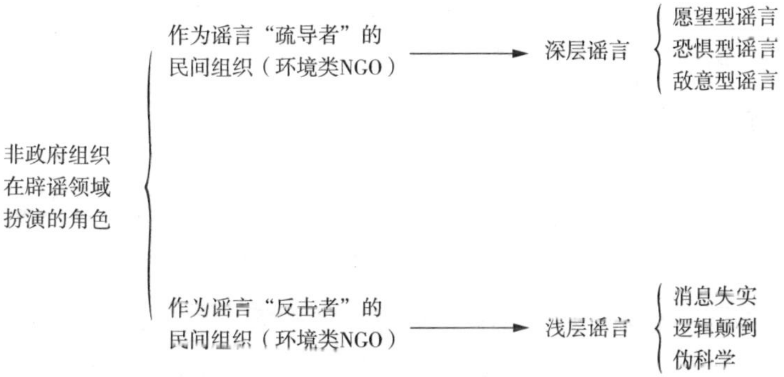

图7-10　非政府组织在辟谣领域扮演的角色

深层谣言往往有着比较深厚的社会和心理原因，我们根据纳普对谣言的分类将其大致分为愿望型谣言、恐惧型谣言和敌意型谣言。这类谣言表达了人们的深层心理，如果仅仅从表面上平息，无论在效率还是实际效果上都作用不大，无法起到根本性作用。“多数情况下我们并不是先理解后定义，而是先定义后理解。”① 当前众多网民对于权力腐败、司法不公、分配不公、为富不仁、社会诚信等问题已形成相对固化的认识，使得此类谣言传播快、信者众、净化慢，辟谣效果微小。② 如同桑斯坦所言：“如果社会网络中的人们有普遍的恐惧和希望，谣言的制造者就很容易利用这些恐惧或者希望去散播某些所谓的事实，并且让这些观点成为驱之不散的幽灵，萦绕在受害者左右，甚至深深地根植于他们心中。”③ 瓮安事件、响水事件、京温商城事件、钱云会事件这类触及社会积怨、反映社会深层矛盾的谣言，虽然其中的谣传并未发生，但在民众看来这并不是“不可能发生”的。

人民网研究院进行过一个调查，他们从2011年的50件已被证实为网络谣言的事件中（已发布辟谣信息至少1个月以上），选取热度排名前20位的谣言案例，对人们进行谣言认知度调查，看看有多少人已经明白无误地知道了它们是谣言。结果显示，认知度低于20%的5件案例，多与权力腐败、特殊利益阶层、社会诚信相关。这类深层谣言的解决比起单纯的辟谣，更需要的是长效机制的建立和社会环境的改善。扮演谣言“疏导者”的民间组织比起扮演谣言“反击者”的民间组织能够在这类谣言面前发挥更大作用。

相对而言，浅层谣言更加简单明朗。浅层谣言包括消息失实、逻辑颠倒、伪科学等，人为因素的介入较少。有大量人为因素介入的事件很难进行调查、甄别，信息传播过程中影响因素非常复杂；而自然科学领域则有一套较为恒定、精确的参照系，即自然科学的基本理论。④ 对于浅层谣言，人们存在的固有成见较少，只要指出谣言存在的逻辑性或事实性漏洞，提供多元化信息，查找到信息源头，就能成功地破解谣言。民间组织在辟谣过程中不会背负道德、利益纠纷的包袱，民众对这类辟谣的信任度也非常高。扮演谣言“反击者”的民间组织主要在这个领域发挥作用。这类辟谣行为满足了桑斯坦提出的可以驱散谣言的条件，即受众没有很强的既有观点，并且深信辟谣者。⑤

---

① 沃尔特·李普曼. 公众舆论［M］. 上海：上海人民出版社，2002：67.
② 人民网研究院. 网络对谣言的自净化作用研究报告［R］. 人民网研究院，2012.
③ 卡斯·R. 桑斯坦. 谣言［M］. 张楠迪扬，译，北京：中信出版社，2010：93.
④ 杨鹏，史丹梦. 真伪博弈：微博空间的科学传播机制——以“谣言粉碎机”微博为例［J］. 新闻大学，2011(4)：145-150.
⑤ 卡斯·R. 桑斯坦. 谣言［M］. 张楠迪扬，译. 北京：中信出版社，2010：90.

明确民间组织针对不同的谣言所扮演的角色是非常重要的。这能够帮助我们理解例如“为什么作为谣言反击者的科技类民间组织在涉及转基因、电磁辐射、PX项目、地震等谣言时，即使论据再充分，也很难取得良好效果”的原因。民间组织需要知道自身的局限性，如果在不适合自己的领域辟谣，反而会损害自身公信力和长远发展。

从长远意义上来看，谣言就像一个社会预警系统，是我们观察现有社会问题的一个绝好机会。如同《周易》“坎卦”中的“用险”之道，谣言对于社会来说也是具有积极意义的。在分析解决谣言的过程中，社会能够发现自身存在的大小漏洞，积极补过，避免整个系统的崩溃。民间组织在谣言的治理领域有着广阔的发展前景，虽然与国外的非政府组织相比，目前我国的民间组织在诸多方面尚不成熟，普遍存在资源缺乏、规模有限、能力不足、专业化程度低下、合法性和公信力不高等问题，而且缺乏适合其发展的法律制度环境和社会经济环境。[①]但是一个良好的自我管理社会，必须通过各类民间组织的有序参与来实现。多样化、多层次的民间组织能够满足不同群体参与公共事务的多层面要求，在政府和公民之间搭建起平等对话平台和沟通协调机制，发挥官民互动中的纽带作用。[②]政府与民间组织这些新主体之间会逐步形成一个以相互依存为基础的、以协同和协作为主要特征的、多元统一的社会治理结构，[③]合力推动社会的完善发展。

① 王名．清华NGO研究丛书．总序［M］．北京：清华大学出版社，2013：19．
② 黄晓勇．中国民间组织报告(2013)［M］．北京：社会科学文献出版社，2013：34．
③ 黄晓勇．中国民间组织报告(2013)［M］．北京：社会科学文献出版社，2013：36．

第八章

突发公共事件中谣言治理的公民途径

谣言的产生、传播和辟谣从本质上来说都与公民有关。谣言是舆论的一种特殊形态，而公民是舆论的主体，谣言的形成就含有这样两个条件：在人与人之间传播，被人们所相信。彼得森和吉斯特（Peterson & Gist）认为谣言是在人与人之间流传的，对公众关注的事物、事件或问题的未经证实的叙述或解释。[①]西布塔尼（Shibutani · T）提出，谣言是人们在议论过程中产生的即兴新闻。[②]纳普（Knapp · R）认为，谣言是旨在使人相信的说法，它与当前时事有关，在未经官方证实的情况下广泛流传。[③]奥尔波特和波斯特曼（Allport & Postman）提出，谣言是与当前时事相关的说法，为了使人相信，一般以口耳相传的方式在人们之间流传，但缺乏具体的资料以证实其确切性。[④]这些谣言的定义都表明，公民在谣言的形成和传播过程中发挥着根本作用。因而最后的治理也必然要落实到公民才算完成。所以，要治理突发公共事件中的谣言，由公民入手是不可或缺的途径。

---

① Peterson W A, Gist N P. Rumor and Public Opinion [J] . The American Journal of Sociology, 1951, 57(2): 159–167.

② Shibutani T. Improvised news: A sociological study of rumor [M]. Indianapolis: Bobbs–Merrill, 1966.

③ Knapp R. A psychology of rumor [J]. Public Opinion Quarterly, 1944, 8(1): 22–37.

④ Allport G W, Postman L J. The psychology of rumor [M]. NewYork: Holt, Rinehart & Winston, 1947.

第一节　公民谣言治理面临的形势

公民在谣言治理中主要承担着挑唆者或推动者、被蒙蔽的大多数和积极的辟谣者三种角色，然而对于最后一种角色，即公民如何更好地促进谣言消解的问题，学界和业界却鲜少给出令人满意的答案，加之新媒体时代公民信息背景的改变，公民谣言治理面临的形势复杂多变。

一、公民在谣言治理中的角色和定位

社会是由公民构成的，谣言在产生、传播和治理中的每一个环节都离不开公民。离开公民无法谈论谣言。公民这个概念指的是共同体内享有平等权利和负有同样义务的一个个成员。

卡普费雷曾提出，“谣言是集体作品，由每个人的参与而成。然而，在这个充满活力的过程中，每个人的角色都仔细地做了分配”。[①]他划分出“挑唆者”“代言人”“舆论引导者”“普及者”“推进机”“机会主义者”“调情者”以及“抵抗谣言者”等不同的角色。目前我国的实践中，公民在谣言面前也存在着几种不同的角色。

首先是谣言的“挑唆者”和“推动者”。公民作为谣言“挑唆者”和“推动者”的角色定位带有较强的官方态度，往往以国家行政、司法机关口吻进行。近年来，这种角色几乎成为一种压倒性的定位，这与我国推进网络法制化的进程密切相关。2012年3月，李某、唐某等6人网上编造、传播所谓“军车进京、北京出事”等谣言，被依法予以拘留和教育训诫；2013年8月，张某造谣抹黑革命英雄，发微博称狼牙山五壮士“当年逃到狼牙山一带后，用手中的枪欺压当地村民，致当地村民不满”，张某被军队和广东警方抓获，拘留7天；2015年3月26日，网民洪某在腾讯微博捏造散布“海军多名

① 卡普费雷．谣言：世界最古老的传媒［M］．郑若麟，译，上海：上海人民出版，2008：104.

领导被军纪委审查”的谣言被追究法律责任，等等。[①]从2013年8月20日到8月31日，网络“严打”行动兴起的短短12天内，数百名网民因“制造传播谣言”遭到处罚。其中，仅湖北一地就刑事拘留5人，行政拘留90人。[②]公民“散布谣言被抓”的消息频见报端，辟谣报道往往对造谣传谣者所受处罚进行大量介绍，以警示人们勿造谣、传谣、信谣。相关部门大量查处制造和故意传播谣言人员，关闭造谣传谣的微博客账号，集中火力应对造谣传谣的微博“大V”。从“拆二立四”“秦火火”、周禄宝、“薛蛮子”到“维权”律师，从微博等广场式传播平台到较为封闭的微信朋友圈，国家的管理力度也不断加强。在这些行动中，公民站在法律和道德的对立面，以谣言产生和传播的推动力形象出现。这一角色定位体现了较强的官方话语体系和政治导向。

进一步来看，谣言散布者大致可以分为这样几种不同类型：一类是刻意制造、传播谣言，以达到某种目的散布者，其中最常见的是以商业利益为目的的谣言，这类谣言背后往往有一个“专业团队”和整条利益链，他们与网络“大V”合作，通过敲诈勒索或者赢得注意力达到自身的商业或政治目的。此外，还有不少无意的散布者，在不少案件中，普通网民往往是因为信以为真，觉得好玩，为了增加社交网站关注度等原因，造成谣言的大量传播。

在另一种定位中，公民成为谣言的承载者、被蒙蔽的大多数。公民是舆论的塑造者，是谣言所引发的群体性事件的主体。作为被蒙蔽的大多数形象出现的公民，是一群需要被引导的不明真相的群众，甚至是谣言的受害者。这种定位将公众在谣言传播中应有的责任性惩罚降低，增强了其在谣言传播中的权利性保护。例如上文提到的“散布谣言被抓”类新闻，其所面向的读者群体实际就是作为“谣言承载者”和“被蒙蔽的大多数”的人群。谣言信息紧抓公民的接受心理，刻意渲染紧张气氛，夸大事实，伪造信息来源，吸引人们的注意。在谣言的传播中，每个公民都构成了谣言传播中的重要一环，都有可能成为谣言的助推剂。公民辨别、求证能力的提高，无疑具有重要意义。作为谣言承载者的公民也是谣言研究的一个重点，学者所探究的谣言产生和传播的主客观条件，如个体和社会心理动因、社会环境等，往往存

① 军粉团．有言论自由，没有谣言自由［OL］．［2015-5-03］．http://www.81.cn/sydbt/2015-05/03/content_6470602.htm.

② 刘俊，鞠靖．“打击网络谣言”台前幕后［OL］．［2013-09-05］．http://www.infzm.com/content/93974.

在一个或隐或显的公民主体。

此外，公民还以谣言的积极反击者、辟谣信息传播者的角色出现。与前两种角色相比，这种观点强调公民的理性精神和责任，主张公民参与，认识到公众作为辟谣资源的重要性。这类角色对公民提出更高的要求、与政府从上而下的管理不同，更多地带有民众参与治理、自我管理的内涵。在前文介绍非政府组织的部分中，本书就曾提到公民在其中发挥的重要作用。在果壳网辟谣的各个阶段，作为用户的公民参与其中，发挥着重要作用。例如在谣言的发现阶段，非常重要的一个信息渠道是用户举报，用户发布信息或提醒专家可疑的信息，主动求证信息的行为已经成为各种辟谣组织运作过程中不可缺少的组成部分。在辟谣信息发布之后，公民更是广泛参与讨论，提出质疑，促使果壳网的辟谣文章不断丰富和完善。公民的积极参与不仅大大降低了辟谣的成本，也极大提高了辟谣的效果。近年来政府和媒体也逐渐意识到公民作为辟谣参与者的积极角色，开始呼吁人们举报谣言，共同维护网络秩序。微信每天收到用户发起的谣言举报就有3万次，谣言样本库积累的种子量达到30万个，日均谣言拦截量达到210万次。[①]

目前对于公民的这一角色，学界目前关注尚少，成功的实践也并不多见。然而在网络时代，公民的参与是一个必然的趋势，辟谣作为一种信息，也要参与到信息竞争之中，仅靠大众媒体的宣传是不够的，也必然要借助公民的力量进行传播，大量的用户转发才能够使辟谣信息接触更多受众。以新浪微博的辟谣账号为例，截至2015年7月，“平安北京”有1028万粉丝，“江宁公安在线”的微博有132万粉丝，“谣言粉碎机”有118万粉丝，“微博辟谣”有94万粉丝。辟谣信息出现后的大量转发，才使得辟谣得以真正落实。而在这个参与过程中，公民的参与能力和信息素养也受到培养，得到提高。社会间对话性加强，解决了一些存在的矛盾，也体现了多元社会治理要求下的公民角色。

二、新媒体时代的公民与谣言

媒介对社会环境有着巨大的塑造作用，也与谣言传播的各个方面有着

① 刘裕琛，齐思慧，蔡华伟. 脱下网络谣言的6件“马甲”[N]. 人民日报，2015-04-16(23).

密切的关系。现代社会的一大特征就是现代传播媒介——尤其是网络的普及化。CNNIC第35次报告显示，截至2014年12月，中国网民规模达6.49亿，互联网普及率为47.9%。媒介社会的迅速发展为谣言的滋生和传播插上了翅膀。大众媒介的发展使得曾经主要在人际之间传播的谣言获得了巨大的生命力，随着互联网的兴起，谣言借助网络传播特点又带有了新的特征，形成了一种新的网络谣言。据不完全统计，仅2014年一年，我国互联网、移动终端平台就流传了124个典型网络谣言。[①]此外，新媒体时代，公民也在与网络社会的发展共同演进。网络社会与现实社会之间的缝隙越来越小，网络舆论，网络问政等新的民众参与形式日趋完善，网络逐渐形成一种新型公共领域，并极大影响着社会的各个方面。

新媒体对社会现实的重构影响最明显地体现在政治生活领域，围绕着互联网平台展开社会政治活动已经成为当代社会政治生活的一个极为重要的方面。无论是在政治组织形式、意识形态调整、社会动员方式、信息监控模式还是民主参与渠道、政治互动方式等方面都体现出不同于传统政治生活的特点。其中一个最明显的变化在于，新媒体为广泛的政治参与提供了广泛的渠道，人们可以通过互联网沟通交换信息，讨论公共事务并由此形成公共舆论。公民个人收集、发布和传播信息的活动直接导致舆论形成方式的变化。在传统社会中，符号的公开表达和传播被垄断在识字阶层手中，普通民众既无表达意愿的能力，也无表达意愿的媒介渠道，并且公开表达还会受到权力的层层制约。这种情况在新媒体时代发生了彻底改变，人们的信息生产和传播权力突破了限制，人人都可以借助新媒体平台发表自己的意见，网民就共同关心的问题在网络上展开讨论和争议，并将这些争议快速扩散到更大的范围，形成由网民自发设置的议程。随着公民的表达渠道增加以及表达诉求和表达能力的提升，他们在谣言传播中的影响力也得到了极大提高。互联网上每时每刻都在产生着大量用户创造的内容，加之互联网平台是一个开放的平台，一条信息可以被迅速转发扩散，造成巨大的影响力。因此，普通公民在谣言制造和传播方面与传统的点对点传播相比已经产生了巨大差异。

可以说，新媒介改变了人与人之间的交流模式，也改变了人们参与社会

① 新华社. 网络谣言的“罪与罚”[OL].[2015-2-4]. http://news.xinhuanet.com/newmedia/2015-02/04/c_133968378.htm.

生活的形式，最终导致传统模式发生深刻变革。CNNIC第35次调查显示，有43.8%的网民表示喜欢在互联网上发表评论，其中非常喜欢的占6.7%，比较喜欢的占37.1%。可见网络空间已经成为人们发表言论的重要场所。新媒介引起的社会变革是整体性的，同时涉及参与其中的各个主体和机制，对于这种变化的前景我们应该具有较为理智的认识。很多人倾向于认为互联网本身的技术特点是推动政治民主化和全球化的重要力量，互联网的匿名性、参与性、平民化、创新性等特征确实使公众舆论的地位得到了极大的提升。频繁发起的网络舆论声势浩大，对于日常社会生活的影响要远远大于传统媒体时代的舆论。这确实使得网络舆论成为当代社会生活民主化的重要动力，为传统政治模式注入新的变革气息。不过我们也应该看到事实的另一面：各种参与主体都在借助互联网平台展开话语权、意识形态领导权和实际利益的争夺，其结果是互联网公共领域迅速遭到实际政治和商业力量的侵蚀，从而由一个数字乌托邦的理性集散地变为实际利益竞争的延伸领域。

在数字化媒体高度发达的今天，人们在信息获取渠道方面已经有了大幅进步，不仅可以使用各种媒体突破权力设置的屏障，而且也可以随时通过网络寻找相关的政治参与所需要的知识和材料。互联网似乎使人们变得更加聪明了。不过我们还是应该冷静地看到，那些关于互联网时代的神话，有极大一部分仅仅是一些一厢情愿的幻想，信息自由与媒介渠道的改善通过技术进步得到了一定程度的解决，但是公民自身政治理性的质疑却丝毫没有得到解决，技术的巨大飞跃并不能改善人性的弱点。参与到社会生活中来的那些自认为变得更加聪明的公众依然没有能力解决认知和心理上的非理性问题。如今公共生活所面临的潜在危险并不是信息缺失、封锁或迫害，这些危险会随着媒介技术手段的不断更新而逐步消解。与此相伴而生的一个奇怪现象正在浮出水面，即信息爆炸和信息过载正在导致一系列让人意想不到的严重后果。人们梦寐以求的信息自由在促进社会民主化进程的同时也在制造着非理性的社会行为。

众所周知的事实是，互联网具有海量的信息并且其更新速度也前所未有，但是其在引发思考和研究方面却难以与印刷时代的阅读相提并论，尤其在理解信息的深度和保持思维的一致性、连贯性方面，两者差距较大，互联网信息生产与流通的特征是碎片化、浅薄化、平面化、快速化。这种阅读习惯的养成反过来也影响了人们的思维习惯，使人们在思维上也体现出碎片化、肤浅化、心不在焉和非理性的特征。身处新媒介文化中的人群倾向于将新媒介的信息传播方式视为一种“时尚”的生活方式，而非在思维的专注性和连贯性以及深度理解事物的能力方面的弱化与损失。

要理解互联网中的非理性特征，我们就不得不对互联网信息所具有的碎片化、肤浅化和非理性加以分析，因为这样的一些信息特征也是网络人群惯常的思维习惯，是人们的大脑适应网络信息环境而发生改变的结果。只要稍加注意，我们就不难发现，虽然互联网信息数量很多，但是这些信息并不具有高度的组织性，彼此之间往往没有任何内在的联系。这种碎片化的信息传播模式早在传统的新闻业中就已经初露端倪了。在互联网和手机这样的新媒体中，这种碎片化趋势得到了进一步强化。与碎片化相联系的是网络信息的肤浅化。由于网络信息存在追求新、快、多的特点，因此无论是信息的制作传播还是信息的接受理解都是浅尝辄止，不予深究。互联网的传播模式是浅层的，其中使用新媒体的思维模式也倾向于浅层模式。网络媒体的功能是浏览和查询，因此如果它对人们的深度思维有任何帮助的话，那也仅仅体现在搜索和查询帮助方面。对于互联网媒体来说，思想的浅薄可能还不是最可怕的，最可怕的是迫于媒介竞争的压力而进行的媚俗化的信息生产倾向。这种媚俗不仅使我们的信息环境严重恶化，而且还直接导致我们信息消费的品位和习惯发生变化，感官刺激性的信息生产与消费活动逐渐成为社会的一种常态，以至于我们正在一点点地丧失对新媒介所传播信息的品质要求。

公民在网络环境中，深受网络环境的影响。网络信息在发展过程中逐渐成为我们网络生活的一种信息环境，一种类似于我们在现实生活中所使用的语言环境。网络信息由此转换为一种类语言或亚语言结构，在网络环境中的用语形成了自己的独特规则。一旦这种网络类语言结构得以形成，身处其中的网民就彻底丧失了逃逸的可能，他们将在使用网络表达语言的时候被形塑为网络人。这进一步为谣言的传播提供更多的受众基础。

新媒体市场以争夺人的时间和注意力为中心，因此不断刺激人的感官，唤起人们被压抑的本能欲望。只有吸引了受众的注意力，媒介才会有上佳的收视率、收听率和点击率，而吸引力的强弱直接决定广告收入的状况。因此，当代商业化环境中的媒介都不遗余力地追求传播效果，尽可能地吸引最大多数的受众，这已经是媒介运营的“绝对真理”。为了争夺到尽可能多的受众，新媒介运用其科技和网络优势尽可能地提供异乎寻常的感官刺激来吸引受众。在这种情况下，网络谣言往往以极端渲染性的口吻、极端性的描述、带有道德审判性质的视角，迅速吸引了大批受众。

在传统媒体时代，媒介使用在技术上存在着很多天然的限制，这使得“把关”成为信息生产与消费活动中一个常见的门槛，“把关”虽然限制了信息的自由流通，但也无疑保证了文明秩序的延续，那些离经叛道和挑战道德底线的信息会被过滤而无法进入信息流通的领域。然而在网络技术条件下，“把关”的信息传播门槛事实上已经形同虚设了，尽管不能说如今的互联网上已经没有了“把关”，但对于很多直接表述本我欲望的信息在网络上大行其道，自由流通早已不是什么新鲜的事情了。人们在释放、生产和消费这些只遵循享乐原则的本能欲望信息的过程中总是能迸发出前所未有的热情，互联网的隐蔽性使人们免受现场传播情景中的那种“众人目光”的监督和惩罚，而互联网上日益增多的垃圾信息也在不断引诱网民去发泄自己的欲望和本能。在这种情况下所编制的网络类语言环境，为谣言的滋生提供了肥沃的土壤。

当本能的欲望信息进入网络语言之中成为一种结构性因素的时候，我们的信息饥饿症就难以遏制了。因为按照拉康的观点看，人们的欲望永远没有固定的所指，人自出生之后就一直处于匮乏的状态之中，他们将以其一生的时间去寻求实在界的那种充实。不管怎么样，婴儿一旦出生，这样的完整性也就被破坏了，因此人们总是感受到匮乏的存在，总会试图依从自己的欲望寻求满足。由于象征界的符号运作机制的存在，人们的欲望追求往往处于迷失的状态中，漂浮的那些能指被认为是欲望的对象，然而我们从来没有意识到那些以变形的方式出现的欲望其实都只是欲望的能指，而欲望的所指究竟是什么则无从知道。以能指形式存在的欲望实际上是没有固定所指的，它不断地变更，一旦得到满足就会被其他的新欲望替换，因此欲望的运作原则就是为欲望而欲望，越是得到满足就越是会产生更多的欲望，永不停歇。拉康指明了语言与欲望之间的关系，让我们看到了追求欲望的徒劳无功，据此原理就不难理解为什么人们会处于信息泛滥和信息饥渴的双重悖论之中了。很多时候人们追寻信息的行为并非为了追求真相，而是为了获得与自己愿望相一致的那种“真相”的信息，以充实我们关于某个问题的欲望意象。不少谣言都是借助于人们的这种心理，大肆渲染社会不公，使网民化身社会不公的“审判者”。如果这个欲望意向得不到充实，那么我们就不会停止搜寻信息，在这种情况下，谣言并非止于智者，而是止于下一个谣言。

深度的信息匮乏感促使着人们生产和获取更多的信息。新媒体时代的新闻不再像电报时代那样惜字如金，也不再追求客观性、普遍性和标准化，而是趋向于细节、煽情和个性化。由于便利而毫无成本的电子撰写和传输工具，现代社会已经不必为了节约纸张、传播时间或者传播成本而精打细算，网络新媒体正在使新闻业的标准发生改变，客观性空间已经被求新、求快、求异的要求大大挤占，真正能够在网络上大肆流行的是刺激性强的信息。正是由于新媒介信息传播碎片化、肤浅化的特征导致了在传播过程中它的使用者都习惯于接受新的信息，却难以对同一信息保持长时间的兴趣，更难以对这些信息进行深度理解。在互联网上，信息瞬息万变，即便网民花时间去思考、调查和核实，在得到真相后这些努力也都失去了意义，因为此刻普通网民已经不再关注这一事件，他们的全部热情和冲动早已转移到当下发生的事情上去了。网络信息环境的这些特点与谣言的信息特点极度吻合，因而谣言得以在这片肥沃的土壤上疯狂滋生，而辟谣信息的传播则恰恰相反，因为与网络信息环境的相互龃龉而难以达到理想效果。

对今天的人来说，网络几乎成了一个不可或缺的生活环境。而媒介普及化后，人类生活在一个现实和虚拟的双重环境中，一个是我们感官范围内的现实生活环境，一个是由媒介信息建构的有关现实世界状况的虚拟环境。随着新媒体的兴起和发展，虚拟环境不断扩张其影响力，扩大人们接触信息的范围，但却日渐脱离人们的感官所能感受的现实生活环境。李普曼在《公共舆论》一书中曾经指出，由于现代社会的规模不断扩张，而个人生活卷入的社会系统也日益复杂化，已经大大超出了我们的经验范围，因此人们只能通过传播媒介的信息去了解那些超越了自己经验范围的事件。而我们的行为都是针对自身所接受的有关环境变化的信息提示而采取的，随着新媒体渠道获知的快速变化、陌生的信息可控性的弱化，当媒介传达的信息由于种种原因偏离事实时，便促进了谣言的泛滥。网络信息把关性弱，信息源多样，数量巨大且传播速度快，突变性强，很多信息源头不明，而且无法证实或证伪，远距离更是加大了验证的难度，这些都降低了网络谣言的可控性。谣言借助这种优势，利用传播技巧增强了自身的传播力。例如谎称权威信息源、配以耸人听闻的描述、“眼见为实”的图片视频等。这些信息在获得普通网民信任和大量传播后，往往在官方注意到之前就已经成为有着很大群众基础的谣言，而分散的主体使得谣言控制举步维艰。

正是由于这些特征，网络谣言自2011年以来一直是谣言研究的重点，也是近年来国家网络管控和谣言治理运动的主要着力对象。从中也可看出网络谣言的日常化和频发化及其重要性。新媒体环境已经是我们无法摆脱的时代背景，相较于传统的谣言传播形式，网络谣言带来的社会问题更为突出，但与此相应的是，谣言由于集中在一个开放的网络场中，也变得更好收集和研究，甚至从某种程度上而言更加便于统一治理。

谣言的治理单靠政府是无法完成的，必须依靠公民自我管理的力量。这也对公民媒介素质、理性精神和公民责任提出了更高的要求。当下的互联网媒体上充斥着大量的“乌合之众”，而非“公众群体”，他们容易受到暗示和情绪传染，在行为上容易采取偏激、冲动、攻击等失范行为，导致公民参与的质量的降低，并带来大量社会问题。人们以面对消费品的态度娱乐化对待各类严肃信息，而很少着眼于整个社会层面的公共利益作出选择，这些都体现出新媒体时代公民理性的脆弱性。在网络上，每个公民都是传播者，都可以自由发布信息，表达自己的观点，但同时也应履行相应的义务，更加负责地辨别和分析流传的信息，自觉维护信息网络健康，避免谣言传播给他人和社会带来负面影响，从而形成网络自净化环境，优化整个网络生态系统。

三、公民谣言治理现状——以两个调查为基础

为了解公民在我国谣言治理中的现状和面临的问题，调查者在2013-2014年间进行了两次问卷调查统计。

调查1：针对北京地区的大学生群体发放。大学生群体往往有着较高的媒介素养和知识素养，善于使用新媒体，是关注谣言的一个活跃公民群体，具有一定的代表性和研究价值。2013年间，调查员在北京市62所高校（本科）中，通过使用随机数表，抽取十个学校（清华大学、北京外国语大学、

首都体育学院、北京邮电大学、北京航空航天大学、北京师范大学、中央音乐学院、对外经贸大学、北京印刷学院、首钢工学院），以本科生为对象发放调查问卷。此次调查共发放300份问卷，回收有效问卷296份，问卷回收率为98.67%。问卷有客观题31道，主观题1道，内容分为五个部分，包括大学生的媒介使用习惯、对信息的认同、具体网站使用和转发、对辟谣的关注和兴趣、对网络谣言治理的建议。调查数据由调查员核实后进行编码，利用Spss16.0分析软件进行统计分析。分析类型以单变量描述性统计和方差分析为主。

调查2：针对果壳网用户发放。果壳网是目前网络上运行较为成功的一支辟谣队伍，其中的"谣言粉碎机"版块以破解科技类谣言为主要目标，用户素质较高。为了解受众对果壳网辟谣行为的态度和参与辟谣的行为特点，2014年11月间，调查员在网上针对果壳网用户发放了300份问卷，从中筛选出196份有效问卷。

下面我们以调查1为主，对公民的信息使用习惯以及辟谣的参与度和认识度进行分析，并在最后结合调查2，对公民在谣言治理中存在的问题进行讨论。

1. 基于问卷1的调查结果与分析

（1）信息获取与使用习惯

首先是信息获取途径。调查显示，较之广播、电视、报纸、杂志等传统媒体和人际交流，多数人习惯于通过网络媒介获取信息。经检验，卡方观测值为186.729，df=2，p=.000，存在显著差异。进一步分析可知，A选项的人数和B选项之间有显著差异，p=.000，A选项的人数和C选项之间有显著差异，p=.005。

表8–1　被调查者信息获取途径

选项	传统媒体（包括广播、电视、报纸、杂志等）	网络媒介	人际交流
数量	66	227	39

其次是对信息的认同感。调查显示，在日常生活中，对于从互联网获得的未经证实的消息，多数人通常持不太相信、有所保留的态度，有一定数

量的人比较相信，认为大部分应该是真的，只有极少数的人相信、完全不信或意识不到真假。经检验，卡方观测值为460.182，df=4，p=.000，存在显著差异。即C选项的人数和B选项之间有显著差异，p=.000，A选项的人数和B选项之间有显著差异，p=.000，A选项的人数和F选项之间没有显著差异，p=.694，D选项的人数和F选项之间没有显著差异，p=.600。

表8-2　被调查者信息认同感

选项	相信，很大程度是真的	比较相信，大部分应该是真的	不太相信，有所保留	完全不信，都是假的	意识不到真假
数量	9	86	193	2	6

当官方发布渠道和民间发布渠道二者传播的信息不一致时，人们并没有表现出明显的态度选择。经检验，卡方观测值为5.757，df=3，p=.124，不存在显著差异。

表8-3　被调查者选择相信的信息发布渠道

选项	通常更相信官方发布渠道	通常更相信民间消息，认为更具披露性	相信两者重合的部分	都不相信，需要进一步求证
数量	73	58	79	86

对于正规渠道发布的信息的信任度，大多数人表明，发生重大事件后正规消息来源提供的信息不太能满足需求，一定量的人认为能较好满足，只有极少数的人认为能完全满足或完全不能满足。经检验，卡方观测值为170.031，df=3，p=.000，存在显著差异。进一步分析可知，B选项的人数和C选项之间有显著差异，p=.000，B选项的人数和D选项之间有显著差异p=.000，A选项的人数和D选项之间没有显著差异，p=.673。

表8-4　被调查者对于正规渠道发布的信息的信任度

选项	完全满足	较好满足	不太能满足	完全不能满足
数量	18	103	150	22

进一步来看，对于正规信息发布渠道的不满，主要是由于其带有政治色

彩，其次是客观性不足和细节及依据不足，再次是缺乏互动、交流，时效性低，传播力度不够。经检验，卡方观测值为379.555，df=6，p=.000，存在显著差异。进一步分析可知，B选项的人数和D选项之间有显著差异，p=.000，A选项的人数和D选项之间没有显著差异，p=.535，A选项的人数和F选项之间有显著差异，p=.000，F选项的人数和E选项之间有显著差异，p=.000，C选项的人数和E选项之间有显著差异，p=.017，C选项的人数和G选项之间没有显著差异，p=.352。

表8-5　被调查者对于正规信息发布渠道不满的原因

选项	细节和依据不足	带有政治色彩	传播力度不够	客观性不足	时效性低	缺乏互动、交流	其他
数量	137	215	18	143	41	80	9

面对无法满足的正规信息发布渠道，较多的人选择与他人交流，其次是去国内其他网站或论坛寻找小道消息，较少的人选择“翻墙”获得大陆以外网络的其他信息、依靠个人猜测、没什么行动，选择向相关部门和媒体询问的人最少。经检验，卡方观测值为238.577，df=6，p=.000，存在显著差异。进一步分析可知，C选项的人数和E选项之间有显著差异，p=.000，E选项的人数和D选项之间有显著差异p=.040，D选项的人数和A选项之间没有显著差异，p=.131，A选项的人数和B选项之间没有显著差异，p=.517，B选项的人数和F选项之间有显著差异，p=.000。

表8-6　被调查者应对正规信息发布渠道不满的做法

选项	没什么行动，暂且相信	依靠个人猜测	与他人交流	“翻墙”获得大陆以外网络的其他信息	去国内其他网站或论坛寻找小道消息	向相关部门和媒体询问	其他
数量	61	55	150	75	94	6	6

（2）信息转发和证实行为

信息转发是网络时代一个重要的信息传播方式，也是大多数网民的一种网上行为习惯。网络时代，没有转发就没有谣言。CNNIC发布的2014年中国社交类应用用户行为研究报告发现，62.0%的网民表示“喜欢看大家都关注的热点新闻”，社交类应用的属性决定了进入关系圈内进行分享的话题多是圈内热点或共同关注、感兴趣的热点，如微博搜索热点、社交网站热点话题推荐等，网民通过这些渠道能更快地接触到正在发生的热点事件。有41.9%的网民喜欢看别人转发的新闻，20.9%的人喜欢看到新闻后将其转发到社交类应用上面，20.1%的网民喜欢看新闻后做评论。

在此调查中，我们对转发原因进行了调查，各类原因的重要性排列依次为收藏有用信息、表明个人态度、信息内容引起了情绪波动、纯粹娱乐、显示出自己的信息优势、好友中有很多人转发了、信息内容与自己或好友相关、宁可信其有不可信其无。经检验，卡方观测值为410.428，df=8，p=.000，存在显著差异。进一步分析可知，H选项的人数和F选项之间有显著差异，p=.015，F选项的人数和B选项之间有显著差异，p=.002，B选项的人数和E选项之间有显著差异，p=.047，E选项的人数和G选项之间有显著差异，p=.001，G选项的人数和C选项之间有显著差异，p=.000，C选项的人数和A选项之间没有显著差异，p=.659，A选项的人数和D选项之间没有显著差异，p=.185，D选项的人数和I选项之间没有显著差异，p=.912。

表8-7　被调查者转发信息的原因

选　项	数　量
A. 好友中有很多人转发了	17
B. 信息内容与自己或好友相关	106
C. 显示出自己的信息优势	21
D. 宁可信其有不可信其无	5
E. 信息内容引起了情绪波动	88
F. 表明个人态度	134
G. 纯粹娱乐	58
H. 收藏有用信息	156
I. 其他	4

在转发信息之前，大部分人每次都会认真阅读，一部分人在多数情况下会认真阅读，少部分人仅大体上了解内容，较少的人常只看关键词或是题目或基本不看。经检验，卡方观测值为243.560，df=4，p=.000，存在显著差异。进一步分析可知，A选项的人数和B选项之间有显著差异，p=.001，B选项的人数和C选项之间有显著差异，p=.000，C选项的人数和F选项之间有显著差

异，p=.000，F选项的人数和D选项之间没有显著差异，p=.905。

表8–8 被调查者转发信息前阅读情况

选项	每次都会认真阅读	大部分情况会这样	大体上了解内容即可	常只看关键词或是题目	基本不看
数量	128	99	34	3	4

然而在转发信息之前，大部分人虽然会认真思考，但较少核实；一部分人有认真思考且核实信息的习惯；少部分人是随意转发或视情况而定。经检验，卡方观测值为154.487，df=3，p=.000，存在显著差异。进一步分析可知，B选项的人数和A选项之间有显著差异，p=.000，A选项的人数和D选项之间没有显著差异，p=.666，C选项的人数和D选项之间没有显著差异，p=.106，A选项的人数和C选项之间有显著差异，p=.041。

表8–9 被调查者转发前信息思考与审核情况

选项	二者都有	会认真思考，但较少核实	没有，随意转发	不一定，视情况而定
数量	45	153	26	41

在怀疑一条信息的准确性时，大部分人会选择不转发，小部分人会选择仍然转发但是注明自己的怀疑态度或转发但不表态。经检验，卡方观测值为377.639，df=3，p=.000，存在显著差异。进一步分析可知，C选项的人数和A选项之间有显著差异，p=.000，A选项的人数和B选项之间没有显著差异，p=.522，B选项的人数和D选项之间有显著差异，p=.000，A选项的人数和D选项之间有显著差异，p=.000。

表8–10 被调查者对存疑消息的转发情况

选项	仍然转发，但是注明自己的怀疑态度	转发但不表态	不转发	其他
数量	34	29	202	1

当涉及转发一则未经证实的信息后，是否还会继续关注事件发展这个问题，大多数人认为自己偶尔会关注，一部分人很少或常常关注，小部分人从

不关注。经检验，卡方观测值为59.966，df=3，p=.000，存在显著差异。进一步分析可知，C选项的人数和B选项之间有显著差异，p=.002，D选项的人数和B选项之间没有显著差异，p=.220，A选项的人数和D选项之间有显著差异，p=.000，A选项的人数和B选项之间有显著差异，p=.000。

表8–11　被调查者转发未经证实信息后后续关注情况

选项	从不	很少	偶尔	常常
数量	18	75	105	63

（3）辟谣信息接触与态度

通过调查分析，可以看出被调查者的大部分辟谣信息是从网络媒体渠道得知的，一部分通过人际交流得知，少部分通过从电视广播得知，较少人是从纸质媒体上得知。经检验，卡方观测值为234.891，df=4，p=.000，存在显著差异。进一步分析可知，A选项的人数和D选项之间有显著差异，p=.000，D选项的人数和C选项之间有显著差异，p=.000，C选项的人数和B选项之间有显著差异，p=.000，B选项的人数和E选项之间有显著差异，p=.005。

表8–12　被调查者辟谣信息获取渠道

选项	网络媒体	纸质媒体	电视广播	人际交流	其他
数量	205	46	101	150	12

就个人经验来讲，大部分人更愿意相信权威媒体发布的辟谣信息，一部分人更愿相信相关政府部门发布的信息，少数人更愿相信民间组织和专家出面辟谣的信息或通过人际交流获得的信息。经检验，卡方观测值为218.713，df=5，p=.000，存在显著差异。进一步分析可知，B选项的人数和A选项之间有显著差异，p=.000，A选项的人数和E选项之间有显著差异，p=.014，E选项的人数和D选项之间没有显著差异，p=.095，D选项的人数和C选项之间没有显著差异，p=.492，C选项的人数和F选项之间有显著差异，p=.000。

表8-13 被调查者更愿意相信的辟谣信息发布形式

选项	相关政府部门出面	权威媒体报道	人际交流	专家出面辟谣	民间组织努力	其他
数量	113	198	64	71	88	9

当辟谣信息与受众所相信的内容不同时，大部分人倾向于依据相关辟谣组织的性质选择性相信，一部分人倾向于依据谣言的性质有所选择地相信，少部分人倾向于相信辟谣组织的说法、坚持自己的想法、听信权威部门或媒体的说法或认为所谓辟谣不过是另一种谣言。经检验，卡方观测值为309.000，df=6，p=.000，存在显著差异。进一步分析可知，B选项的人数和C选项之间有显著差异，p=.000，A选项的人数和C选项之间有显著差异，p=.000，A选项的人数和F选项之间没有显著差异，p=.614，F选项的人数和D选项之间没有显著差异，p=.801，D选项的人数和E选项之间没有显著差异，p=.450，E选项的人数和G选项之间没有显著差异，p=.208，A选项的人数和G选项之间有显著差异，p=.000。

表8-14 当辟谣信息与个人认知不同时被调查者的选择

选项	相信该平台的说法	依据平台的性质而定	依据谣言的性质	坚持自己的想法	所谓辟谣不过是另一种谣言	听信权威部门、媒体	其他
数量	28	141	77	22	16	24	6

在主动辟谣方面，大部分人在怀疑一条信息的准确性时，从不向辟谣组织求证，一部分人很少求证，只有少部分人偶尔或常常求证。经检验，卡方观测值为267.587，df=3，p=.000，存在显著差异。进一步分析可知，A选项的人数和B选项之间有显著差异，p=.000，B选项的人数和C选项之间有显著差异，p=.000，C选项的人数和D选项之间没有显著差异，p=.918，D选项的人数和B选项之间有显著差异，p=.000。

表8-15 被调查者对存疑信息求证情况

选项	从不	很少	偶尔	常常
数量	187	73	27	6

大部分人更是从不或很少关注或转发辟谣信息，一部分人偶尔关注或转发辟谣信息，少部分人常常关注或转发辟谣信息。经检验，卡方观测值为61.320，df=3，p=.000，存在显著差异。进一步分析可知，A选项的人数和B选项之间没有显著差异，p=.694，B选项的人数和C选项之间有显著差异，p=.003，C选项的人数和D选项之间有显著差异，p=.000，D选项的人数和B选项之间有显著差异，p=.000。

表8-16　被调查者对辟谣信息转发情况

选项	从不	很少	偶尔	常常
数量	104	100	70	20

看到别人转发已经被核实为谣言的信息时，大部分人通常选择不予理会，一部分人会主动告知真相，只有少部分人表示自己将举报该信息。经检验，卡方观测值为218.231，df=3，p=.000，存在显著差异。进一步分析可知，C选项的人数和A选项之间有显著差异，p=.000，B选项的人数和A选项之间有显著差异，p=.000，B选项的人数和D选项之间没有显著差异，p=.514。

表8-17　被调查者对待他人转发谣言信息的态度

选项	主动告知真相	举报该信息	不予理会	其他
数量	121	15	154	9

甚至在得知自己曾经转发过的信息是谣言后，大多数人也只是偶尔会去积极辟谣，一部分人很少或常常辟谣，少部分人从不辟谣。经检验，卡方观测值为20.242，df=3，p=.000，存在显著差异。进一步分析可知，C选项的人数和B选项之间有显著差异，p=.044，B选项的人数和D选项之间没有显著差异，p=.773，A选项的人数和D选项之间有显著差异，p=.004。

表8-18　被调查者对自己曾转发的谣言信息主动辟谣情况

选项	从不	很少	偶尔	常常
数量	44	77	98	74

对于自己鉴别谣言的能力，研究所调查的群体的自我判断是这样的：大部分人认为自己通常能够鉴别出谣言，它们有一定的传播特征，一部分人认为谣言经常能骗过自己的眼睛，但是有时自己还是保持怀疑，少部分人关注较少，尚不清楚，极少数人经常被谣言欺骗，很少怀疑其真实性。经检验，卡方观测值为115.253，df=3，p=.000，存在显著差异。进一步分析可知，A选项的人数和B选项之间有显著差异，p=.001，B选项的人数和D选项之间有显著差异，p=.002，C选项的人数和D选项之间有显著差异，p=.000。

表8–19　被调查者对自身谣言鉴别能力的认识

选项	我通常能够鉴别出谣言，它们有一定的传播特征	谣言经常能骗过我的眼睛，但是有时我还是保持怀疑	我经常被谣言欺骗，很少怀疑其真实性	关注较少，尚不清楚
数量	130	98	4	68

2. 基于两个问卷的讨论

通过对问卷1调查结果的统计与分析，我们能够大致了解目前我国大学生的信息习惯和对谣言的态度，并以此为切入点讨论整个公民群体的信息行为状况。下面我们从四个方面，并结合调查2的数据进行分析。

（1）公民具备一定的信息素养

通过问卷统计与分析，我们能够看出，在当前的媒介使用习惯中，大学生群体对网络具有一定的依赖性。在日常信息获取渠道中，通过网络获取的信息占68.4%，已经远远超过了包括广播、电视、报纸、杂志在内的传统媒体渠道（19.9%）以及传统的人际交流渠道（11.7%）。信息接受渠道的变化与谣言的传播变化是相似的，谣言信息突破了原来人际传播为主的传播方式，开始借助网络大肆扩张。以网络为载体的谣言应该受到我们更多的关注。

在辟谣信息的接受方面，被调查群体所接触的辟谣信息同样主要来自于网络媒体（39.9%），纸质媒体占8.9%，电视广播占19.6%，人际交流占2.3%。与普通信息接受渠道略有差异的是，在辟谣信息接受渠道方面，网络媒体的比重有所下降，而传统媒体（纸质媒体与广播电视媒体）的比例达到了28.5%的较高比例。这与公民对辟谣信息来源的要求有一定联系。在日常生活中，面对网络上获得的未经证实的信息，大部分人采取了不太相信、有所保留的态度（65.2%），只有极少数的人相信、完全不信或意识不到真假。在辟谣信息的具体接受上，当辟谣信息与被调查者所相信的内容不一致时，44.9%的人会倾向于依据相关辟谣组织的性质选择性相信，24.5%的人倾向于依据谣言的性质有所选择地相信。这说明他们具有一定的信息鉴别能力，不会对网络上传播的信息全盘接收。

（2）公民网络转发行为的责任感不足

在对大学生网络信息转发行为的调查中我们发现，被调查群体在转发信息之前，47.8%的人称自己每次都会认真阅读，37.0%的人多数情况会认真阅读，12.7%的人只是会在内容上大体了解，只有2.6%的人常只看关键词或是题目或基本不看。这说明在新媒体使用中，他们具备一定的媒介素养和责任意识。

然而在对信息核实和相关信息的持续关注问题的进一步调查中，这种情况发生了一定程度的扭转。对于“在转发信息之前，你有认真思考或核实信息的习惯吗”这个问题，57.7%的人认为自己“有认真思考，但较少核实”，25.3%的人选择了“没有，随意转发”或“不一定，视情况而定”。而在怀疑一条信息的真实性时，虽然有75.9%的人声称自己不会转发，但还是存在23.7%的人选择继续转发，其中只有54.0%的人会注明自己的怀疑态度。在转发信息后，40.2%的人偶尔还会关注事件的进展，23.6%的人会常常关注该事件，而35.6%的人很少或从不关注事件的进展。从中我们可以发现，以大学生为代表的公民群体虽然有着一定的行为责任意识，但是在具体的行为中，这种责任感只停留在方便实施部分的浅层。虽然大部分被调查者在转发前会阅读所转发的内容，但是却很少主动证实所转发的信息，甚至在怀疑信息正确性的时候仍有部分人坚持转发，并且在转发后很少持续关注相关的信息。

这也在一定程度上印证了我们前文所讨论的新媒体时代存在的问题，即互联网上的公民很少会切实思考、调查、核实信息，因为即便他们在花费大量时间证实信息后，人们的关注点早已转移。也正是由于新媒体信息的碎片化和肤浅化传播，使用者们往往习惯于不断接受新鲜的刺激性信息，很少会对一个信息持续关注，更不用说深入理解。这些习惯性行为方式为谣言的传播预留了非常大的空间。

（3）相信与怀疑权威的双重困境

在信息来源问题上，以大学生为代表的公民陷入一种既依赖权威又怀疑权威的困境当中。一方面，由于中国长期以来的政治传统以及民间组织等机构发展尚不完善等原因，在选择辟谣信息来源时，被调查者表示更愿意相信来自权威的信息；然而另一方面，在发生重大事件之后，只有6.1%的人认为正规消息来源提供的信息能够完全满足他们的需要，51.2%的人认为正规消息来源提供的信息不太能满足他们的需要。而面对无法满足他们需要的正规信息发布渠道，86.4%的人会采取行动补充这种不足。其中33.6%的人选择与他人交流，21.0%的人选择去国内其他网站或论坛寻找小道消息，甚至有12.3%的人选择了“依靠个人猜测”。这为谣言的滋生留出了大量的空隙。进一步的原因分析发现，权威来源的信息之所以不能满足他们的需求，最大的一个原因是因为它所发布的信息带有政治色彩，接着是客观性不足和细节及依据不足，其次是缺乏互动、交流，再次是时效性低，传播力度不够。

在针对果壳网用户的调查（调查2）的分析中显示出了同样的问题。在对果壳网目前存在的最大问题的回答中，多达47%的人认为最大的问题是它的“权威性不够”。

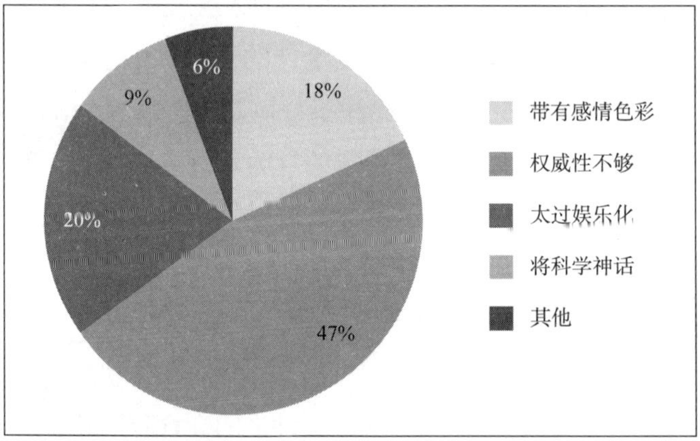

图8-1　被调查者认为果壳网辟谣目前存在的最大问题

（4）辟谣主动性不足

调查群体还呈现出辟谣主动性不足的特点。在遇到自己怀疑的信息时，高达63.8%的人表示自己从未主动向辟谣组织求证过，24.9%的人表示很少求证，只有11.3%的人偶尔或常常向辟谣组织求证。主动关注和转发辟谣信息的人占比重非常小，常常关注和转发辟谣信息的人只占总调查对象的6.8%，偶尔关注和转发辟谣信息的人占23.8%，而69.4%的人很少或从不关注和转发辟谣信息。看到他人转发已经被核实为谣言的信息时，40.5%的人将主动告知其真相，而51.5%的人选择不予理会。即便面对自己曾经转发过的谣言信息，33.4%的人也只是偶尔积极辟谣，从不或很少辟谣的比例占到41.3%。可见即便是在媒介素养较高的大学生群体中，辟谣的主动性也非常的缺乏。对于为什么公民对辟谣信息的关注度并不如关注谣言的回答中，22.6%的人认为是因为先入为主，20.0%的人认为谣言信息更刺激、更有披露性，17.3%的人认为谣言涉及各方利益，宁可信其有，不可信其无。

在调查2中，我们同样发现了这个问题。在果壳网的常规用户中，只有7.65%的人会经常参与相关小组和谣言事件的讨论，57.14%的人只是偶尔参与其中，而多达35.2%的人从不参与。同样是在这些用户中，看到不确定信息后，只有19.39%的人会经常在果壳网上查证，69.39%的人偶尔查证，还有11.22%的人从不查证。在对另一道题目的分析中，或许可以看出这种困境的一部分原因。在调查一般用户对来自“谣言粉碎机”的辟谣信息所持态度时，64.8%的人认为自己并不了解相关领域知识，无法作出质疑。这在一定程度上削减了用户的参与热情，也提示我们培养公民内在素养的重要性。

第二节　公民谣言治理的内部调控

公民作为社会最基本和最广泛的组成单位，是谣言防治落实的根本点。无论是本书中提到的政府主导、媒体实行，还是非政府组织辅助，最终的目的都是加强公众理性，让大部分公民提升应对谣言的能力，将正确分辨、处置谣言的方法内化为公民的内在素养。

公众是否理性会直接影响舆论走向，有些时候甚至能够影响整个事件的走向。这种作用力在谣言面前尤其强大，因为谣言其实就是舆论的一种变态表达。比如屡禁不止的食品安全类谣言，其实是在宣泄出公众对于食品安全部门和饮食健康的担忧；反复出现的自然灾害谣言，反映出公众对于天灾的忧虑；最近出现的有关PM2.5的谣言，集中反映出人们对于当下空气质量难以保证正常生活活动的焦虑。

一、公民谣言治理的相关素养

公民在与谣言产生关系时，其信与不信、传与不传，往往与公众理性互动方面的素养内涵有关。具体来说，则与公民的公民意识、媒介素养、道德法律意识、应变能力和科学文化素养有关。

1. 公民意识

公民意识是指个人在社会生活中所形成的高度自觉的价值准则和道德规范的总称，它包括监督意识、责任意识、法律意识等基本道德意识以及公民独立自主的选择判断能力。公民意识是阻止谣言传播与泛滥的最有效防线。但在今天社会转型的过程中，大众的公民意识还没有得到完全的确立，这就给谣言泛滥以可乘之机。公民意识的建立与完善将促进谣言的治理。

监督意识。近几年，随着互联网的发展和以微博为代表的媒体新形式的出现，受众的公民意识逐步加强，进行舆论监督的网民成了社会政治生活中不可忽视的力量。如“7·23”甬温线特大铁路交通事故、“郭美美炫富事件”“腐败书记‘日记门’事件”等，都是由普通的公众最先发现、利用网络行使监督、并推动事件发展的。网络媒体的兴起为普通受众提供了一种参与解决社会问题的便捷途径，极大地唤醒了公民的监督意识。国务院新闻办公室于2010年6月8日发布的《中国互联网状况》白皮书指出：互联网为人们享有知情权、参与权、表达权和监督权提供了前所未有的便利条件和直接渠道，为政府了解人民意愿、满足人民需要、维护人民利益发挥了日益重要的作用。同时，网络监督有利于促进政府作风的改善。政府部门的管理者可以通过网络舆论了解当前的社会舆论，从而制定相关措施。这些意味着官方对公民网络监督的肯定。随着监督意识的提升，公众能够养成一种省察习惯，在一个事件、一种观点出现时，首先自省，确认信息的准确性，这样就能在第一个环节对谣言作出筛查，淘汰虚假信息。其次，逻辑思考能力的提升可以提高公众的推理能力，对谣言产生一定的抵御和免疫能力。

责任意识。公民责任意识的缺失是诱发谣言的土壤和加快谣言传播的催化剂。有一类谣言的产生，主要是满足“制造者”个人的猎奇、娱乐、自我实现的意图。比如在“周口男子造谣团伙偷孩子取器官，称出于好奇”这则新闻里，当事人造谣就是典型的缺乏责任意识，只顾娱乐自己，不管祸及他人。

法律道德意识。我国宪法明文规定公民享有言论自由的权利，但言论自由仅限于在合法尺度内行使，不能编造谎言、虚构事实对他人的合法民事权益造成侵害，更不能编造谎言或虚构事实造成严重的社会影响。如果一种言论足以侵害他人的权利或社会公共秩序，那么它在法律上就不再属于表达思想的“言论”，而转变成了足以造成他人或社会损害的“行为”，这种行为就会受到法律的制约。网络谣言就属于这样一种言论形式，它不仅对公民的合法权利造成损害，甚至也危害了社会公共秩序或国家安全。如果公众能了解相应的法律责任和法律惩罚，坚守道德底线，就能更好地从自身做起，减少谣言传播。

2. 媒介素养

媒介素养（media literacy）一词脱胎于20世纪30年代英国学者欧·奥尔特曼和马·切默斯共同出版的《文化与环境》一书中提出的“文化素养”。媒介素养是舶来品，它与国外的媒介发展状况、文化背景息息相关。因而这个概念传播到中国，必定会因为文化背景和技术发展的差异产生自身特色。在媒介素养的称谓上就可窥见一二，学科交叉特点决定了媒介素养的概念在本土化过程中经常被冠以不同的称谓，其中“media”常被译成“媒介”“媒体”和“传媒”，而“literacy”最初是指“阅读和写作能力”，是针对当时印刷媒介而言的。随着媒介技术的发展和新媒体的不断涌现，“literacy”的内涵也不断被赋予新的意义，它被引申为“识读”“素养”“素质”，于是导致“media literacy”被翻译过来时概念比较混杂，如“媒介素养、媒体素养、媒介素质、传媒素养、媒体认知、媒体识读”等。我国常用的主要有这样三种称谓：“媒体素养”“传媒素养”“媒介素养”。虽然称谓不同，但它们所表达的内涵却是一致的。

美国媒介素养研究中心认为，媒介素养使人们具有接触、分析、评价和创制从印刷到影像再到网络等各种空间形式信息的能力，媒介素养是构建民主社会公民的基本探究技能、必要的自我表达和对社会媒介感悟的能力。从媒介素养的界定上看它包括四种技能：接触信息、分析信息、评价信息、制作信息。我们又可将这四种技能分成两个部分：解构信息（接触、分析和评价）和建构信息（创制或传播信息）。当然，解构和建构信息是相辅相成的，解构媒介信息的过程是受众批判思维和主体性生成的过程，有助于建构的开始，建构信息的过程是受众自我表达和释放的过程，是主体对媒介和信息的理解。简言之，公民媒介素养的形成一般要通过这四种技能和两个过程来完成。

媒介素养教育是探讨媒介素养的重要一环，认识了媒介素养的重要性之后，如何提高公众的媒介素养，一直是各国政府和研究机构极力推进和研究的内容。媒介素养教育兴起的背景大多相似，基本上是为避免社会大众，特别是儿童受电视负面影响而发起的。本书中我们主要探讨的是公众与谣言之间的关系，随着新媒体的出现，受众参与的低门槛与发送消息的即时性、快速性为谣言的产生提供了温床，新的媒介素养教育被提上议事日程。

3. 心理素质

谣言的大规模爆发除了与社会情境因素联系紧密外，还与公众的心理状态有关。因而，在谣言发生时，公众做好应变心理建设，在非常态的社会状态和信息状态下不为流言蜚语所动，不盲从、不慌乱，将助益于防治谣言。影响公众当下心理素质的主要有以下几个方面：

一是人们对事件的关注度。我们发现，人们越是关注某件事，越想了解事情的真相，就会越迫切地希望得到有关消息，结果就容易轻信关于此事的传说或小道消息，并急于将自己所知告诉别人。根据美国哥伦比亚大学新闻学与社会学教授戴维森提出的第三人效果理论，我们往往认为大众媒介的信息对“我”或“你”未必产生多大影响，然而会对“他”人产生不可估量的影响。由于这种感知定势的作用，大众传播的影响和效果通常不是在传媒指向的表面受众中直接发生，而是通过与他们相关的“第三人”的反应行为实现的。由此，传闻、谣言会经过无数人之手，让更多的人了解、熟悉。人们总是遵循“好奇——怀疑——探究——确定”的心理轨迹。在事实没有确定前，人们总是将信将疑，把自己所听所想传递给别人，最后的结果是谣言四起。

二是相关知识的缺乏。人们对某种事物感到很稀奇，发生了兴趣，但由于人们对稀奇的事物缺乏相应的知识和信息，不能进行正确的分析判断，又需要满足好奇心，就容易接受谣言。古代流传下来的很多习俗与典故都来自这种“谣言”，比如“金乌负日”，实际上正是由于当时人们对太阳黑子现象产生了关注，但又缺乏配套的天文知识，才幻想出这种情节。尤其是在突发公共事件中，网民往往对事件抱有极大的兴趣，但因为传播的困境、日常知识的限制，不能对相关知识和事实有所掌握，便倾向于听信谣言。

三是人们认知的偏差。信息在人们之间的相互传递免不了被传递者改变某些内容，传递过程越长越容易出错，最终成为谣言。谣言常常是一传十、十传百，个体对信息的认知和加工过程中会出现许多偏差，信息本身的传递不可能完全一致，人们在观察、记忆、理解时也会出现一些不足或偏差，从而造成信息的失真。同时，人具有主观意识，个体在加工信息时，可能会凭经验和臆想自圆其说，致使外界信息失真、失实、遗漏，有时还会加上自己的愿望、恐惧、忧虑、怨愤等情绪，从而不知不觉地扭曲了信息。甚至一些开始真实可靠的信息在经过一次次的传播加工后，变成了谣言。

4. 科学文化素养

提高公民科学文化素养不仅是治理谣言的需要，更是文化发展繁荣、提高国家软实力、增强社会主义精神文明建设的需要。所谓的科学文化素养，其实就是指在一个人知识储备基础上的包括归纳、总结、推理、分析等思维能力在内的综合素质。在面对谣言时，一个具有较高科学文化素养的公民首先可以凭借自己对谣言涉及事物的概念和逻辑进行自我检查，这增强了破除谣言的可能性，其次他们有向外检查的自主性，即寻求权威人士的帮助，而不是盲目转发、传播谣言信息，从而能有效防止谣言扩散。另一方面，根据调查，科学文化素养水平较高的人批判与核实的能力较强，并且能够拒绝一些信息。[①]这正说明，科学文化素养是谣言治理的基础性因素，对其他几类能够促进破除谣言的因素起着更为基本的促进作用。

二、加强公民意识，促进公众参与和讨论公共事务

2008年，中国社科院的杨宜音教授针对当时中国人的公民意识水平进行了一次测量。她首先提到一个非常有意思的问题，就是由于我国的历史和国情都与西方不同，因而中国公民及其意识的内涵实际上也是与西方人有出入的。这就导致我们不能用西方人的标准来衡量中国公民。比如说，西方公民意识以公民作为独立个体为预设，但正如费孝通先生所说，在我国的环境下广泛存在的是差序格局，个人和社会、国家的界限并不那么明显。最后杨宜音将中国人的公民性界定为：在个体与政治共同体（国家）之间形成的某种社会心理联系，表现为坚持平等、正义与自治的价值理念，身份获得带来的情感体验以及具有普遍意义的权利与义务的特定身份行为规范及行为意向。[②]其测量维度设置为“公共性取向”和“契约性取向”，也就是说，她所研究的公民意识水平是中国人倾向于关注公共事物与利益的程度和以契约权利方式处理公私矛盾的程度。

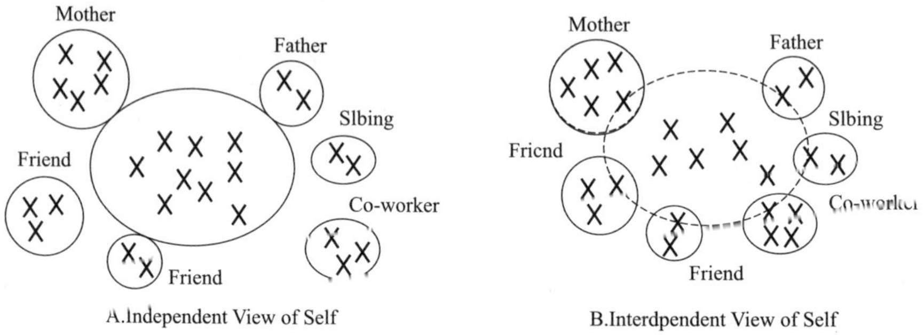

图8-2　西方人的自我结构和东方人的自我结构[③]

所谓的关注公共事物与利益的程度，就是我们平时所说的公共事务参与度，在辟谣问题上，这主要是指公民就公共事务进行表达的程度。因为如果公民对一则谣言表达出疑惑、异议或者提出应当进一步求证的意见，那么公

---

① 周葆华，陆晔．从媒介使用到媒介参与：中国公众媒介素养的基本现状［J］．新闻大学，2008(4)：63.
② 杨宜音．当代中国人的公民意识测量初探［J］．社会学研究，2008：56.
③ 杨宜音．当代中国人的公民意识测量初探［J］．社会学研究，2008：58.

民辟谣工作就获得了基础。

美国学者桑斯坦曾经在其著作《网络共和国》中探讨表达自由（也就是本书所说的公众表达）的两个条件：其一是人们应该置身于任何信息下，这些信息不应该经过事先筛选，因为民主之所以为民主就在于人们能听到各种声音，哪怕这声音你不喜欢；二是大部分公民应该拥有一定程度的共同经验，这样社会才有黏性，公民才能集合起来解决社会问题。他对网络时代的公众表达的论述，无疑是具有远见和深度的。尤其是在以大数据为代表的媒体内容个人化、定制化的今天，这两个条件的提出更具有反思意义。一方面，随着大数据对个人偏好内容的推送以及社交网络的兴趣分圈，我们能听到的声音仍是存在筛选的，许多本该被注意到的公共事件很可能被排除在这道声音之外；另一方面，2014年中国网民每周平均上网时间长达25.9小时，总体网民规模达到了6.49亿，互联网普及率达到47.9%，除了计算机、手机，电视机也成为联通互联网的重要设备，其使用率一年就达到了15.6%，[①]这意味着互联网已经成为我们生活的一部分，更何况在大众社会构建共同经验的过程中，媒体本就起着关键的作用。互联网承担着为社会提供共同经验的重要职责，然而由于媒介内容的零散化，受众想要在这些媒介内容中找到多数人都接触过的经验就变得异常艰难。鉴于以公民表达为基础的公民意识对谣言破除的推动作用，采取一些手段来促进其发展是有必要的，如：

第一，建立播送公共新闻、制作公共信息内容的媒介。具体来说，这样的媒介应该有两类，或者是生产两类内容：一类是有关公共事件的严肃信息，另一类是符合大众文娱需求的软性信息，也就是克里斯·安德森所说的“大热门”。前者的作用在于提供公众议题，后者的作用在于增加公众之间的黏性。

第二，加强公民意识的相关教育。我国实行的是人民民主专政制度，党中央和各级地方政府都是代表人民、为人民谋求利益的，参与公共事务是每个公民理所当然的权力；同时，只有每个公民都能够参与进民主专政制度中，积极反映自己的意见和看法，党中央和各级地方政府才能更好地为人民

① 中国互联网信息中心．第35次中国互联网统计报告［R］．2015-02-03．

服务。当前我国义务教育中的思想政治课程有对公民表达和参与公共事务的倡导的相关内容，但这些课程大多只是笼统地讲到这项权利和义务的行使，行使什么、如何行使、在什么时候适合行使等具体问题却鲜少涉猎，不利于公众学习开展相关实践。有关部门可以将公众表达的具体内容、行使手段和行使情景添加进基础教育中，将公民意识从小灌输给少年儿童，使公民意识成为国人的政治习惯。

第三，完善舆论应对机制，妥善处理来自公民的呼声。新媒体催生了电子政务，舆论应对机制相对于从前也变得更快速、更有效。但是，考虑到将弱势群体隔绝在网络公共议程之外的数字鸿沟，以及极个别政府官员对民意的无视甚至是瞒报，建立完善的舆论应对机制就显得迫在眉睫了。倘若公民无法畅快地表达意见，将可能造成两种结果：一是公众失去参与公共事务的动力；二是公众出于愤怒与绝望爆发恶性事件，危害社会的稳定。因而，政府和媒体要通力合作，建立健全舆论监督、引导、应对机制，切实保证公民意识的行使价值和公民公共参与的有效性。

所谓以契约权利的方式处理公私矛盾，则表现为法律观念的贯彻。近年来，国内互联网发展极为迅速，渐渐成为言论的聚集地、舆论的风向标。公众要对网络传播、手机传播拥有一定的法律意识，自觉遵守法律法规和公共道德意识，合法地、负责地使用网络传播、手机传播，不造谣，不传谣。由于手机与网络是近几年来才普及的新媒介，许多手机和网络使用者尚没有树立正确的网络传播观。智能手机快速发展，也成为网络传播的一个便捷终端。它所具有的开放性、匿名性、虚拟性和个性化，往往使传播者忽视了现实社会交往中的伦理道德约束，降低了道德责任感。

治理网络谣言需要“自律”与“法律”结合，即公众道德意识的提高与政策法规约束的合作。一方面，网民需要自律，公民的网上行为同样受到我国法律的约束和调整。网民虽有言论的自由，但这种自由是相对的而不是绝对的，任何国家都不允许公民散布影响公共秩序、危及公共安全和国家利益的言论。引起社会恐慌和混乱的言论显然为法律所禁止。另一方面，政府要加强互联网法律制度的建设，织密互联网的法律保护之网，厘清网上言论的边界，严惩网络谣言的传播者。这需要相关部门将谣言制造、传播的行为定性定量，颁布专门、完整的法规制度。

三、加强媒介素养教育，培养公众批判性接受媒介和社会信息的能力

西方的媒介素养概念以及媒介素养教育已经有很长的历史了，在中国这一概念及其教育才初步启动。正如本书的谣言媒介治理部分所揭示的那样，媒介素养教育在国内仍然处于试点状态，尚未正式、全面地普及大众。2008年，复旦大学的周葆华、陆晔发表了一篇名为《中国公众媒介素养的基本现状》的文章，针对当时中国民众的信息接受、媒介参与、娱乐内容对两者的影响以及海外媒介和网络媒介对媒介参与的影响等问题展开了研究。两人初步探索了受众的媒介素养与他们所处的社会结构、面对的媒介组织有莫大的关系：首先，政治与公共事务热情、人际讨论模式的形成，离不开社会鼓励；其次，媒介素养与受众的媒介评价（指向媒介的表现）息息相关，尤其是公众参与，在很大程度上取决于媒介提供怎样的示范；最后，地区因素对媒介素养有独特的影响，城市的政治经济氛围与媒介组织特征很大程度上超越个体特性而产生普遍的影响。这些结论给了我们这样一个理论支持，那就是，通过改善社会文化环境，公众普遍提升媒介素养水平是可能的。

西方很多国家的媒介素养教育比较发达，但其社会背景与国内历史文化相去甚远，公众使用媒介的历史和使用频率、习惯也有一定差距，因此直接的“拿来主义”可能不会对媒介素养的发展起到正面的推动作用。审视周边与大陆历史背景、发展环境相似的地区的媒介素养发展状况，可以发现台湾地区是较为成功的，可为我们所参考、借鉴。通过比较目前媒介的发展状况，我们能够更好地认清国内现阶段的媒介素养教育，研究和探索推动媒介素养教育的方法。

1. 提高媒介素养的全社会途径

这涉及前文提到的教育机构，民间组织和学术机构系统推动的媒介素养活动是一种有效的方式。通过这样的宣传教育，受众的媒介素养能力得到提升，能够更好地对抗外在不良的媒体环境，提高自身甄别信息以及合理使用自媒体的能力。总结看来，媒介素养教育可从三个层面进行推广：

一是学校层面。学校层面的媒介素养教育主以中小学、各大院校设立的与传媒教育相关的选修课方式展开，如大众传媒批判、电视与暴力、大众文

化、媒体研究等。在现代社会中，针对阅读和写作的传统媒介素养已不能应对信息社会获取知识的需要，新形势要求公民具有正确使用和有效利用新媒介的素养。相对于媒体基本知识的学习，媒介素养教育不只是教会公民使用媒体，还要引导公民善用媒体。

二是媒体层面。各省市电视台、报纸、网站应关注受众媒介素养的培育，制作有关媒介素养的节目、栏目或互动版块。以公共利益的角度出发，义务性地提供认识媒体、解读媒体的内容，为公众媒介素养教育提供冷冰冰的课本教材以外的途径。但目前的媒介环境和市场环境下，绝大多数的商业媒体并未在媒介素养教育领域发挥作用。在商业利益的引诱下，以“标题党”、空噱头赚取收视率和点击率的现象依然大量存在，这对公众媒介使用意识的培养有极大的阻碍作用。

三是社会层面。台湾地区的媒介素养教育以社会公益组织牵头，成立媒体公民教育研发小组，深入各乡镇、社区、学校开展媒体推广教育讲座，开展培训、征文、讲座等活动，发展线上、线下产品，以更好地传播媒介教育信息。台湾地区教育部协同“文教基金会”曾于2000年启动“终身学习列车”项目，其中有一项名为“媒体探索列车”的子项目，旨在推动媒体素养教育，是由台湾“富邦文教基金会”这一民间团体负责统筹规划的。在大陆地区，目前也有很多类似的公益组织，但它们很少涉及媒介素养，也未引起较大关注。

2. 推动媒介素养终身教育。

媒介素养是一种公民本位的教育。因此在推行媒介素养教育时，不但要强调正规的学校教育，更主张以公民为主的媒介素养社区教育。在社区教育中，家长和社会大众层面的生活文化素养成为媒介素养教育的重要指标。它使受众警觉到：媒体信息是经过了建构的信息，有必要以批判性的眼光，分析、反省媒体信息与自身的关系，从而作出接受或拒绝。这绝不是在学校短暂的学习或是一两次公益活动就能够解决和培养出来的，而是更需要家庭、社会以及大小生活、文化背景的全方位、终身式的影响才能达到的。

3. 潜在的“意见领袖”培育

网络环境中的“意见领袖”不仅包括现实生活中的名人，也包括普通人。“意见领袖”在网络传播中具有很大的信息影响力，重视这一群体的媒介素养教育，能够起到事半功倍的效果。首先要树立“意见领袖”作为传播者和受传者的双重责任意识，坚守真实性原则传播信息。目前，博客、微博中逐渐开始实行前台匿名、后台实名的全民实名认证方式，加“V”用户更是需要全部经过实名认证；其次，要拓展“意见领袖”自身的新闻传播知识水平，使其了解传播规律，提高信息传递水平；最后，要加强“意见领袖”的自律意识，提高他们的知识水平和社会认知能力，培养理性判断、认真查证的精神。

四、加强公众心理建设，培养其面对突发事件不恐慌、不造谣的心理素质

当巨大的灾难突然降临，当重大的生活变故和心理压力席卷而来，人类很容易手忙脚乱、措手不及，即使是平时能够轻松应对的事情和境况，此时也显得那样棘手，“以至于当事人陷入痛苦、不安的状态，常伴有绝望、麻木不仁、焦虑以及植物神经症状和行为障碍”[①]，这就是突发公共事件常常伴随的心理危机。根据一项调查，突发公共事件对人群造成的心理影响范围大于身体影响范围，68.44%的调查对象认为所经历的事件对其心理产生了影响，18.78%的对象认为所经历的事件对其心理产生了较大和很大的影响，这还只是研究对象自我报告的结果（如下表）。[②]

表8-20　调查对象自我报告其身体和心理受所经历事件的影响情况[③]

	没有影响	少许影响	有些影响	影响较大	影响很大	合计
身体方面	2908（31.56）	2778（30.15）	2359（25.60）	741（8.04）	428（4.65）	9214
心理方面	1073（11.65）	3022（32.81）	3387（36.77）	1152（12.51）	578（6.27）	9212

（表注：X^2=764.71，P<0.05）

心理危机对谣言产生和传播的影响是显而易见的，群体压力、群体极化、认知不协调……这些都会导致公民在突发公共事件面前容易信谣传谣，

① 庄宁．我国应对突发公共事件的心理危机疏导机制——以辽宁省为例［D］．首都经济贸易大学，2014：7．

② 孟艳．基于突发公共事件的城市社区居民心理卫生服务需求调查研究［D］．中国疾病预防控制中心，2010：14．

③ 同上。

甚至无意制造谣言。例如2010年2月20日晚，在山西省太原、晋中、长治、晋城、吕梁、阳泉六地几十个县市市民之间流传着一条“21日凌晨山西多地将要发生大地震”的谣言。一时间，人们纷纷跑出家门，躲避在广场、公园等地，在寒风中等待地震的来临，甚至有人开车逃往外乡。市民的恐慌情绪不断蔓延，谣言在21日凌晨得到了空前爆发。山西省各相关单位通过多种措施进行辟谣后，市民的恐慌情绪才逐步缓解，人们开始陆续回家。类似的地震、台风、疫情等突发事件所引发的谣言不计其数。

在突发公共事件情境下，公众主要存在三种心理：一是恐慌心理。无论是传言还是预报，人们在听到谣言之后都会产生心理恐慌，并表现出恐慌行为。这种恐慌情绪的表达和恐慌行为的出现，又进一步给他人造成刺激，引发连锁的情绪和行为反应。通过这一相互刺激的循环模式，恐慌就会迅速增强并且蔓延。比如新疆“7·5”暴力犯罪事件发生后，社会上流传“分裂分子还在实行秘密暗杀”的谣言。人们听到该谣言后，争先恐后地嘱咐自己的亲属及朋友不要出门，越来越大的群体陷入恐慌。人们处于恐慌状态中，很难理性分析信息，加之这类谣言往往以官方、专家的口吻出现，更是导致谣言纷传。二是自我保护本能。突发公共事件由于事关社会成员的切身利益，往往会激发人们自我保护的本能，并引发公众对信息的渴望。一旦大众传媒在信息传法中缺位，人们往往“宁可信其有，不可信其无”，倾向于立即做出准备。三是从众心理。从众心理是在群体压力下，个体自觉、不自觉地以某种群体规范或多数人的意见为准则，改变自己的态度和行为的心理现象。例如瓮安事件中，许多中学生参与其中的一个重要原因就是群体压力使然。这种从众心理可能会使一个极小的事件在很短时间内聚集起成千上万人，产生巨大的社会能量。这种能量一旦得不到及时疏导，就可能演变为严重的社会冲突。

因此，在应对突发事件的谣言时，缓解公众的紧张情绪和恐慌心理是极为重要的。首先，在事件发生时，不论是政府还是相应的专业机构，应该提供公开透明的信息，可以说谣言止于信息公开、透明。利用一切渠道积极、主动地发布正确信息，公开辟谣，使广大民众了解事情的真相，明辨是非。信息的公开透明不仅能够使人们及时得到各种所需的信息，也大大减少了谣言的滋生、传播和社会恐慌情绪的蔓延。其次，组建专业的心理辅导研究小组。适当的心理辅导使人们能够尽快从紧张的情绪中脱离出来，传播积极、正确的信息，不再为突发事件后的不稳定社会状况雪上加霜。

当一个传闻出现并得到广泛传播时，人们之所以会关注，首先是满足自己的一种需求。谣言制造者通过制造耸人听闻、不符合事实的信息，来提高自己的威望、关注度或点击率；而传播谣言的人借此满足了自己的好奇心。人们传播的谣言绝大部分是自己平日里关心的，心理学家将好奇心定义为个体对新异刺激的探究反应。当一个吸引人的消息出现时，公众可能无法立刻通过权威渠道获得值得信赖的消息，在好奇心的驱使下，他们转而寻找小道消息，这便为谣言的传播提供了空间。社会转型期间，部分人群存在一定的不满情绪，一些矛盾长期累积，未得到有效排解与疏导，一旦碰到合适的导火索，便会以谣言的形式发泄出来。

对于这一类谣言，我们需要清楚，谣言中既存在信息，也包含着观点。“谣言既是社会现象，也是政治现象……谣言是对权威的一种返还。它揭露秘密，提出假设，迫使当局开口说话。同时，谣言还对当局作为唯一权威性消息来源的地位提出异议……谣言是一种反权力。”因此，治理谣言不能仅仅将谣言视为需要压制的错误信息，还要分析谣言出现的原因与背景。事实证明，官方的删帖行为只会让谣言四起。网络是信息的“安全阀”，也是情绪的“安全阀”。谣言之所以能够遍传于网络并引发集体关注，正是因为它能够“填补”信息空缺，与集体记忆和群体认知紧密相连。谣言绝不仅仅是偶然爆发的虚假消息，它是对官方信息权威性的挑战，也是被忽视的，甚至是被压制的民意的一种畸形表达。当真相无处获知、意见不被倾听、诉求长期得不到满足时，公众便开始从谣言处寻找信息，借助谣言发泄不满。谣言的传播往往是“一种协商性的传播过程”，在这个过程中，谣言的传播者和接受者可以通过某种“集体交易过程”，提供“临时凑成的信息”。在谣言的网络传播过程中，这种“协商性”体现得更为明显，一则谣言的产生和完善通常是网民群体思考的结果。前文提到的杭州飙车案“替身”谣言的出现，正是社会矛盾及民意民情的一种体现，是民众社会现实印象的自然联想。这种群体协商和集体行为本身就是植根于社会情境、集体记忆和群体认知的。因此，以强硬的态度禁止谣言的传播，片面封锁错误信息并不能解决谣言传播问题。在这种背景下，辟除谣言需要从心理层面对公众进行教育培养。

首先，要注重个体心理的早期预防，要注重家庭环境和学校教育对个体心理早期预防的影响，教育和引导孩子树立正确的道德观、价值观，提高个体的心理素质，使他们能够正确地识别信息，懂得自我选择、自我保护、自我控制。其次，要注重个体心理的自我调控、维护心理卫生，个人应当对自我有一个清醒的认识，了解自己的能力和生活环境，积极参加社会活动，遇到心理问题的时候能够积极面对并自我调节，必要时进行一定的心理咨询，正确地认识谣言，自觉地抵御各种形式的谣言。

五、加强科学文化素养教育，为谣言防治打好基础

“科学文化素养”这几个字经常作为标语的一部分出现在我国社会的各个角落，它出现得太过频繁和平凡，以至于很少有人围绕它去进行调查研究：中国人是怎么接触科学文化素养教育的？在这个大概念下，哪些子内容受到欢迎，哪些缺乏受众基础？长久以来的科普活动有什么样的效果又有哪些需要改进的地方？

2013年，苏洁的一篇论文给了我们有关这些问题可供参考的一份答案。她调查了2300多名青岛市黄岛区已完成九年制义务教育（年龄大于15周岁）的城镇居民和农村居民的科学文化素养。结果表明，公众获取人文信息的主要渠道是电视，占82.7%；其次是互联网，占72.9%；书报杂志也是重要的途径，占60.3%；之后依次是与人交谈、广播、课堂讲座、展览等。在科学文化素养这个大概念下，最受欢迎的信息是科技发展信息，比如科学新发现、新技术应用和医学进展等，其次，公众最感兴趣的是健康与卫生保健、农业发展和国家经济发展方面的信息（不过不同群体有各自的信息需求）。在调查的过去一年中，黄岛区开办了一系列日常科普活动和大型科普活动，但多数当地居民只是听说过但没参加过，这个比例在各类科普活动里都占到了40%以上。如果这些结果能够代表我国大部分地区的情况，那么对公民科学文化素养的现状我们可以作如下描述：第一，中国人对于科学文化的相关兴趣非常广泛，主要集中在科技发展和与自身生活有密切关系的信息上；第二，我国15岁以上居民主要运用电视和互联网媒介接受科学文化的相关教育；第三，科普活动还需改进，尤其要重视增强公民的参与度。

那么，我国公民的整体科学文化素养水平如何呢？由于中国公民科学素质调查从2010年第八次调查之后便再未进行和公布，因而我国公民的科学文化水平只能通过一些局部性的调查管窥。最近的一次调查来自江苏省，南京市在2014年进行了第五次公民科学素质抽样调查，根据这次调查，2014年南京市市民具备基本科学素质的比例为9.6%。具体来说，懂科学的南京人主要集中在40岁以下，而且女性的科学素养略高于男性。

就突发公共事件的谣言防治情况看，我国公民的科学文化水平还有待提升。今年来屡次出现的“小龙虾是虫子”“喝绿豆汤治百病”“肯德基的原料鸡有6个翅膀8条腿”等谣言，其流传范围之广，影响之大，出现之反复，都反映出我国居民之中有相当一部分人是缺乏基本常识的，急需接受科学文化方面的教育。根据以上推论，为了应对突发公共事件中的谣言，提升公民科学文化素养，可以从以下方面入手：

首先，充分利用媒体的力量，增强科学文化知识的宣传力度。电视和互联网作为公民最常使用的获取科普知识的渠道，在应对突发公共事件谣言时可以快速及时地传播辟谣信息，在日常生活中也可以有效传递预防信息，政府、媒体和非政府组织可以着重在这两类媒体上投放资源，利用本书在突发公共事件媒体谣言治理中提出的技巧方法，加大防谣、辟谣信息的传播力度。根据南京市的调查，中老年人的科学文化素养较为缺乏，在他们热衷的电视媒体上投放科学文化知识或许能较快提升公民整体的科学文化素养水平。

其次，利用公众兴趣，可以专题性、趣味性地提供一些“谣言重灾区”的知识。公众最感兴趣的是科技发展信息，除此之外就是安全卫生类信息、与自身相关的发展信息，这与公众最感兴趣并最常传播的谣言的类型吻合，因此，加大这些方面科学文化知识的普及强度，必定有助于公民治理突发公共事件中的谣言。

再次，开展突发公共事件及谣言的相关科普活动。我国科普活动目前的状况是，知名度高而参与度低，还有很大的发展空间。科普活动举办方可以通过加大宣传力度、提升科普趣味性、将科普带进社区和课堂等方式，增强科普活动和公民之间的亲近性。尤其是当突发公共事件来临时，各方可以在事件发生区域和重点舆论领域开展科普活动，以快速应对危机。

最后，在日常生活中提升公民的科学文化素养，在应对突发公共事件中谣言的关键时刻能够厚积薄发，最终还是要落在基础的常规教育上。在教育过程中增加有关突发公共事件的知识内容，使公众在危机面前形成正确的认识，发挥公民的责任感和道德意识，增强抗击谣言的主动性。

后 记

本书的缘起可以追溯到2010年前后，当时由于我国社会经济与建设事业发展迅速，社会各群体之间的利益关系也在不断调整，社会关系的博弈和调整容易导致谣言的出现。同时，网络和手机等新媒体迅速崛起，但各种相应的管理措施还没有完全成熟，这也为谣言的产生和流行提供了条件。更重要的是，当公共突发性事件出现时，处于特殊环境和氛围中的人们心理脆弱，容易因为信息匮乏、恐慌害怕等原因滋生和传播谣言，这些谣言借助于新媒体高效便捷的传播效率迅速扩散，给身处突发事件之中的群众造成误导和伤害，也给危机的应对、消除和善后工作造成极大的困扰。因此，如何调动全社会各个构成单元和公民自身的力量，共同防止社会谣言，尤其是突发公共事件中的谣言，具有十分重要而积极的作用。

有鉴于此，2011年，以我为主持人的课题组以此为题申报了国家社会科学基金项目，并得到批准立项。前期的论证设计工作主要由我和王鑫负责，课题组其他成员也对于课题的设计方案提供了有益的建议。在研究的进行过程中，本项研究所存在的一些难点开始展现出来，研究进展时常会因为要攻克这些难点而陷入停滞状态。不过，在课题组成员和齐琪、孟萌萌、王华萍、李清、孙怡君、周思、贾瑾如等同志的共同努力下，前后经历数年时间，撰写出来的研究报告最终顺利通过了国家社会科学基金的结项评审。课题结项后不久又幸得北师大新闻传播学院和中国传媒大学出版社领导的关心，使得本书得以顺利出版。在这里，我们对所有为本项研究的顺利完成及成果出版提供过帮助的朋友表达衷心的感谢。我们深知社会谣言，尤其是突发性公共事件中的谣言问题是极为复杂的，由于时间和能力上的不足，本项研究也存在着诸多不足之处，需要在未来的研究中根据学术界的反馈继续深入，并加以逐步改进和完善。

王颖吉

2018年2月

图书在版编目(CIP)数据

突发公共事件中的谣言传播与治理 / 王颖吉主编，王鑫副
主编. —北京：中国传媒大学出版社，2018.3
（传播大视野丛书）
ISBN 978-7-5657-2306-3

Ⅰ. ①公… Ⅱ. ①王… Ⅲ. ①谣言—传播—对策—研
究—中国 Ⅳ. ① D669.9

中国版本图书馆 CIP 数据核字（2018）第 061598 号

突发公共事件中的谣言传播与治理
TUFA GONGGONG SHIJIAN ZHONG DE YAOYAN CHUANBO YU ZHILI

主　　编　王颖吉
副 主 编　王　鑫
责任编辑　黄松毅
特约编辑　李克俭
装帧设计　卡古鸟设计
责任印制　阳金洲

出版发行　中国传媒大学出版社
社　　址　北京市朝阳区定福庄东街 1 号　邮编：100024
电　　话　86—10—65450528　65450532　传真：65779405
网　　址　http://www.cucp.com.cn
经　　销　全国新华书店

印　　刷　北京玺诚印务有限公司
开　　本　710mm×1000mm　1/16
印　　张　19.25
字　　数　296 千字
版　　次　2018 年 3 月第 1 版　　2018 年 3 月第 1 次印刷

书　　号　ISBN 978-7-5657-2306-3/D·2306　　**定　　价**　69.00 元